四库提要丛订

王勇 著

齊魯書社

目 录

经 部

易类

《子夏易传》十一卷

《总目》:旧本题卜子夏撰。……《唐会要》载开元七年诏:"《子夏易传》近无习者,令儒官详定。"刘知几议曰:"……然据《汉书》,韩《易》十二篇,丁《易》八篇。求其符合,事殊隳刺,必欲行用,深以为疑。"

按:检《唐会要》卷七十七刘知几所议"《韩易》十二篇"作"《韩易》有二篇",复考《汉书·艺文志》:"《韩氏》二篇。名婴。"即所谓"《韩易》二篇"。知《总目》此处衍"十"字。

《周易旁注图说》二卷

《总目》:明朱升撰。升字允升,休宁人。元至正乙酉举于乡……事迹具《明史》本传。

按:《总目》记朱升乡举时间有误。《总目》虽言本诸《明史》,考《明史·朱升传》:"朱升,字允升,休宁人。元末举乡荐,为池州学正，讲授有法。"仅载升"元末举乡荐"，未尝言其举于乙酉年(1345)。休宁，明代属徽州府。徽州，古称新安，明程敏政《新安文献志》卷七十六载有朱升之子朱同所撰《朱学士升传》："朱升，字允升，休宁人。……至正癸未(1343)，闻资中黄楚望讲道湓浦，偕赵汸子常往从游。明年(1344)春归，讲学郡城紫阳祠，始作《书旁注》。是年秋，登乡进士第。丁内艰。后四年戊子，省授池州路儒学正，庚寅始之官。""乡进士"，乡试中式之人，通称举人，即《总目》之"举于乡"。乃知朱升中举在甲申年(1344)秋，即元顺帝至正四年。明弘治《徽州府志》卷六"至正四年乡试"、嘉靖《徽州府志》卷十三"(至正)四年乡试"、康熙《徽州府志》卷九"(至正)四年甲申乡试"、康熙《休宁县志》卷五"至正甲申科"等等，其下俱列"朱升"，皆可证。

《八卦馀生》十八卷

《总目》：明邓梦文撰。梦文字志文，安成人。是书前有永乐甲辰《自序》。

按：此书《四库全书存目丛书》收有清乾隆四十二年(1777)文会堂刻本。考其自序，落款为"永乐十一年癸巳初冬之望，潜溪居士邓梦文自记"，则"甲辰"为"癸巳"之误。

《图书纪愚》一卷

《总目》：明阮琳撰。琳字廷佩，号晶山，莆田人。尝官教谕。其人在成化、弘治间。朱彝尊《经义考》列诸嘉靖之末，由未见其书故也。

按：朱彝尊《经义考》列嘉靖末当不误。乾隆《莆田县志》卷十三

《选举志》明"嘉靖十九年庚子"下有"阮琳,字廷佩,显侄孙。顺天中式,恩平知县,文学吏治为时推奖。所著有经书讲义、性理仪礼律历注解、《图书纪愚》诸集。"乾隆《福建通志》卷五十一《文苑》有传,所载与之略同。又检康熙《恩平县志》卷四《建置》:"恩平县城……嘉靖间,城垣马道颓委,督府檄县修筑。二十九年,知县阮琳重修。"此即本书作者阮琳。嘉靖共四十五年,二十九年已过半,考虑到其他时间,《经义考》列之嘉靖之末似无不妥。

《易图识漏》无卷数

《总目》:明黄芹撰。芹字德馨,号畏庵,龙岩人。蔡清之弟子也。

按:黄芹字伯馨,非德馨。万历《漳州府志》卷二十二《人物志》有传,云:"黄芹字伯馨,龙岩所人。"崇祯《闽书》卷一百一十九《英旧志》曰:"黄芹字伯馨。"康熙《漳州府志》卷二十三《人物三》:"黄芹字伯馨。"《闽中理学渊源考》卷五十九《训导黄伯馨先生芹》"黄芹字伯馨",等等,均可证。

《总目》又云:正德九年,以岁贡生官海阳县训导。

按:"正德",乾隆《福建通志》卷五十一、道光《龙岩州志》卷十二误作"正统"。考蔡清(1453—1508),正统间蔡清尚未生,黄芹焉能成为蔡清弟子。黄氏官海阳县训导在正德十四年(1519),非正德九年(1514)。《千顷堂书目》卷一"黄芹《易图识漏》一卷",下注"龙岩人,从蔡清学《易》。正德中岁贡生,官海阳县学训导"。明嘉靖《潮州府志》卷五《官师志》,海阳县"训导"下有"黄芹,龙岩人,岁贡,正德十四年任"。《总目》所谓之"九年"当系其选为岁贡之年。明何乔远《闽书》卷一百一十九:"正德九年,以岁贡授海阳训导。"清朱彝尊

《经义考》卷五十三作"正德九年,以岁贡生官海阳儒学训导"。《总目》易类提要,多参朱氏《经义考》。本条亦盖根是而误。而考康熙《潮州府志》、道光《龙岩州志》等,均无"以"字,则以正德九年为拔贡之年。

《易经大旨》四卷

《总目》:明唐龙撰。龙字虞佐,兰溪人。正德戊辰进士,官至吏部尚书,谥文襄。事迹具《明史》本传。此书其提学陕西时所作,专为举业而设,故皆择科场拟题释之,凡九百八十五条。

按:《总目》谓专为举业而设,亦误。盖徒从形式蠡测之词。此书虽不存,但相关序、说,尚可稽考。唐龙有《渔石集》卷三有《易经大旨说》:

> 天顺初,予师礼部尚书枫山章先生、外大父靖江令听庵郑先生,并倡《易》道于金华。阐幽发微,达于精蕴。龙晚生,犹获游其门而学焉。既入仕版,公事鞅掌,至理忘筌。正德丙子,按部于云南。境远而僻,政约而简,乃时敛衽坐帷,捧卷在手,以意会象,以言会词,以道会器,以神会变,几三年。或问曰:"庶几有得乎?"曰:"而今而后,吾知其难矣。"嘉靖纪元,督学关西,诸生必请书之。拒之,曰:"《易》之为道,至大而精。惟大则不可以单辞尽,惟粗则不可以精迹穷。"吾无以应二三子。他日又请。乃为离句析义,发其大旨,缀以讲语,括以破意,非以二三子之所鼓箧而占毕焉者。方在是乎,发种种然犹支离于举子学,然则立言之道终身何如邪?

可知此书为唐龙多年研讨之总结。诸生请书之,方著于卷册。

“发其大旨，缀以讲语”，是其旨在发明大义，《总目》所谓科场拟题不过形式而已。故作者云“非以二三子之所鼓箧而占毕焉者。方在是乎，发种种然犹支离于举子学”，大意谓此书非是诸生入学诵读之作，当此之时，老于举业。这是唐龙所反对的一种为学态度。他所追求的是“立言之道”。其采用科举的形式，或如《总目》所论。然吕柟《泾野先生文集》之《易经大旨序》已经作了说明：“夫世有二学，一曰性命学，二曰举子业”，二学各有其弊。唐龙所作乃通过举业形式引导诸生。故又云：“大旨之著，将非渔石子藉此而进诸士子于洁静精微之地乎？诸士子若徒以举子业求之，则渔石子所谓立言之道终身何如之旨者，信乎又外于此而孤之甚矣。”

《周易议卦》一卷

《总目》：明王崇庆撰。……官至南京吏、礼二部尚书。

按：《总目》此条叙述王氏履历本无大谬。胡露、周录祥谓王氏不曾仕南京吏部尚书，其云：“考《言善堂别集》卷四十七‘南京吏部尚书’表中无王崇庆。而卷四十八‘南京户部尚书表’中有‘王崇庆，直隶开州人，正德戊辰进士，嘉靖二十九年任’。”（胡露、周录祥《〈四库全书总目存目〉补正十二则》，《图书馆理论与实践》2008 年第 1 期）推其意，王氏不曾官吏部，谓《总目》此处“吏部”当作“户部”。其说误。按，王崇庆曾历南京户部、礼部、吏部三部尚书，故《总目》于此无误，虽不著户部，亦未许为疵。考《明世宗实录》卷三百八十九，嘉靖三十一年（1552）九月：“壬寅，改南京户部尚书王崇庆为南京礼部尚书。”《明世宗实录》卷四百十九，嘉靖三十四年二月：“改南京礼部尚书王崇庆为南京吏部尚书。”又《明世宗实录》卷四百二十一，嘉靖三十四年(1555)四月:"南京吏部尚书王崇庆以疾乞致仕,许之。"皆可证其曾官礼户部、礼部、吏部三部尚书,《总目》著录无失。

《周易赞义》七卷

《总目》:明马理撰。理字伯循,三原人。正德甲戌进士,官至南京光禄寺卿。事迹具《明史·儒林传》。……朱睦㮮序称此书"发凡举例,阐微摘隐,博求诸儒异同,得十馀万言"。原书十有七卷,其门人泾阳庞俊缮录藏于家,河南左参政莆田郑絅为付梓。

按:《四库全书存目丛书》有此书明嘉靖三十五年(1556)刻本,系此书初刻本。《总目》谓郑絅官职为"河南左参政"误。据朱序篇末所署时间为嘉靖三十五年丙辰孟秋,郑絅序亦称"丙辰"庞泉"来按中州",则此书刻于嘉靖三十五年。朱序称郑絅为"左使葵山郑公"。"左使"即左布政使。《明史·职官志四》:"承宣布政使司。左、右布政使各一人(自注:从二品),左、右参政(自注:从三品)。"则左使、与左参政犁然有别。复按《明世宗实录》卷四百四十二,嘉靖三十五年十二月:"丙戌朔,升河南左布政使郑絅为都察院右副都御史,巡抚保定等府,兼提督紫荆等关。"则在朱氏作序之时,郑絅任河南左布政使甚明。《总目》著录官职有误。

《易问笺》一卷

《总目》:明舒芬撰。……正德丁丑进士第一,授翰林院修撰。以谏南巡廷杖,谪福建盐课司副提举。嘉靖初复职……事迹具《明史》本传。

按:此书《四库全书存目丛书》收明万历四十八年(1620)刻《梓

溪文钞》本。据是书,是书本名《易笺问》,杜泽逊先生《四库存目标注》已指出。《总目》谓舒芬"嘉靖初复职",误。考《明史·舒芬传》:"世宗即位,召复故官。"《总目》即据此而改。《明世宗实录》卷二,正德十六年(1521)五月:"原任翰林院修撰舒芬、郎中黄巩、孙凤、陆俸、张衍瑞……诏各复原职,内丁忧终养、以病在告者,俟服阕、亲终、病痊之日复除。诸臣皆以正德时谏南巡蹶罪,陆震等杖死,馀各削职降谪。"则舒芬复职在正德十六年五月,时武宗已于三月崩,世宗四月即位,改明年为嘉靖元年。故《明史》言"世宗即位",本不误。而《总目》言"嘉靖初",既统以年号,则系在明年,不当。

《周易不我解》二卷

《总目》:明徐体乾撰。体乾字行健,长淮卫人。嘉靖癸未进士。……书中多引邵子及《左传》占法,而以青、陈、左、邵并称。

按:此书《四库全书存目丛书》收有南京图书馆藏明万历刻本残本,仅存卷一。据卷一下题"明居鄛徐体乾行健父著",可知其人名"体乾"字"行健"。《总目》言"嘉靖癸未进士",检朱保炯、谢沛霖《明清进士题名碑录索引》,嘉靖二年癸未(1523)进士三甲中有徐行健,中都长淮卫籍,乡贯江西南丰,而无徐体乾。《总日》盖谓其以字行,实误徐体乾、徐行健为一人。考《周易不我解》徐体乾自序落款时日为万历庚戌(1610),而徐行健为嘉靖二年癸未(1523)进士,以此人二十岁中进士推之,至作序时已将近110岁,明非此人。而徐体乾则为庐州府人,方志中所见,或就府治云合肥人,或就县云巢县人,故万历刻本卷下题"居鄛"。"鄛"即巢县。雍正《巢县志》卷十四:"徐体乾……大埠乡人。精于天文易占。著有《书》并《易》解,焦漪园竑、为之作序。”嘉庆《庐州府志》卷三十六《方技》下：“徐体乾，巢县人。占《易》用左邵法，与《焦氏易林》相符契。其天文得之刘诚意。著有成书，所注《易解》，焦竑为之序。”以上方志中所说之“左邵法”，与《总目》论合。可见，此书作者籍里应该是巢县人。《总目》所言“长淮卫人。嘉靖癸未进士”，乃长淮卫人徐行健之籍贯。明之“长淮卫”，属中都留守司，凤阳八卫之一，其职责为守卫皇陵等。故《明史·职官志五》：“（洪武）十四年始置中都留守司，统凤阳等八卫（自注：凤阳卫、凤阳中卫、凤阳右卫、皇陵卫、留守左卫、留守中卫、长淮卫、怀远卫），防护皇陵。”长淮卫设置地在凤阳府凤阳县。《明史·地理志一》凤阳府凤阳县下：“洪武六年置长淮卫于此。”而庐州府在凤阳府南，与之无涉。《总目》易类提要撰写，多参朱彝尊《经义考》。考《经义考》“徐氏体乾《周易不我解》”条下引黄百家语“徐体乾，字行健，长淮卫人，嘉靖癸未进士”，已误，则《总目》系引黄氏误说而来。

《周易义丛》十六卷

《总目》：明叶良佩撰。良佩字敬之，台州太平人。嘉靖癸未进士，官至刑部郎中。

按：此书《四库全书存目丛书》有明嘉靖刻本。《总目》记叶氏官职有误。据《明世宗实录》卷一百五十一，嘉靖十二年（1533）六月“又以拾遗例劾南京刑部郎中叶良佩”等人，则叶良佩实为南京刑部郎中。嘉靖《太平县志》卷七《人物下》：“叶良佩，字敬之，居暹之后。癸未进士，南京刑部郎中。”明有南、北畿（即南京与北京）之分，故官亦有南北之分。南畿官吏，例带“南”字，不带“南”字者为北京官，此亦史书之通例。此言“刑部郎中”，则以为北京官，不确。

《总目》又云：是编用王弼本，采辑古今《易》说，自子夏《传》迄元龙仁夫，凡一百七十七家。

按：《总目》所统计一百七十七家，然据其“自子夏《传》迄元龙仁夫”，则实仅有一百六十九家。所缺八家者，即龙仁夫以后之“拾遗”中所列韦氏、阮氏、李氏、闾丘氏、薄氏、史氏、倪氏、苏氏八家。是《总目》统计之失。

《胡子易演》十八卷

《总目》：明胡经撰。……《明史·艺文志》载胡经《易演义》十八卷。此本但称《易演》，疑史衍文也。

按：《总目》以“义”字为史书衍文，甚是。清黄虞稷《千顷堂书目》卷一亦作“胡经《胡子易演》十八卷”。《总目》所见之《明史》疑系殿本《明史》。考国家图书馆藏四百一十六卷题名万斯同之《明史稿》，即《明史》所修诸稿本之一，是本卷一百三十三《艺文志》中作“胡经《胡子易演》十八卷”，尚未衍“义”字。其后王鸿绪复修《明史》，其《横云山人明史稿·艺文志》已讹作“胡经《易演义》十八卷”，后殿本《明史》在王书上更修，乾隆时刻于武英殿，一仍其误。今中华书局整理本《明史》底本即殿本《明史》，亦作“胡经《易演义》十八卷”，犹沿其误。

《周易卦变图传》二卷

《总目》：明吕怀撰。怀字汝愚，号巾石，永丰人。嘉靖壬辰进士，官至南京太仆寺少卿。事迹附见《明史·洪垣传》。

按：《总目》记吕怀字误。有学者已指出（李坚怀《〈四库全书总目提要〉易类正误》,《周易研究》2015 年第 5 期)。“德”字,古书中常作“悳”。盖其字有作“汝悳”,“悳”,“德”之别体,与“愚”字形近,因是误之。

《看易凡例图说》一卷

《总目》:明龙子昂撰。子昂,泰和人。嘉靖庚子举人,官知县。

按:《总目》未言龙氏为何县知县,失考。雍正《河南通志》卷三十三“封邱县”下有“龙子昂,江西泰和人,举人,嘉靖三十四年任”。顺治《封丘县志》卷五《职官》下亦载“龙子昂,江西泰和县人,举人,嘉靖三十四年任”。此外,方志中未有任他县知县之记载,则龙子昂为明之封丘知县(“邱”字为雍正初改,避孔子讳,明为封丘)。

《易经渊旨》一卷

《总目》:旧本题吴郡归有光撰。有光字熙甫,嘉靖乙丑进士,官至太仆寺丞。事迹具《明史·文苑传》。

按:《明史·文苑传三》:“隆庆四年,大学士高拱、赵贞吉雅知有光,引为南京太仆丞,留掌内阁制敕房,修《世宗实录》,卒官。”则归有光实为南京太仆寺丞,明代南部官一般都加南京,或称南部,北京官例不署北京,区分明显。《总目》所载不确。

《大象观》二卷

《总目》:明刘元卿撰。元卿字调父,安福人。隆庆庚午举人,万历中官至礼部主事。《明史·儒林传》附见《邓元锡传》中。

按:检《明史》,亦载“元卿,字调父,安福人”。《总目》从之,似本无误。然古人称“父”者,多系年长乃为之。若始终字调父,似嫌于其父。古有“甫”字,与“父”相替用。称“甫”者,年长多尊称“父”。“甫”字,男子之美名,不嫌长幼。刘元卿当字“调甫”。考明俞汝楫《礼部志稿》卷四十三:“刘元卿调甫,江西安福人。”明过庭训《本朝分省人物考》卷六十八载其曾“谒兰溪徐太常、黄安耿司农于兰溪”,与诸人讨论学问。耿司农即耿定向,有《耿天台先生文集》,集中卷一有《赠刘调甫应聘北上国子之任二首》,即恭贺刘元卿任国子博士之诗。《刘元卿传》:“万历二年,会试不第,遂绝意科名,务以求道为事。既累被荐,乃召为国子博士。擢礼部主事。”即其事也。耿集卷四有《与刘调甫六首》等,皆其人。明人罗大纮为刘元卿密友,其《紫原文集》卷三有《刘调甫征君六十作密湖通谱序》,载刘元卿平生事迹颇翔,皆可与《明史》相印证。又《四库全书存目丛书》经部第157册收录有刘元卿《大学新编五卷》,其卷前目录下正题“刘元卿调甫”,此均可证当作“调甫”,“甫”字当为正字。《明史》《总目》并误。

《易象会旨》一卷

《总目》:旧本题曰“延伯生述”,不著名氏。前有万历己酉熊惟学序,称为“同年临川文台吴君”,亦不著其名。考惟学为隆庆辛未进士,是年榜有临川吴扐谦,或即其人欤?

按:万历《遂安县志》卷四有明人詹理《遂令吴侯去思记》一文,纪遂安所去任之吴氏县令。文末曰:“侯名扐谦,字汝亨,号文台,抚之临川人。隆庆辛未进士,先哲文正之学派也。以久任奏功,今始拜南工部云。”可证《总目》“同年临川文台吴君”之疑,则《易象会旨》确系吴扐谦所撰。《总目》著录是书为“浙江巡抚采进本”,后检《浙江采集遗书总录》有"《易象会旨》二卷(刊本)"一条,云"右明陕西布政司理问临川吴抝谦撰"。官衔罗列甚详。依理言之,《总录》提交在前,《总目》撰写在后,《总目》当见《总录》此条,不应著录有失。然考浙江所进本为二卷,而《总目》作"一卷",盖《总目》虽题"浙江巡抚采进本",而实别有所据。且所据之本容有缺残,故馆臣不得见作者题名。此类问题,《总目》甚多,崔富章先生《四库提要补正》阐发尤力,可参。

《学易举隅》六卷

《总目》:明戴廷槐撰。廷槐长泰人,隆庆中贡生。

按:《总目》言戴氏履历未详,未言其官。清康熙《长泰县志》卷八:"戴廷槐,彰信里人,渊之子。性资英敏,襟度逍遥。书史过眼无遗,词翰挥毫立就。应二年恩贡授浙江淳安县知县。归家山水自娱,好事之宾座□□满。问奇之屦,户外不虚。著有《制锦堂集》《易举□□荔亭稿》《革节卮言》等,稿自号东樵。"传中"二年恩贡"即隆庆二年。长泰为明漳州府属县,明万历《漳州府志》卷二十四《岁贡表》有恩贡戴廷槐,注曰"隆庆二年",即其人。

《易传阐庸》一百卷

《总目》:明姜震阳撰。震阳字复亨,自称曰东楚,盖淮、泗间人也。

按:同治《徐州府志》卷第十九《经籍考》载:"明邳州姜震阳《易传阐庸》一百卷。"其说当有所本,则姜氏邳州人。邳州,战国楚国之地,故自称曰"东楚"。

《羲经十一翼》二卷

《总目》:明傅文兆撰。文兆,金溪人。是书凡分五篇。《上古易》第一,《观象篇》第二,《玩词篇》第三,《观变篇》第四,《观占篇》第五。其论爻辞,以为文王所作。其大旨专主图书、象数之学。其称《十一翼》者,盖以孔子传《易》为《十翼》,而己又翼孔子,故曰"十一"也。核其名称,殊为僭妄。《明史·艺文志》载此书五卷,《经义考》亦注曰"存"。此本仅有《上古易》一卷、《观象篇》一卷,其《玩辞》《观变》《观占》三卷并阙,其近时始佚欤?

按:此书《四库全书存目丛书》有影印南京图书馆所藏明书林李潮刻本。取李刻与《总目》两相对照,知《总目》著录错字三处:"《玩词篇》第三","词"当作"辞"。"《观占篇》第五","观"当作"玩"。其下"《观占》"亦作"《玩占》"。《总目》谓"是书原目凡五篇",核之李刻卷前《羲经十一翼总目》,其曰:"首卷,《太古易》。一卷,《上古易》;二卷,《观象篇》;三卷,《玩辞篇》;四卷,《观变篇》;五卷,《玩占篇》。"则是书正文五篇、首卷一篇,共六篇。李潮本,卷一首叶即《太古易》,其后方为《上古易》。则李潮刊刻时将其与《上古易》合并为一卷,《总目》所谓"原目凡五篇"误。

《周易象通》八卷

《总目》:明朱谋㙔撰。谋㙔字郁仪,宁献王七世孙。

按:宁献王为朱权,朱谋㙔当为朱权八世孙。《明史·诸王传二》:"宁献王权,太祖第十七子。洪武二十四年封。……正统十三年薨。世子盘烒先卒,孙靖王奠培嗣。"世子盘烒卒后追称惠王。"石城王奠堵，惠王第四子。……子觐镐，孝友有令誉，早卒。孙宸浮嗣，与母弟宸浦、庶兄宸泗、弟宸瀗皆淫纵杀人。……宸瀗弟宸浮……子辅国将军拱概，孙奉国将军多，曾孙镇国中尉谋墇。”如此一算，朱权一世，朱盘炆二世，朱奠堵三世，朱觐镐四世，朱宸瀗五世，朱拱概六世，朱多七世，朱谋墇八世。自朱权至朱谋墇，共计八世，故朱谋墇当为宁献王朱权八世孙。

《续韦斋易义虚裁》八卷

《总目》：明涂宗濬撰。宗濬字镜原，南昌人。万历癸未进士，官至兵部尚书，谥恭襄。

按：作者字“镜源”。明过庭训《本朝分省人物考》卷五十八：“涂宗濬，号镜源，南昌县人。”雍正《江西通志》卷六十九：“涂宗濬，字镜源，南昌人。”明陈懿典《陈学士先生初集》卷三十二有“答涂镜源直指”、明冯从吾《少墟集》卷十五有“答涂镜源中丞”、明祁承爜《澹生堂藏书目》有“涂镜源《阳和语录》三卷，一册，俱涂宗濬”，明沈德符《万历野获编》卷二十二“列营举炮”条“又涂镜源宫保宗濬为宣大制台”、明吴道南《吴文恪公文集》有“答涂镜源年丈”“送侍御涂镜源年丈按部西粤”等、明叶向高《苍霞续草》卷十九尺牍有《答涂镜源》，以上均作“镜源”。文献极多，不一一列举。《总目》作“原”字误。

《周易旁注会通》十四卷

《总目》：明姚文蔚撰。文蔚字养谷，钱塘人。万历壬辰进士，历官南京太仆寺少卿。

按：《总目》叙姚氏字有误。姚文蔚字元素，别号养谷，养谷非字。

明黄汝亨《寓林集》卷十七《中顺大夫南京太仆寺少卿姚公行状》:“公讳文蔚,字元素,养谷其别号也。”又朱升本之十二篇旧闻,就姚文蔚序,称列之于后。《总目》称列之于前,则所见之本列前。今《四库全书存目丛书》影印万历刻本,即弁前。杜泽逊先生以其为万历四十六年(1618)初刻本,然亦姚序考之,亦未敢必也。

《古易汇编》十七卷

《总目》:明李本固撰。本固字维宁,临清州人。万历壬辰进士,官至太仆寺少卿。……其书分为三集:一曰意辞,二曰象数,三曰变占。意辞之目凡八:曰古易,附见书前;曰辞会,即经传十二卷,自第十三卷以下另为一编,有胡国鉴序;曰明意;曰释名;曰详易;曰玩辞;曰误异;曰易派。象数之目亦八:曰图书象,曰图书数,曰总论,曰画象,曰三易,曰广象,曰观象,曰衍数。变占之目凡十:曰蓍变,曰之变,曰反对,曰变例,曰辨成,曰观变,曰不卜,曰玩占,曰卜筮,曰断法。

按:《总目》此条提要问题有二:

第一,《四库全书存目丛书》收有北京大学图书馆藏明万历刻本一部,题名“周易占本全书汇编”,系同书。《总目》将二“李本固”,误合一人。《千顷堂书目》卷一“李本固《古易汇编》十七卷”,小注:“字维宁,临清州人。由进士出宰四邑,有异政。历工部郎中,出守归德,丁内艰,以毁卒。”故《四库全书存目丛书》所收是书前有李维桢序,称“起部李维宁”,“起部”即工部。此人即《千顷堂书目》所载之“李本固”,山东临清人。其人未尝为太仆卿甚明。考此人为万历壬辰岁(1592)进士。明代别有一李本固,字叔茂,河南汝阳人,康熙《汝阳县志》卷九《人物志》载其宦迹特详，云："光宗初，召起太仆少卿，迁光禄卿。寻土忠判，既分彰讨，宜决一疏，与时相忤，量移南大理，乞身高卧，卒年八十。"此即《总目》所言"官至太仆寺少卿"者，《总目》误将二人履历混淆。

第二，著录有误。意辞之目中，附见书前者据原书为"古易考"，非"古易"。象数之目有九，非八，"图书象"后有"图数""书数"，《总目》误合为一。又"衍数"据原书当作"数衍"。变占之目，"辨成"原书作"小成变占"，"卜筮"原书作"卜筮考"。

《周易古文钞》二卷

《总目》：明刘宗周撰。宗周字起东，号念台，山阴人。万历辛丑进士，官至左都御史。南都破后，绝粒而死。事迹具《明史》本传。乾隆乙未，赐谥忠介。

按：清张廷玉《通鉴纲目三编》卷四十顺治元年（1644）五月，"明福王以史可法、高宏图、姜曰广、王铎并为东阁大学士，入阁办事，马士英为东阁大学士仍总督凤阳等处军务"条下注："刘宗周初为左都御史，以奏姜采、熊开元不当，下锦衣卫狱。当付法司，帝怒其偏党，削职。至是福王立，起用。后南都亡，杭州亦失守，宗周赴水不死，绝食卒。本朝乾隆四十一年追谥忠介。"嘉庆《大清一统志》卷二百九十五《绍兴府·人物》有刘宗周传，云："本朝乾隆四十一年以宗周望若清□，言多谠论，纯修无两，介节独持，特赐专谥'忠介'。"则刘宗周赐谥在乾隆四十一年（1776）丙辰甚明，乙未为乾隆四十年（1775），《总目》误。

《周易宗义》十二卷

《总目》:明程汝继撰。汝继字志初,朱之蕃序又称其字曰敬承,盖有二字也。婺源人。万历辛丑进士。官至袁州府知府。

按:康熙《馀杭县志》卷七载金学会“程邑侯改建城东门启秀楼记”,其末云:“侯讳汝继,字敬承,别号志初。”则程氏非有二字,《总目》误其号为字。

《易经勺解》三卷

《总目》:明林欲楫撰。欲楫字平庵,晋江人。

按:林欲楫,字仕济,号平庵,非字平庵。清嘉庆《大清一统志》卷四百二十八《泉州府·人物》:“林欲楫,字仕济,晋江人。”清李清馥《闽中理学渊源考》卷七十六“宗伯林平庵先生欲楫学派”条后:“林欲楫,字仕济,号平庵。晋江人。”乾隆《重修泉州府志》卷四十四《人物列传·明列传九》:“林欲楫,字仕济,号平庵,晋江人。”以上均可证。

《易学残本》十二卷

《总目》:明卓尔康撰。尔康字去病,仁和人。万历壬子举人,官至工部屯田司郎中,谪常州府检校,后终于两淮盐运通判。据《明史·艺文志》载,尔康《易学》五十卷。此本仅存图一卷、《图说》六卷,及《说卦传》二卷、《序卦传》二卷、《杂卦传》一卷。每卷首但有“卷之”二字,而空其数,盖刻刊未竟之本也。其大旨附会河、洛,推演奇偶,纷纭轇輵,展卷如历家之数表。所谓圣人因象示教之本旨,渺

不知其所在。以此为作《易》之奥，则老算博士人人皆妙契先天矣。其首列为起数之根者，有《古河图》、《古洛书》、陈希夷《龙图别传》、《古河图》、《今河图》、《古洛书》、《今洛书》，岂龙马所负一图而有此四本，神龟所呈一书而有此两本耶？抑后人以意造作也？为书如是，其完也不足贵，其阙也亦不足惜矣。

按：此残本《四库全书存目丛书补编》收有明刻补旧钞。其中之刻本部分，杜泽逊先生《四库存目标注》谓《总目》所见者，可从。今按此刻，"陈希夷《龙图别传》"，当系两书，即"陈希夷易龙图"、"别传古河图图"，"别传"当其后之"古河图"组成一书名，即当作：陈希夷《龙图》、《别传古河图》。中华书局本与其整理本皆断误。《今河图》本作"河图今图"，其下为"洛书今图"，本无"古洛书"。且其上既有"古洛书"，此处不当再出之，《总目》亦云"神龟所呈一书而有此两本耶"，亦言有二书，若重之则为三书。知此处系后来传抄所误，《总目》本不误。

复按所列诸图之下，亦非全卓氏所创。诸图之下，采自他人者则记传者姓名，如"洛书古图""河图古图"，后有邓元锡语，即出自邓氏。"别传古河图图"出自周光德，"河图今图""洛书今图""河图位数五行图"，出自李天麟。《总目》仅凭目录为说，亦失之轻率。

《易学》五卷

《总目》：明吴极撰。极字元无，汉阳人。万历丙辰进士，尝官知县，而其所官之地则不可考。

按：《总目》言吴极所官之地不可考，今补之。清同治《续辑汉阳县志》卷二十一《文苑》载："吴极，字元无，万历丙辰进士。就南武学教授,历南监助教、户部主事、员外。出知扬州府,未任,改广南,旋引归。性恬退,居官每辞剧差。林下二十年,刻意著述。所编《石经大学疏旨》等书,皆有功圣教者。”可知吴氏由户部员外郎出任知府。考《明史》,明之户部员外郎从五品,知府正四品,知县为正七品,吴氏由户部员外郎外放知府升职,合乎仕途常选,不可能降至正七品之县令,此与《续辑汉阳县志》记载相符。据此,则吴极何尝如《总目》言“官知县”,当言“尝官知府”。

《伏羲图赞》二卷

《总目》:明陈第撰。……下卷为《图赞》二十一,末附《图向》一篇。大抵皆臆造之说,不足为据。

按:《四库全书存目丛书》有此书之刻本。核之刻本,下卷《图赞》为二十三篇,非二十一篇,均以“大哉图乎”起首。末附一篇为《图问》,《总目》误作“图向”。

《风姬易溯》五卷

《总目》:明王宣撰。宣字纪卿,一字虚舟,金溪人。

按:王宣当字化卿,号虚舟子,《总目》误为“纪”字,又误号为字。清方以智《浮山集》文集后编卷一《虚舟先生传》:“王虚舟先生讳宣,字化卿,金溪人,生于桐城。少负才不羁,与先叔祖玉峡公(自注:讳大铉,癸丑进士)、赤城公(自注:讳大任,丙辰进士)为友。迈志好古,为诗歌文词,凌轹晋唐,上轧周秦。一不第,遂弃举子业,傥然高蹈,自号虚舟子。桐自先曾王父讲学,先廷尉公倡之,先外祖吴观我先生好参究合三教而一之。先生往来坛坫间,无不微言解颐也。米公友石闻而交之。中年学道,屏绝室家,以易为终始之学,寝处其中。米公曾为序其《风姬易溯》行世。世尚功令,趣干时之业,未有好其书者。后老于桐。”清方以智《浮山集》文集前编卷五曼寓草中《考古通论》:“虚舟子衍河图为洛书”,下注“王化卿先生长于吾桐,最精河洛”。黄虞稷《千顷堂书目》卷一“易类”:“王化卿《风姬易溯》”。清方文《嵞山集》卷六有《送王化卿先生归金溪》诗,光绪《重修安徽通志》卷二百六十四:“王宣字化卿,金溪人。其父客桐生宣。童子时,即以游女诗得名。后复来桐,一时名卿咸与之游。博习群书,晚而好易,所著有《易溯》,自成一家。尤好因果,录所闻见着《龙马言》及《金刚经解》。”足证《总目》“纪卿”之误。

《易经增注》十卷

《总目》:明张镜心撰。镜心字用晦,磁州人。

按:《总目》叙张镜心字误。清汤斌《汤子遗书》卷七《前兵部尚书湛虚张公墓志铭》:“公之孙翰林编修榕端持其父故庶常君溍所作状,及冲叙改葬事始末来请铭。余与庶常君同举进士,尝以年家子谒公里第。接其状貌,伟然巨公长者也……公讳镜心,字孝仲,号湛虚,晚号晦臣。”汤斌《墓志》有记载“少保刘公志其墓”,清陶梁《红豆树馆书画记》卷三有“刘正宗《湛虚张公墓志》:‘公讳镜心,字孝仲,号湛虚,别号晦臣。彰德磁州人。壬戌成进士。’”则所谓“少保刘公”当系刘正宗。清陈廷敬《午亭文编》卷四十七《故明前兵部尚书张公墓碑铭》:“前明兵部尚书张公讳镜心,字晦臣。”三墓志皆未言其字“用晦”,故知《总目》误。又汤斌熟悉张镜心家世,且有其子张溍所为状为参考,其记载张氏字号与刘正宗所作正合，当不误。陈廷敬据其所言："公殁二十三年，公之孙榕端以进士选为庶吉士。予时在翰林，掌院事。榕端高其大父行，请于余以其墓道之铭。今十有二年，乃始泚笔记公事。盖公之殁已三十五年所矣。"则系多年之后方执笔，且从其记载字号来看，并不详赡，当系误记。又《四库全书存目丛书》所影印之张瓒、张玉辅重刻本，系张镜心后人所刻，卷前有汤斌《张公墓志铭》，则汤斌所录亦为张氏后人认可，故其录为实。

《系辞十篇书》十卷

《总目》：明陈仁锡撰。仁锡字明卿，长洲人。天启壬戌进士第三，官至南京国子监祭酒。事迹具《明史·文苑传》。此编以"十篇"为名，今核其数：曰《翼易书》、曰《太极书》、曰《河洛书》、曰《羲易书》、曰《文易书》、曰《文序书》、曰《孔易书》、曰《蓍占书》、曰《卦爻书》，仅有九名。其首冠以《系辞说》，不入目录。《文易书》下附以《羲文合论》，而《翼易书》分上下，不知以何一篇足为十也。其书立名诡异，至其所说，则不过掇拾旧文，编缀成帙而已。

按：《四库全书存目丛书》经部第22册有此书明神墨斋刻本。核查之下，此书实仅有八书。《总目》所言之"《文序书》"，无此"书"。察其刻本，本题曰"文易书序卦"，板心亦题"文易书"，是本为"文易书"之分篇。不能列为一书。故实际只有八书之名，《总目》误认有九名。以"书"论，只有八书，若以篇论，则《文易书》之"羲文和论""文易书序卦"都可列为二篇，恰为十篇。此即"十篇书"之得名。

《易思图解》无卷数

《总目》:明刘日曦撰。日曦字仲升,彭泽人。天启壬戌进士。

按:检《明清进士题名碑录索引》,天启二年(1622)壬戌,有刘日曦,即此人。日曦之字,所见材料皆作"驭初",与古人日驭之称合。然作"仲升"亦未尝不可,姑置此。又《总目》言刘氏资料未详。考康熙《江西通志》卷三十三:"刘日曦,字驭初,号赤城。彭泽人。万历壬戌进士。令江阴,值魏珰崇建生祠,曦遂去官,调龙游。龙俗苦盗,曦悉捕之,一时屏迹。改都察院经历,至南京兵部郎。时勋戚多强悍,见曦咸拱服之。又抚循卫军,修明器械,两大司马交疏以荐。升浙江参议,未任告老。曦素行严毅,居家孝友。每朔望必集邻里子侄,讲圣谕六条。尤精大易,殚心理学,著有《时习录》《镜心录》《易经通解》《举业发机》等书。督学侯公特举乡贤,浙亦名宦祀之。"《江西通志》载其万历壬戌进士则误。考万历无壬戌年。清雍正《江西通志》卷九十二引之亦误。

《易佣》十四卷

《总目》:明文安之撰。安之字铁庵,夷陵人。天启壬戌进士,官至国子监祭酒。朱由榔僭号粤西,以为大学士。告归,寻卒。事迹具《明史》本传。

按:文安之,字汝止,号"铁庵"。《总目》误号为字。清丁宿章《湖北诗征传略》卷三十八:"文安之,字汝止,号铁庵。天启进士。永明官大学士。"清徐鼒《小腆纪传》卷三十:"文安之,字汝止。"明之夷陵,即清之东湖,皆今宜昌一代。乾隆《东湖县志》卷十七:"文安之,字汝止,号铁庵。"皆可证。

《易史象解》二卷

《总目》:明林允昌撰。允昌字为磐,号素庵,晋江人。天启壬戌进士,官至吏部郎中。案朱彝尊《经义考》载允昌《周易耨义》六卷,称"莆田有金石社,允昌集子弟月三会,自崇祯庚辰四月至十一月,凡二十二会。门人张拱辰、何承都等辑而成编。因允昌以请学为圃名斋,故曰'耨义'。"

按:此书作者本名林胤昌,《总目》作"允"者,清人避雍正讳。字又或作"孕昌""应昌"。检《明清进士题名碑》,天启二年壬戌(1622)有"林胤昌",正其人。《四库全书存目丛书》子部第17册有《素庵先生栖绿堂经史耨义》二十二卷,据崇祯刻本影印,亦作"林胤昌"。乾隆《泉州府志》卷四十四、乾隆《晋江县志》卷九皆有传(二书皆作"孕昌")、道光《晋江县志》(作"应昌")备载甚详,可参。(按:三志皆作万历壬戌进士,并误,万历无壬戌年。)再考朱彝尊《经义考》卷六十三"林氏胤昌《周易耨义》"条,门人为张拱宸,《素庵先生栖绿堂经史耨义》中《小引》下亦题"门人张拱宸敬识",知《总目》误"宸"为"辰"。

《周易纂》六卷

《总目》:明朱之俊撰。之俊字沧起,汾阳人。天启壬戌进士,官至翰林院侍讲。

按:《总目》有数误。

第一,朱之俊,字擢秀,俊、秀正对。康熙《汾阳县志》卷三《乡贤》载其传记甚详,云:“朱之俊,字擢秀,少为诸生。慕龙门之学,负笈走金陵,览名山大川,访奇人名德为师友。旋里,联掇巍科,入翰林。两预乡、会闱试,得人最盛。告归省亲,其击焰珰、逃姜逆,事载国史。闯贼蹂汾,本朝驱除定鼎,公犹坚志不出。会冀南分守马公贻书罗致之,乃应聘。顺治二年,擢内翰林秘书院侍读,兼修国史副总裁。以继母侯太夫人年高,乞养归。”称其“字沧起”则不合。光绪《汾阳县志》卷十引曹树谷《朱沧起事迹考》云“朱之俊,号沧起”。则“沧起”为其号可知。

第二,朱之俊仕明,亦入清为官。康熙《汾阳县志》卷前有朱氏序,亦题曰:“赐同进士出身、原任内翰林秘书院侍读、纂修明史副总裁、予致汾人朱之俊撰”。清人多称为“国朝朱之俊”,不系之于明。《总目》所称朱氏“官至翰林院侍讲”,亦为清朝任职,且字当作“侍读”。《总目》不明此,又单书此职,易使人误以为其仍为明官。

《易学统此集》二十卷

《总目》:明孙维明撰,其子越续成之。维明字克晟,江宁人。

按:《总目》言孙氏籍贯有误。孙维明,明应天府高淳县人,乾隆《高淳县志》卷十八有载。明虽有江宁县,却无江宁府,《总目》题“江宁”者,盖乃从清之制。明之应天府为清之江宁府,因误。

《易经小传》二十卷

《总目》:明郑友元撰。卷前有自序,自称其号曰“澹山”,不著岁月。《明史·毕自严传》称:“时有诏县令行取者,先核其钱谷,华亭知县郑友元已入为御史,先任青浦,逋金花银二千九百。帝以诘户部

尚书毕自严，自严饰辞辨，遂下自严狱，遣使逮友元。”又《湖广通志》：“郑友元，字元章，京山人，天启乙丑进士，官御史。”当即其人也。

按：此书今不可见。但尚可稽文以辨之。其误有三：

第一，名误。此人当名“郑友玄”，《明史·毕自严传》作“元”者，亦避康熙讳而改。杜泽逊先生《四库存目标注》亦沿误。明毕自严《度支奏议·四川司》卷二有“青浦县知县郑友玄”。明张国维《吴中水利全书》卷十《水治》天启六年有“青浦县知县郑友玄督治围田”。明崇祯《松江府志》卷二十六“华亭县知县”下列“郑友玄。其山。湖广京山人。乙丑进士。崇祯元年青浦县调任”。知其先任青浦县，后调华亭县。清光绪《京山县志》卷十三《儒林列传》有传，略其事迹云：“郑友元，字元韦，号澹石。举万历四十六年乡试，登天启五年进士。授青浦知县。崇祯初，调华亭。……擢云南道御史。疏论奄寺变置军政，养竖总戎，跋扈蓟门，乃得严旨谪归。甲申之变，避地南中。补原官，巡盐两淮。丁母忧归。隆武立于闽中，黄道周疏荐……时江楚路梗，文无由达也。友元为文峭厉，别辟畦径，根柢六经，昌明绝学。杜门十有六年……卒祀乡贤。”所载甚详，皆可与《总目》相印证发明。

第二，号误。《总目》记其号“澹山”，然所见均号为“澹石”。如明张溥《七录斋诗文合集·文集近稿》卷四《跋宋九青送熊鱼山文手卷》：“熊鱼山、郑淡石两先生之为谏官也。”又《七录斋诗文合集·诗稿》卷一有《送郑澹石侍御归楚》诗，均即郑友玄。清乾隆《金山县志》卷九：“郑友玄，字其山，号淡石。湖广京山人。”清光绪《青浦县志》卷十四“郑友元字澹石”，清顾师轼《吴梅村先生年谱》卷一“（崇祯九年）秋，典湖广试，刑科给事中宋玫为副，与熊鱼山开元郑淡石友元会”。亦同。其字当为“澹石”（“淡”“澹”通），《总目》误。

第三，字误。《总目》引《湖广通志》作“元章”，而光绪《京山县志》作“元韦”，“章”“韦”二字形似，未详孰是。后按清卢世㴶《尊水园集略》卷三有“寄郑元韦明府华亭”诗，即郑友玄为华亭令时所作。当其字当作“元韦”。

《周易爻物当名》二卷

《总目》：明黎遂球撰。……从朱由榔起兵，后守赣州，城破巷战死。

按：黎遂球非从朱由榔起兵。朱由榔为桂王，起事在福王朱由崧、唐王朱聿键后。嘉庆《大清一统志》卷四百四十二：“黎遂球字美周，番禺人。博学工文章，举乡试。唐王称号，督广州兵赴援。赣州城破，与弟遂珙并死之。”清陈田《明诗纪事·辛签》卷七：“遂球字美周，番禺人。天启丁卯举人。唐王立，除兵部主事。守赣州。城陷，巷战死。桂王时赠太仆寺卿，谥忠愍，晋赠兵部尚书。”死时均不言及桂王。清温睿临《南疆逸史》卷十九有其传，载：“黎遂球字美周，番禺人。天启丁卯举人，善古文词。……保举法行，侍郎陈子壮举遂球。以母老不行。闯贼陷京师，遂球上书巡按御史，言当练师复仇勤王。及闻福王立，遂球悉以家财治铁炮三百，送南都。甫及赣，而南京破，遂予江西总兵胡长荫。闽中立国，上中兴事宜凡数千言。大学士何吾驺荐，授兵部职方司主事，令以两广水师援赣州。”再检《清史稿·世祖本纪一》，清军破赣州在顺治三年十月（1646），其后虽遭数寇，而清军未尝失守。而桂王朱由榔之立在顺治三年十一月，其时黎遂球已亡。据上则当是福王起兵,黎氏随之起,后又事唐王朱聿键,守赣州而亡,本不及桂王事。故知“朱由榔”当为“朱由崧”之误。

《易疏》五卷

《总目》:明黄端伯撰。端伯字元公,江西新城人。崇祯戊辰进士,除宁波府推官。福王时官礼部仪制司郎中。南京破,死难。事迹附见《明史·高倬传》。乾隆乙未,赐谥忠节。

按:《总目》此处有二误。

第一,黄端伯死难时,其官当为礼部主事。《明史》:“福王立,大学士姜曰广荐,起之。明年三月,授仪制主事。五月,南都破,百官皆迎降。端伯不出,捕系之。阅四月,谕之降,不从,卒就戮。”清计六奇《明季南略》卷九:“又礼部郎中刘万春、主事黄端伯以不朝被杀。”

第二,赐谥年有误。清张廷玉《通鉴纲目三编》卷四十:“黄端伯,新城人。南都破,令降,不屈死。本朝乾隆四十一年追谥‘烈愍’。”嘉庆《大清一统志》卷三百二十一《建昌府二·人物》:“黄端伯……本朝乾隆四十一年赐谥‘烈愍’。”乾隆四十一年为丙戌年(1776),《总目》误作乙未年(1775),即乾隆四十年。

《易鼎三然》无卷数

《总目》:明朱天麟撰。天麟字震青,吴江人,寄籍昆山。崇祯戊辰进士,由兵部主事改授编修。后桂王由榔僭号,以天麟为大学士,卒于广西。

按:《总目》此条本朱彝尊《经义考》卷六十四,朱氏云:“缪泳曰:朱天麟字震青,昆山籍,吴江人。崇祯戊辰进士。以兵部武选主事选授翰林编修。”关于朱天麟之字，许多文献记载即为“震青”。如文渊阁《四库全书》所收之雍正《江西通志》卷六十三、王夫之《永历实录》卷一，等等，乃至黄宗羲本人所作之《明儒学案》卷五十七。但黄宗羲《南雷文定五集》卷二《文渊阁大学士文靖朱公墓志铭（改本）》：“公讳天麟，字游初，别号震青。以沈天英举乡试，后始复姓世。”乡试时名沈天英。文后有撰写始末，云：“（天麟）孙之铨，甲子武举人某某，康熙壬寅，丧车还里。癸丑，葬于雉城之湖滨。又十年，余至昆山，之铨以墓铭为请。”此铭既属“改本”，又是其孙所请，当亦经其家人认可，则“震青”为其号无疑。又据杜泽逊先生《四库存目标注》此条下所载，台湾“中央图书馆”藏明崇祯三年刻本，题“淞野人震青子著”，则其本号为“震青子”，故号为“震青”。

《尺木堂学易志》三卷

《总目》：明马权奇撰。权奇字巽倩，会稽人。崇祯辛未进士，官兵部主事。王亹序称权奇才高召忌，甫阅仕版，在系者数月，絷维邸舍者三年，后事白归里，因成是编。

按：马氏为工部主事，非兵部主事。清朱彝尊《经义考》卷六十四：“李延昰曰：马权奇字巽倩，会稽人。崇祯辛未进士。工部主事。”清康熙《会稽县志》卷二十四：“马权奇字巽倩，幼负奇气。受易董中峰玘曾孙懋策门下。事母极孝。辛未成进士，授工部主事。司琉璃厂，与阉宦相抵牾，为所中，后事白得释。家素贫，复不能事家人产业，惟饮酒读书，手丹铅不辍。国变避兵，死于田间。”雍正《浙江通志》卷一百八十、乾隆《绍兴府志》卷五十三，皆作“工部主事”。《总目》误。

《易序图说》二卷

《总目》:明秦镛撰。镛字大音,无锡人。崇祯丁丑进士,官清江县知县。

按:检《明清进士题名碑录索引》,崇祯丁丑进士确有秦镛。然《总目》言秦镛仕履未详。康熙《江西通志》卷二十七:"秦镛字大音,无锡人。崇祯丁丑进士。授清江令……以最赴部,终监察御史。邑人思之,祀名宦。"如此,则秦镛当仕至监察御史。嘉庆《无锡金匮县志》卷二十一载其以后事:"擢监察御史,屡上封事不报。寻归,南都亦亡。镛独居城东弓河之上,自题曰'千休馆',惟与门弟子讲习主静之学。闭门读《易》,谢绝人事,垂十馀年。疾革,或请归。镛曰:'硁硁者志,安可移耶。'遂卒。"则其确实官至监察御史。

《读易隅通》二卷

《总目》:明来集之撰。集之字元成,萧山人。崇祯庚辰进士,官安庆府推官。

按:《总目》序来氏官履不确。清毛奇龄《西河集》卷八十五《故明中宪大夫太常寺少卿兵科给事中来君墓碑铭》云:"君讳集之,字元成……庚辰成进士……改南京安庆府推官。……改兵科,且并进太常少卿,而王师已南下矣。……至是髡发,匿湖滨,以著书自娱。"则来集之当如毛奇龄所记,为太常寺少卿兼兵科给事中。

《卦义一得》无卷数

《总目》:明来集之撰。……如释《讼》谓:"天开于子,水归于壑,

见其始而不见其终，此天水讼之可以谋始，而不可以成终也。”释《师》谓：“五行之用莫大于水，土有众多之义，而五行之用土又克水，有胜负之义，且土在上者为高，水在下者为深，即兵法之‘右背山林、前阻水泽’也。”亦未免失之纤巧矣。

按：《四库全书存目丛书》经部第25册收有清顺治来氏倘湖小筑刻《来子谈经》本。其释《讼》云“此天水之讼”，《总目》作“讼之”，误乙。其释《师》，原文作“右背山陵、前左水泽”，为兵法之常语，《总目》“陵”误“林”、“左”误“阻”。

《周易去疑》十一卷

《总目》：明舒宏〔弘〕谔撰。宏谔字士一，旌德人，老于授徒。故钞撮讲章，纂而成帙，以便课诵。其举例有五：曰演脉、曰阐旨、曰互参、曰摹象、曰注字。初梓于池氏，后版毁于火，蒋时机又重刊之，而改其体例。卷首又题“蒋先庚增补”。标目杂糅，不可究诘。大抵书贾射利之本也。

按：此书《四库全书存目丛书》经部第26册收有清顺治蒋时机刻本，即《总目》所见之本。考凡例有十一则，《总目》仅举其五，且误“解象”为“摹象”。今依蒋刻本所载凡例列下：演脉、阐旨、互参、章总、解象、注字、白文、朱注、图说、总论、批评。又《总目》谓“蒋时机又重刊之，而改其体例”，亦不当。蒋氏所改只不过是前刻之版式，因其体例不便。其云：“原本板分上下两截，象注变着小字于上，脉旨参着大字于下，意在省纸。是不便观。今刻悉着大字于下，凡分白文一节，即使解明意备，一目而尽，观者快焉。”

《周易辨正》一卷

《总目》:明喻国人撰。国人字春山,郴州人。

按:《总目》记喻国人字误,且资料未详。乾隆《郴州总志》卷二十八载谢惟盛所撰《喻国人传》,载其事迹甚详。云:“先生字大受,号春山。由优廪膺明崇正壬午乡荐。其父璲,字玉铉,梦苏真人以鹿入室,小字鹿寿。生而倜傥负大志,启齿则孔孟伊周。自前明甲申之变,隐居三十馀年,著书三十五种,刊行者十之八。如《吾道一贯》……皆经名公叹赏,以为别出识解,泄从来未剖之秘。如雉水何月郎之酬歌、新安藤公剡之赋答、明华亭伯谥文忠公云闲章旷之题赞。内阁大学士魏真庵谕郴吏目王弼云:‘孝谦喻某,道德学问,大异寻常,加意敬重。’翰林院侍读学士崔玉阶语人曰:‘春山先生复古图书之功,功在万世,为当世第一人。’及讲学都中,受业者集满汉。近如督学潘公宗洛,亦以不及见为恨。其所著述,先有经父与兄国仕家传者,郴前两修志但列之选举。而郡贤、文苑竟皆阙如。直道在人,因为之著其梗概。”可知“春山”为其号,《总目》误。

《三易大传》七十二卷

《总目》:明李陈玉撰。

按:《总目》载李陈玉资料未详。清道光《吉水县志》卷二十三《人物志》有传:“李陈玉,字石守,号谦庵。枫坪人。童子时,与许初鸣、曾其宗交游,同上书于江太守,号为河上三奇。邹公元标、罗公大纮见而异之。天启甲子举于乡,榜名陈玉书,改今名。中崇正甲戌进士,初观政部曹郎,上书陈利弊,人咸称之。授嘉善令,邑剧,号难治。

玉至，逾年为民兴除利弊，多异政。又捐俸创立鹤湖书院，与士大夫讨论今古，咨询邑中利害，远近名流咸作诗歌美之。六载绩最，授仪制司主事。召对德政殿，称为儒林循吏。擢监察御史，不避权贵，所论列皆当世急务。值族叔祖邦华为左都御史，当大计，避嫌回籍。丁内艰。十六年避乱于湖南山中，从游者数十人。未几，得疾，歌哭不时，然其心未尝一日忘明。每言及德政殿召对事，则呜咽不已。生平廉介，好仗义。里居时，有丞与诸生相倾构，诸生被褫十七人。玉力白当事。当事者知其公正，悉复之。既卒后，嘉善人思之不已，祀诸名宦。所著有《易三传》《台中疏稿》，已刻行世。其诗书传及《退思堂集》俱藏于家。子道济，一名昙，崇祯十二年举于乡，有文名。"

《射易淡咏》二卷

《总目》：不著撰人名氏，卷端惟题"西农"二字。前有陈愫《索射易书》一篇，称其字曰"孝若"。考愫至国朝尚存，尝与邱〔丘〕象随等共注李贺《昌谷集》。又书中称张九山青衣得《射易》半部于虎邱〔丘〕僧舍，乃录寄尹子求者。考明尹伸字子求，宜宾人，万历戊戌进士，官至湖广布政使。崇祯甲申，张献忠部贼陷叙州，伸殉节死。此书既云寄伸，则是时伸尚无恙，当为明末人作矣。

按：此书作者为张遂辰，杜泽逊先生《四库存目标注》已指出。但杜先生引宋慈抱《两浙著述考》谓其字西农，号卿子，则微失。清黄宗羲《南雷文定》三集卷二《节妇金孺人墓志铭》："孺人张氏，父遂辰，字卿子，杭之名医也。"墓志为第一手材料，此可定张遂辰其字为卿子。清陈文述《颐道堂集·诗选》卷二十一有《东园怀张卿子》诗，题下自注："卿子，名遂辰，一字相期，号西农，居东城隐于医。"从诗题来看，陈氏当为张遂辰友人。其称“一字相期”，亦可明其字卿子。是张遂辰有二字，卿子、相期，都蕴含期以卿相之意。作“卿子”者，如康熙《杭州府志》卷三十、康熙《钱塘县志》卷二十二、康熙《仁和县志》卷二十一等，作“相期”者，如乾隆《武康县志》卷七、同治《湖州府志》卷八十等。再考清丁丙《善本书室藏书志》卷三十七“西农张遂辰相期”下注：“本家江西，随父徙杭州，称西农，志不忘也。”又乾隆《杭州府志》卷九十五《人物九·隐逸》亦云：“张遂辰，字卿子，号西农。”可知“西农”为张遂辰之号。

书 类

《尚书全解》四十卷

《总目》：宋林之奇撰。之奇字少颖，号拙斋，侯官人。官至宗正丞。事迹具《宋史·儒林传》。之奇辞禄家居，博考诸儒之说，以成是书。

按：“辞禄家居”当作“祠禄家居”。《宋史·儒林传三·林之奇传》：“遂以祠禄家居，自称拙斋。”

《禹贡指南》四卷

《总目》：宋毛晃撰。晃，《宋史》无传，其始末未详。

按：毛晃，字明叔，浙江衢州府江山县人，南渡后江山改名礼贤。绍兴二年(1132)任安乡知县，有文名，邑人名所凿井曰毛长官井，寓去思意。绍兴二十一(1151)年与子居正同榜进士，官至礼部侍郎。

参天启《衢州府志》卷九、卷十一，隆庆《岳州府志》卷十三、康熙《安乡县志》卷五、卷七。又考其自称“免解进士”，考宋举人获准不经解试，直接参加礼部试，称“免解”。盖其人中进士之前，已历宦途，后特旨免解，故中进士。不然，则无法解释先为县令后中进士之事。

《总目》又云：朱彝尊《经义考》云“未见”。又云：“《文渊阁书目》有之，不著撰人，疑即晃作。”则旧本之佚久矣。

按：检《文渊阁书目》卷一书类下“毛晃《禹贡指南》一部一册”，有撰人，无卷数，《经义考》说误。

《总目》又云：虽生于南渡之后，僻处一隅，无由睹中原西北之古迹，一一统核其真，而援据考证，独不泥诸儒附会之说。

按：隆庆《岳州府志》卷十三言其绍兴十三年(1143)为安乡县令，卷六又云：“安乡县城，宋建炎戊申县令胡衿筑之县南一里许，遗迹今有存者。绍兴癸亥，知县毛晃迁治于城北。”绍兴癸亥，即绍兴十三年。南渡至绍兴十三年，不过十七年，若依《总目》所言，则毛晃此时不过十七岁。康熙《安乡县志》系其初任县令在绍兴二年壬子，又父子均中绍兴二十一年进士。若毛晃生南渡后，于理、于宋人仕途均不合，则此人必生于北宋。《总目》有误。

《总目》又云：故后来蔡氏《集传》多用之。亦言地理者所当考证矣。

按：检蔡沈《书集传·禹贡》下所引有曾氏、孔氏、林氏、薛氏、苏氏、晁氏、张氏等，但无毛氏。《总目》说误。

《尚书讲义》二十卷

《总目》:宋史浩撰。……孝宗为建王,浩以司封郎中兼直讲。即位后,迁翰林学士知制诰,累官右丞相,致仕。事迹具《宋史》本传。

按:《宋史·史浩传》:“三十年,普安郡王为皇子,进封建王,除浩权建王府教授。诏建王府置直讲、赞读各一员,浩守司封郎官兼直讲。”《总目》改“郎官”作“郎中”,乃误。考宋楼钥《攻媿集》卷九十三《纯诚厚德元老之碑》(一作《太师保宁军节度使致仕魏国公谥文惠追封会稽郡王史公神道碑》):“明年,孝宗封建王,迁司封员外郎,兼直讲。”则其当时所任为员外郎。宋制郎中、员外郎秩级有差,《总目》误。

《书说》三十五卷

《总目》:宋吕祖谦撰。……此本则其门人时澜所增修也。……澜,婺州清江人。……考周必大《平园集》有祭澜文,称“从政郎差充西外睦宗院宗学教授”,而澜自序则称“以西邸文学入三山监丞”,盖作是书时为监丞,其后则以教授终也。

按:时澜非以教授终。时澜,字子澜,其先开封人,后徙居东阳。孝宗淳熙八年(1181)进士,监潭州南岳庙。历温州天富盐官,泰宁尉,临安府教授,分教西外宗学,知宁国县,通判袁州。宁宗嘉定十四年(1221),通判台州,次年,卒于任。有《南堂杂著》《易讲义》《左氏讲义》《用录》《日记》等。宋陈宓《龙图陈公文集》卷二十二《通判南堂时公墓志铭》载其履历甚详,可参。

《尚书说》七卷

《总目》:宋黄度撰。度字文叔,号遂初,新昌人。绍兴间登进士,宁宗时为御史。……事迹具《宋史》本传。

按:《总目》言"宁宗时为御史"不确。据《宋史》本传:"绍熙四年,守监察御史。"时在光宗。又宋叶适《水心集·故礼部尚书龙图阁学士黄公墓志铭》:"绍熙四年九月迁监察御史。"绍熙五年七月,宁宗即位,又考宋袁燮《絜斋集》卷十三《龙图阁学士通奉大夫尚书黄公行状》,绍熙五年九月除直显谟阁知平江府,请养亲,许之。诏以所除职主管冲佑观。十月,起知婺州。庆元元年五月,知兰溪县。若模糊论之,则言"宁宗时为御史"亦可。但《总目》体例,言官职从其始授,故于此不确。

《尚书精义》五十卷

《总目》:宋黄伦撰。《宋史·艺文志》载有是书十六卷。陈振孙《书录解题》亦著于录,称为三山黄伦彝卿所编,知为闽人。此本前有余氏万卷堂刊行小序,称为"释褐黄君",则又曾举进士。然《闽书》及《福建通志》已均不载其名,其仕履则莫能详矣。

按:据淳熙《三山志》卷二十九、《翰苑新书集》前集卷二十五、宋佚名《南宋馆阁续录》卷七等可知,黄伦字彝卿,福州长乐人。太学生,治《尚书》,乾道四年(1168)由太学生上舍释褐。历官左承务郎、太学录,淳熙十年(1183)闰十一月除,十二年除著作郎,十五年除军器少监等。黄伦由太学生授官,《总目》言曾举进士误。又《闽书》卷七十二乾道四年"戊子太学两优释褐黄伦",《四库全书》中所收乾隆

《福建通志》卷三十四亦言:"乾道四年戊子,太学两优释褐黄伦,闽县人,渡江释褐始于此,授太学录。"《总目》言《闽书》及《福建通志》均不载其名,失检。

《总目》又云:其所征引,自汉迄宋,亦极赅博。惟编次不以时代,每条皆首列张九成之说。

按:粗略统计,此书引众说九百多条,而张九成(篇目中著曰:无垢曰)六百多条。其书虽每条之下,许多情况首列张九成之说,然亦有许多情况首列他氏之说。总目言每条皆首列张九成之说,亦属过语。

《融堂书解》二十卷

《总目》:宋钱时撰。……案时《两汉笔记》之前载有尚书省札,列时所著诸书,有《尚书启蒙》。又载严州进状,则称《尚书演义》。同时案牍之文,已自相违异。《永乐大典》所载则皆题钱时《融堂书解》,其名又殊。然《永乐大典》皆据内府宋本采入,当必无讹。

按:宋佚名《南宋馆阁续录》卷九"秘阁校勘"下,"钱时字子是,严州人。二年五月十五日以布衣特补迪功郎,差充。仍下本州取时所著《周易释传》《尚书演义》《学诗管见》《论语占义孝经大学中庸四书管见》《两汉笔记》《国史宏纲》缮写缴进"。《总目》所言严州进状,即此事。则当时所著之书,本名《尚书演义》。今作《融堂书解》者,当为时人避赵匡义讳而改题。《总目》虽言《永乐大典》皆据内府宋本采入,然宋本亦有早晚先后之差,其说不确。

《总目》又云:旧本久佚,今采掇裒辑,重为编次。惟《伊训》、《梓材》、《秦誓》三篇全佚,《说命》、《吕刑》亦间有阙文,馀尚皆篇帙完

善，不失旧观。

按：此书辑入《四库全书》时，内附馆臣注语。《总目》即由此而来。《总目》所谓《伊训》《梓材》《秦誓》三篇全佚，考之《四库全书》，《伊训》《秦誓》二篇卷前钱氏所条之大旨均完在，不缺，《总目》所谓全佚，不确。又考其中《皋陶谟》篇下注语，"案钱氏所解自'无教逸欲有邦'至'敬哉有土'而止。于'皋陶曰朕言惠可底行'以下置而不释，疑《永乐大典》原本有阙文"。

诗 类

《毛诗正义》二十卷

《总目》：隋唐《经籍志》载《毛诗》二十卷，"汉河间太守毛苌传，郑氏笺"。

按："隋唐"当作"隋书"，已有学者指出。然"太守"二字亦误。"太守"，中华书局本《隋书》底本作"太守"，校改为"太傅"。中华本校勘记云："河间太傅毛苌，'太傅'原作'太守'。《日本国见在书目》'守'作'傅'。"按：汉代置河间国，后魏才置河间郡。毛苌应是河间王太傅。今据改。"其校可从。

《毛诗指说》一卷

《总目》：唐成伯玙撰。……然定《诗序》首句为子夏所传，其下为毛苌所续，实伯玙此书发其端。

按：毛苌，小毛公。毛亨，大毛公。考本书云："徐众篇之小序，子夏唯裁初句耳，至‘也’字而止。《葛覃》，后妃之本也。《鸿雁》，美宣王也，如此之类是也。其下皆是大毛自以诗中之意而系其辞也”，是首句以下成氏以为大毛公所传，《总目》误系小毛公下。其下苏辙《诗集传》提要，《总目》亦云：“唐成伯玙作《毛诗指说》，虽亦以《小序》为出子夏，然其言曰‘众篇之《小序》，子夏惟裁初句耳。《葛覃》，后妃之本也。《鸿雁》，美宣王也。如此之类是也。其下皆大毛公自以《诗》中之意而系其词’云云”，此论不误，亦可为证。

《诗补传》三十卷

《总目》：旧本题曰“逸斋撰”，不著名氏。朱彝尊《经义考》云，“《宋史·艺文志》有范处义《诗补传》三十卷，卷数与逸斋本相符。明朱睦㮮《聚乐堂书目》直书处义名，当有证据。处义，金华人，绍兴中登张孝祥榜进士”云云。则此书为处义所作，逸斋盖其自号也。

按：是书为浙江范懋柱家天一阁藏本，检《浙江采集遗书总录》有“《诗补传》三十卷”，附提要曰：“右金华范处义撰。自序云，以诗序为据，兼取诸家之长。文义有阙，补以六经史传。训诂有阙，补以《说文》。又于篇目下自识云，与旧谱不合者二十有五篇，作诗之人，可考其姓名者，四十一篇。正其有异说者，四十有二篇。”馆臣所据当即此本。然据《文渊阁四库全书》，此书卷首仅有“逸斋”序，不弁姓名，又据《通志堂经解》所收本，除“逸斋”序外，各卷卷下实并题“逸斋”，库本已改作“宋范处义撰”。《浙江采集遗书总录》当系臆题，亦无实据。故《总目》略事辩说，而所持不变。《总目》从朱彝尊《经义考》说，以为即《宋史》之范处义。又引朱睦㮮《聚乐堂书目》以证之。《聚乐堂书目》今已不可见，无从查核。然考以朱氏《授经图》卷十二“诸儒著述附历代四诗传注”题下载，“《诗补传》三十卷（范处义），《逸斋补传》十二卷《经籍志》”，二条先后并列。《逸斋补传》即逸斋《诗补传》，下注引自“《经籍志》”，《经籍志》即焦竑《国史经籍志》，不题作者。可知朱氏未尝以其作者为“范处义”，否则当径注“范处义”。此份目录中，题名“逸斋”者，唯此一见。反观朱彝尊“明朱睦㮮《聚乐堂书目》直书处义名”之说，朱睦㮮是否亲见此书，恐怕是有问题的，不然不必引焦竑《国史经籍志》。考明何镗《古今游名山记》卷五有《元刘美之邹峄山记》，曰：“有邹峄山，宋逸斋王氏《诗补传》云：‘凫绎二山，皆徐国之地。绎与峄同。’”检本书卷二十七《鲁颂·閟宫》“保有凫绎”下注，正作：“凫、绎二山，皆徐国之地。绎与峄同。”则元人刘美之知其人姓王，必有所本，《总目》说当误。

《毛诗讲义》十二卷

《总目》：宋林岊撰。……《宋史·艺文志》、马端临《经籍考》及《文渊阁书目》，此书皆作五卷。

按：检马端临《文献通考·经籍考》，不见所录。《总目》失检。

《诗童子问》十卷

《总目》：宋辅广撰。……此本仅十卷，不载朱子《集传》，亦无一中序。盖一中与《集传》合编，故卷帙加倍。此则汲古阁所刊广原本，故卷数减半，非有所阙佚也。

按：此书非总目所论与《诗集传》合编之缘故。考胡一中序，此书体例系先引朱子辩说，后加“童子问”，其下乃辅广之语。其所引朱子辩说,大体都在朱熹《诗序辩说》一书中。故分卷不同,当别有原因。总目误读胡序,以为本有《诗集传》之文,非也。

《诗地理考》六卷

《总目》:宋王应麟撰。……毛《传》云"门屏之间曰著",《汉志》则以为济南著县。

按:考《汉书·地理志》无"济南著县"文字。王应麟此条本作:"《地理志》竢我于著乎而,注:著,地名,济南郡著县。"则是颜师古注文,王氏本不误。《总目》约括文句时不及颜注,遂失。

《诗疑问》七卷附《诗辨说》一卷

《总目》:元朱倬撰。……国朝纳喇性德作是书序。……刘锦文序称:"……旧本先后无绪……。"……末有赵悳《诗辨说》一卷。悳,宋宗室,举进士,入元隐居豫章东湖。其书与倬书略相类,殆后人以倬忠烈,悳高隐,其人足以相配,故合而编之欤?

按:此书本名《诗经疑问》,传世常见有元刘锦文至正七年(1347)刻本、清《通志堂经解》本等。元刻刘锦文序首叶有残,通志堂本残字处同之,知通志堂本由此转刻而来。通志堂本卷前又有纳兰性德序为之考证。《总目》引刘锦文序,称"旧本先后无绪",考之元刻本与《通志堂经解》本,字皆当作"序"。《总目》此篇提要,本之纳兰容若考订,其实未详观刘序。故其疑"殆后人以倬忠烈,悳高隐,其人足以相配,故合而编之欤"。考刘锦文序云"复以豫章赵氏所编,颇采以附于后",则附《诗辨说》者正为元人刘锦文。

《诗缵绪》十八卷

《总目》:元刘玉汝撰。……此书诸家书目皆未著录,独《永乐大典》颇载其文。

按:《总目》谓"此书诸家书目皆未著录",考倪璨《补辽金元艺文志》有此书,倪氏康熙中卒,犹在《总目》提要撰写之前,是此书本有书目著录,特馆臣未见而已,不可谓"此书诸家书目皆未著录"。

《诗演义》十五卷

《总目》:元梁寅撰。……朱彝尊《经义考》载此书作八卷,注曰"未见"。此本至《小雅·苕之华篇》止,以下皆阙,而已有一十五卷。则八卷之说,殊为未确。盖彝尊未睹此本,但据传闻录之,卷数讹异,其亦有由矣。

按:《总目》谓朱彝尊《经义考》八卷之说,"殊为未确","但据传闻录之"。然明清藏书家多有记载八卷本。如朱睦㮮《授经图》卷十二有梁寅"《毛诗演义》八卷",焦竑《国史经籍志》卷二有梁寅"《诗演义》八卷",与朱彝尊同时之清人钱曾《钱遵王述古堂藏书目录》卷一有"梁寅《诗演义》八卷,二本,抄",是此书确有八卷本,朱彝尊著录无误。

《诗经大全》二十卷

《总目》:明胡广等奉敕撰。……此书名为官撰,实本元安城刘瑾所著《诗传通释》而稍损益之。今刘氏之书尚有传本,取以参校,大约于其太冗蔓者略删数条,而馀文如故。

按:“安城刘瑾”,殿本作“安成刘瑾”,是。《诗传通释》条下载刘瑾安福人,即元江西吉安府安福州。安福古属安成郡,故《总目》题为“安成”。又,《总目》谓此书本之安成刘瑾《诗传通释》,而讥陈启源“未究其源”,引为一大发现,颇有自喜之态,此篇与《诗传通释》提要再三致意。其理由为“今刘氏之书尚有传本,取以参校,大约于其太冗蔓者略删数条,而馀文如故”。至此,可知《总目》亦未详其书体例。关于本之刘氏,卷前《诗经大传·凡例》已有说明。前二条之《通释》即刘氏之书。《总目》所谓之发现,不过懒于翻检而想当然而已。

《总目》又云:惟改其中“瑾案”二字为“刘氏曰”。

按:“瑾案”在刘瑾《诗传通释》中实作“愚案”。顾炎武《日知录》“四书五经大全”条,亦言“《诗经大全》则全袭元人刘谨《诗传通释》,而改其中‘愚按’二字为‘安成刘氏曰’。”

《读诗私记》二卷

《总目》:明李先芳撰。……朱彝尊《经义考》载先芳有《毛诗考正》,不列卷数,注曰“未见”,而不载此书。其为一书两书,盖不可考。然此书亦多辨定毛《传》,或彝尊传闻未审,误记其名欤?

按:朱彝尊《经义考》卷一百一十三有《毛诗考正》,不列卷数,称未见,《总目》曰“其为一书两书,盖不可考”,又疑朱氏误记。考《国朝献征录》卷七十七所载于慎行《尚宝司少卿北山李公先芳墓志铭》、邢侗《奉训大夫尚宝司少卿北山先生濮阳李公先芳行状》,均罗列其生平著述,其中便有《毛诗考正》,《千顷堂书目》卷一亦载其名,则朱氏《经义考》非“误记其名”。志、状不载《读诗私记》,则与《毛诗考正》或当为一书。

《六家诗名物疏》五十四卷

《总目》:明冯应京撰。应京字可大,号慕冈,盱眙人。万历壬辰进士,官至湖广按察使佥事。事迹具《明史》本传。

按:此书作者为冯复京,字嗣宗,常熟人。崔富章先生已辩之。《总目》言本之《明史》,亦是冯应京。故不仅名字有误,其下籍贯、举年、官至,皆为冯应京之材料。故其下作者介绍文字并误。

《田间诗学》十二卷

《总目》:国朝钱澄之撰。……所采诸儒论说,自《注疏》《集传》以外,凡二程子、张子、欧阳修、苏辙、王安石、杨时、范祖禹、吕祖谦、陆佃、罗愿、谢枋得、严粲、辅广、真德秀、邵忠允〔胤〕、季本、郝敬、黄道周、何楷二十家。

按:《总目》统计不确。书中所引实二十二家,《总目》漏邹氏、李氏二家。邹氏二条,分别在卷六《采薇》《杕杜》二诗下。李氏一条,在卷七《正月》诗下。

《虞东学诗》十二卷

《总目》:国朝顾镇撰。镇字备九,号古湫,常熟人。常熟,古海虞地。镇居城东,故又号曰虞东。

按:钱仪吉《碑传集》卷六十袁枚《虞东先生顾镇墓志铭》:"居苏州昭文县,县有虞山,学者因号为虞东先生。"即以虞山起号。虞山在昭文县西北,昭文在其东南,故号为虞东。言虞山之东,非顾镇居住在城东故也。

《韩诗外传》十卷

《总目》:汉韩婴撰。……至《艺文类聚》引"雪花六出"之类,多涉训诂,则疑为《内传》之文,传写偶误。董斯张尽以为《外传》所佚,又似不然矣。

按:唐欧阳询《艺文类聚》卷二:"《韩诗外传》曰:凡草木花多五出,雪花独六出。雪花曰霙,雪云曰同云。"宋陈元靓《岁时广记》卷四"一色云"条:"《韩诗外传》:凡草木花多五出,雪花独六出。雪花曰霙,雪云曰同云,同谓云阴与天同为一色也。故诗云:'上天同云,雨雪雰雰。'"字数较前文有增。其引诗体例,与《韩诗外传》颇类,故余嘉锡先生《四库提要辨证》据以为《韩诗外传》本文。考二书所援引,已明谓《韩诗外传》。而《岁时广记》此条,系《初学记》卷二之小字注文,后阑入正文中,本非《韩诗外传》之正文。本作:"《韩诗外传》云:凡草木花多五出,雪花独六出。雪花曰霙,雪云曰同云。"小注云:"诗云:上天同云,雨雪雰雰。同谓云阴与天同为一色也。"余先生误认其亦为正文。

《诗传》一卷

《总目》:旧本题曰子贡撰。实明丰坊所作。……其说升鲁于《邶》《鄘》之前,降《郑》于《郐》《曹》之后,《大雅》《小雅》,各分为三,曰续、曰传,皆与所作申培《诗说》同。

按:"各分为三,曰续曰传",续、传为二,何来"三"?据其书,当云:曰正、曰续、曰传。《总目》有脱漏。

《诗传纂义》无卷数

《总目》:明倪复撰。……其自出新意者,如谓《皇华》《四牡》通为射飨乐歌之类,于古皆无所考证。

按:《总目》谓《皇华》《四牡》通为射飨乐歌之类,于古无证,然二诗皆存于《仪礼》飨宴之礼中,非无证。《仪礼·乡饮酒礼》:“工歌《鹿鸣》《四牡》《皇皇者华》。”《仪礼·燕礼》:“工歌《鹿鸣》《四牡》《皇皇者华》。”则《总目》谓《皇华》《四牡》通为射飨乐歌亦无不可。

《读风臆评》无卷数

《总目》:明戴君恩撰。……嘉靖癸丑进士,官巴县知县。是书取《诗经·国风》加以评语,又节录朱《传》于每篇之后。乌程闵齐伋以朱墨版印行之。纤巧佻仄,已渐开竟陵之门。

按:考万历四十八年(1620)闵齐伋朱墨本,戴君恩序署万历戊午(1618,万历四十六),时在万历之末。竟陵派兴起于万历中,时在其后,何以渐开竟陵之门。《总目》所言不当。

《诗经正义》二十七卷

《总目》:明许天赠撰。天赠字德天,黟县人。

按:乾隆《江南通志》卷一百四十七、嘉庆《黟县志》卷六、光绪《重修安徽通志》卷一百八十四等,均言其字“德夫”,则总目误“夫”为“天”。

春秋类

《春秋地名考略》十四卷

《总目》:国朝高士奇撰。……据阎若璩《潜邱劄记》称"秀水徐胜敬可,为人作《左传地名》讫,问余成公二年鞍之战"云云,则实士奇倩胜代作也。

按:"徐胜"当作"徐善"。阎若璩《潜邱劄记》卷二:"秀水徐善敬可为人撰《左传地名》讫,问余成二年鞍之战……"《总目》显然系摘取此句而来。"善""胜"音近,"胜"字当为"善"字音讹之字。李裕民先生《四库提要订误》谓别有秀水徐嘉炎,字胜力,为徐敬可之侄,《总目》误合胜力、敬可为一人,又佚去"力"字。其说迂绕,恐非事实。

四书类

《大学千虑》一卷

《总目》:明穆孔晖撰。孔晖字元庵,堂邑人。弘治乙丑进士,官至翰林院侍讲学士,谥文简。

按:《总目》此处与文献记载颇异。如明张萱《西园闻见录》卷七:"穆孔晖,字伯潜,号玄庵,堂邑人。"清黄宗羲《明儒学案》卷二十九:"穆孔晖,字伯潜,号玄庵,山东堂邑人。"均谓其"字伯潜,号玄庵"。又《明世宗实录》卷二百三十二、嘉靖十八年(1539)十二月:

“赐故致仕南京太常寺卿穆孔晖祭葬，谥文简。孔晖，山东堂邑县人。弘治十八年进士，改翰林院庶吉士，授检讨。正德初，逆瑾矫诏调为南京礼部主事。瑾诛，诏还职。历两京国子监司业，改侍讲。与修《武庙实录》，成，升左庶子、侍讲学士，充经筵讲官，改南京尚宝司卿。升南太仆寺少卿、南太常寺卿。嘉靖十三年致仕，至是卒。”载其履历甚备，则其官至当为南京太常寺卿。黄宗羲《明文海》卷四百三十八有明人王道所撰《明通议大夫南京太常寺卿赠礼部右侍郎谥文简穆公墓志铭》，亦云：“公讳孔晖，字伯潜，玄庵自号其所学也。世堂邑人。……迁南太常寺卿。公德望隆重，善类推先。自为学士至官太常，凡十拟侍郎，皆不果用。然益昭舆论之有在矣。甲午夏以疾自陈，得致仕归。”亦记载甚明。综上，《总目》“元庵”，“元”字当避讳康熙而改，又误其号为其字。其仕履当官至南京太常寺卿。

小学类

《尔雅注疏》十一卷

《总目》：晋郭璞注，宋邢昺疏。璞字景纯，河东闻喜人。官至宏〔弘〕农太守。

按：《晋书・郭璞传》，璞为王敦所杀，“及王敦平，追赠弘农太守”。则弘农太守非历官，乃赠官，载赠官不符《总目》官至之书法。

《释名》八卷

《总目》：汉刘熙撰。……别本或题曰《逸雅》。盖明郎奎金取是

书与《尔雅》《小尔雅》《广雅》《埤雅》合刻,名曰"五雅"。以四书皆有"雅"名,遂改题《逸雅》以从类。非其本目,今不从之。

按:明末天启武林郎奎金堂策槛刻本《五雅全书》,然《逸雅》之名,早在此前已有之。元方回《瀛奎律髓》成书于元世祖至元癸未,其书卷二十一王安石《读眉山集爱其雪诗能用韵复次韵一首》:"靓妆严饰曜金鸦,比兴难同漫百车。水种所传清有骨,天机能织皦非花。婵娟一色明千里,绰约无心熟万家。长此赏怀甘独卧,袁安交戟岂须义。"方回曰:"水种所传清有骨,李雁湖注:'水种未详。'逸雅《释名》:'雪绥也,水下遇寒而凝,绥绥然下也。'观此则雪本水为之。"其所引俱在今本《释名》卷一中。则至迟元时已有《逸雅》之名。

《小尔雅》一卷

《总目》:案《汉书·艺文志》有《小尔雅》一篇,无撰人名氏。……颇可以资考据,然亦时有舛迕。……《广衡》曰:"两有半曰捷,倍捷曰举,倍举曰锊。"《公羊传疏》引贾逵称"俗儒以锊重六两"者,盖即指此。

按:"《公羊传疏》"当作"《尚书传疏》"。《公羊传疏》引贾逵称"俗儒以锊重六两"者,实为《尚书注疏》卷十九所附陆德明《经典释文》之文。馆臣当为误记。

《方言据》二卷

《总目》:明魏濬撰。濬有《易象古义通》,已著录。

按:《总目》此前著录魏濬《易义古象通》八卷,《总目》作《易象古义通》,误。

史　部

正史类

《新唐书纠谬》二十卷

《总目》:宋吴缜撰。……王明清《挥麈录》称欧阳修重修《唐书》时,缜尝因范镇请预官属之末。修以其年少轻佻,拒之,缜鞅鞅而去。及《新书》成,乃指摘瑕疵为此书。

按:此事出王明清《挥麈后录》卷二,本文曰:"嘉祐中,诏宋景文、欧阳文忠诸公重修《唐书》。时有蜀人吴缜者初登第,因范景仁而请于文忠,愿预官属之末。上书文忠,言甚恳切。文忠以其年少轻佻距之,缜鞅鞅而去。逮夫《新书》之成,乃从其间指摘瑕疵为《纠缪》一书"。而事据李裕民先生《四库提要订误(增订本)》考证,《新唐书》初修始于庆历四年(1044),至和元年(1054)欧阳修始为刊修官,嘉祐五年(1060)书成。而吴缜登第在书成后五年,时代不接,故先生怀疑王明清所记为传闻之词,并非事实。考《直斋书录解题》卷四"《唐书纠缪》二十卷"条云:"朝请大夫、知蜀州成都吴缜廷珍撰。其父师孟显于熙丰。序言修书之时,其失有八,而纠摘其缪误为二十门,侍读胡宗愈言于朝,绍圣元年上之。世传缜父以不得预修书,故为此。”依陈振孙所记,则不得预修者为其父吴师孟,以时代言之,吴师孟与之合。则此书创作缘起,或与吴师孟有关,书中抑有师孟所纂之条,然是书大体当为吴缜所著无疑。

《旧五代史》一百五十卷《目录》二卷

《总目》:宋薛居正等奉敕撰。……其后欧阳修别撰《五代史记》七十五卷,藏于家。修没后,官为刊印,学者始不专习薛《史》。然二书犹并行于世。至金章宗泰和七年,诏学官止用欧阳修《史》,于是薛《史》遂微。元、明以来,罕有援引其书者。

按:考《金史·章宗四》泰和七年:“十一月癸酉,诏新定学令内削去薛居正《五代史》,止用欧阳修所撰。”金章宗泰和七年(1207),下距金亡国不过二十几年,虽有诏令,时间既短,影响未必深远。且金之诏令,但行使于北方,若南方为宋所统治,当仍流传不息。古籍藏书与传播,唐宋以来,南方为魁。是书之式微,当别有原因。

《宋史偶识》三卷

《总目》:明项梦原撰。梦原字希先,秀水人。万历己未进士,官至刑部郎中,管河张秋。

按:据《四库全书存目丛书》收录明天启六年自刻本,此书本名《读宋史偶识》。其次,《总目》叙项氏仕履有误。考《明熹宗实录》卷九、天启元年(1621)四月:“遣工部都水司主事金元嘉、行人张其平云南主考。刑部山西司主事项梦原、行人张桎芳贵州主考。”又《明熹宗实录》卷五十九、天启五年(1625)五月:“升工部郎中项梦原为山东布政使司右参议，兼按察司佥事，提督学政。”可知项梦原先任职刑部，复任职工部，后升山东布政使司右参议。故此书自序之末云“天启丙寅秋日就季项梦原希宪甫书于阳丘公署”，天启丙寅即天启六年(1626)，阳丘为汉济南郡之属县，治所在今山东章丘市北。山东布政使司在济南府，盖以阳丘代指济南。其后，天启七年正月，始升“山东布政使司右参议项梦原为山西按察司副使、怀来道”，与《明实录》所载合。其后《明实录》中不见相关记载，当不再任职。故雍正《浙江通志》卷一百三十三：“项梦原，秀水人，山西副使。”此为其最高仕职，故其官至山西按察司副使。

编年类

《通鉴外纪》十卷《目录》五卷

《总目》：宋刘恕撰。恕，字道原，其先世京兆万年人。祖受为临川令，葬于高安，因家焉。

按：宋杜大珪《名臣碑传琬琰集》卷三十八有范祖禹《刘秘书恕墓碣》，云：“君讳恕，字道原，其先京兆万年人。六世祖度，唐末为临川令，遇乱不能归，遂葬筠，今为筠州人。”则《总目》“祖受为临川令”误。

《总目》又云：又称鲁惠公为隐公娶于宋，见其女好而自纳之，生桓公，是惠公先有卫宣之丑。如斯之类，颇为不经。

按：此说出自正史《史记》，非委巷之言，太史公当有所本，自不可忽之。《史记·鲁周公世家》：“初，惠公適夫人无子，公贱妾声子生子息。息长,为娶于宋。宋女至而好,惠公夺而自妻之。生子允。登宋女为夫人,以允为太子。及惠公卒,为允少,故鲁人共令息摄政,不言即位。”

《中兴小纪》四十卷

《总目》:宋熊克撰。克,字子复,建阳人,孝宗时官至起居郎兼直学士院,出知台州。事迹具《宋史·文苑传》。

按:据宋何异《宋中兴题名》:“熊克,淳熙九年七月以秘书省秘书郎兼学士院权直。十年二月,除起居郎兼权直院,当月罢。”“淳熙”为孝宗年号。“直学士院”,《宋史》谓之“直院”。《宋史·职官志二》:“凡他官入院未除学士,谓之直院;学士俱阙,他官暂行院中文书,谓之权直。”可见“直院”与“权直”不同。据此,今《宋史·文苑传》本传与《总目》皆脱“权”字。

《通鉴续编》二十四卷

《总目》:旧本题元陈桱撰。……黄溥《简籍遗闻》又谓桱纪其先户部尚书显、吏部尚书伸、工部尚书德纲诸事,为《宋史》所不载。成化间,续《纲目》者亦皆削去,疑其或出于妄托。则挟私滥载,尤不协至公。

按:考是书卷二十一、宋理宗宝庆元年(1225)七月:“罢工部尚书陈德刚。”及书中他引,均作“陈德刚”,《总目》“纲”字误。关于陈著、陈德刚之伪妄,钱大昕《潜研堂集》卷十九“陈德刚事不可信”“陈著”二条有详辨尤力,可参。

《明本纪》一卷

《总目》:不著撰人名氏。纪明太祖事迹,自起兵濠梁,迄建国金陵。皆分年排载,颇为详备。盖亦自实录中摘出编次者。惟自洪武三年正月以后并阙,或草创未竟之本欤?

按:此书卷中有洪武四年、五年之事,而五年之后,又下纪洪武二年事,至其末有洪武三年纪事,当有错简。《总目》所言"惟自洪武三年正月以后并阙",当仅就卷末所载启论,实未详阅全书。

《通鉴纲目前编》三卷

《总目》:明许诰撰。诰自号函谷山人,灵宝人。吏部尚书进之子,文渊阁大学士讚之兄,兵部尚书论之弟。

按:《明史·许进传》下附子许诰、许讚、许论三人传。言许诰为次子,许讚为三子,许论为少子。明焦竑《国朝献征录》卷三十九张鼎文《光禄大夫太子太保兵部尚书兼都察院右副都御史默斋许公论墓志铭》:"吾友默斋许公讳论,字廷议,河南灵宝人……襄毅公生子八人:诏,举人;次诰,进士,太子太保,南京户部尚书,谥庄敏;次讚,进士,光禄大夫柱国少傅,兼太子太傅、吏部尚书、文渊阁大学士,赠少师,谥文简;次记;次诗,工部主事;次词,长芦运使;次誌,清城知县;次即公。"则《明史》谓为"少子"不误。许诰为许论之兄,非其弟。

《经世策》一卷

《总目》:明魏校撰。……是书编年纪事,起汉高祖奉楚怀王命伐秦之岁,止文帝末年。

按:是书《四库全书存目丛书》收有明嘉靖四十年(1561)王道行刻《庄渠先生遗书》本一卷,起汉高祖奉楚怀王命伐秦之岁,止文帝末年,一如《总目》所论。然此书卷首题曰:“庄渠先生遗书经世策卷之八”,版心亦著“经世策卷八”,则此书似不止一卷,似至少为八卷。《总目》以残卷一卷论其上下断限,疑未确。

《人代纪要》三十卷

《总目》:明顾应祥撰……。其中无年可编者,亦往往随意科配。如荀悦著《汉纪》《申鉴》,皆强系之献帝乙酉年,恐必不然也。

按:荀悦著《汉纪》《申鉴》,非无年可编。考献帝乙酉为建安十年(205)。据《汉纪》书前荀悦自序,此书成于建安五年庚辰(200)。《资治通鉴》卷六十四载建安十年:“秘书监、侍中荀悦作《申鉴》五篇奏之。”则《申鉴》上于建安十年。《总目》谓“无年可编”,亦失考。

《嘉隆两朝闻见纪》十二卷

《总目》:明沈越撰。

按:据书前沈越子沈朝阳万历己亥(1599)识语,称其父“未获成书、赍志而终”,而朝阳苦于无资料可观,无法修订。后于书肆见吴瑞登《两朝宪章录》、范守己《肃皇大纪》,取征二书,旁搜他牒,而续成此编。则此书本沈越父子共撰。《总目》仅题“沈越撰”不确。徐乾学《传是楼书目》作“《嘉隆闻见录》十二卷,明沈越、沈朝阳”,所题是。沈朝阳,字凤岗,素性雅饬,以经学名家。焦竑称其自结发以来,无一发言举趾之失事。岁贡,廷试,官高邮州训导,历官贵池教谕、楚府纪善等。详乾隆《江宁新志》卷十六、道光《上元县志》卷十。

《总目》又云:越字韩峰,南京锦衣卫人。嘉靖壬辰进士,官至监察御史。

按:万历《江宁县志》卷八、万历《上元县志》卷十、康熙《江宁县志》卷十、康熙《上元县志》卷十九、乾隆《江南通志》卷一百三十九等,均言沈越字中甫,与此不同,“韩峰”似为其号,待考。

《通鉴纲目前编》二十五卷

《总目》:明南轩撰。……至于引《尔雅》曰:“熊、罴、貔、貅、貙、虎六者,猛兽可以教战。”引《左传》曰:“龙角亢星也,建戌之月见于东方,故戒民以土工之事。”《尔雅》、《左传》皆无其文。

按:“熊、罴、貔、貅、貙、虎六者,猛兽可以教战”,盖出《史记》司马贞注文。《史记·五帝本纪》:“教熊罴貔貅貙虎。”司马贞《索隐》:“《书》云‘如虎如貔’,《尔雅》云‘貔白狐’。《礼》曰‘前有挚兽则载貔貅’是也。《尔雅》又曰‘貙獌似狸’。此六者猛兽可以教战。”疑南轩节选失当,遂误为《尔雅》之文。

《宋元资治通鉴》一百五十七卷

《总目》:明薛应旂撰。……凡一人两传,一事互见者,异同详略,无所考证,往往文繁而事复。如永宁公主衣贴绣铺翠襦,入宫中请以金饰肩舆,为艺祖所戒。既载于开宝五年矣,复见于开宝八年,而讹为“永康公主”。

按:宋太祖时,衣贴绣铺翠襦者为永庆公主,非永宁公主。宋李焘《续资治通鉴长编》卷十三、宋太祖开宝五年(972)七月:“庚午,皇第三女封永庆公主。甲申,永庆公主出降右卫将军驸马都尉魏咸信。

咸信,仁浦子也。公主尝衣贴绣铺翠襦入宫中。上见之,谓主曰:'汝当以此与我自今勿复为此饰。'"宋彭百川《太平治迹统类》卷二亦云,"秋七月,皇第三女封永庆公主,尝衣贴绣铺翠襦入宫,上见之"云云,所载同。薛应旂所撰此书,亦如《总目》所言,以商辂等《通鉴纲目续编》为蓝本,考《通鉴纲目续编》已讹为永康公主。则误不逮薛书始也。盖庆(慶)、康二字形近,故讹。

《宪章录》四十七卷

《总目》:明薛应旂撰。……如惠帝逊国,事本传疑。应旂乃于正统五年十二月书思恩州土知州岑瑛送建文帝入京,号为老佛,岂史氏阙文之义耶?

按:此事见著《明实录》,非传疑之事。《明英宗实录》卷七十三,正统五年(1440)十一月:"有僧年九十馀,自云南至广西绐人曰:'我建文也,张天师言我有四十年苦,今为僧期满,宜亟返邦国。'以黄纸为书,命其徒清进持诣思恩府。土官知府岑瑛执送,总兵官柳溥械至京,会官鞫之,乃言其姓名为杨行祥,河南钧州白沙里人,洪武十七年度为僧,历游两京、云南、贵州,至广西。"

《考信编》七卷

《总目》:明杜思撰。思字子睿,鄞县人。嘉靖丙辰进士,官至青州府知府。

按:乾隆《福州府志》卷二十九,载明弘治间福建都转盐运使有其人。乾隆《鄞县志》卷十六:"杜思,字子睿,嘉靖三十五年进士,授营缮主事,督造五凤楼。工成,赐金绮,转都水司郎中,出知青州。……

升蕲黄兵备,旋以事镌秩。补南宁知府。安南入贡,督抚议相见礼。思以内外官体相等,贡使见中丞,如见宗伯礼。见铃辖如见太常礼,从之。迁福建参议,罢归。”考《明史》,明制,知府正四品,而都转运盐使司设都转运使一人,从三品。考明制,地方大员中唯有布政使有参议,故福建参议当为福建布政使参议,从四品。检《明神宗实录》卷一百五,万历八年(1580)十月:“以违禁驰驿降福建运使杜思三级”,则福建参议当是杜思由盐运使降级以后之升迁,之后即如《鄞县志》所载罢归,故亦不再见于《明实录》记载。杜思最高历官为福建盐运使。

《成宪录》十一卷

《总目》:不著撰人名氏。……又《本纪》载洪武十年十二月高丽使五至,以嗣王未立却之。十二年十二月,高丽贡黄金百斤、白金万两,以不如约却之。而此书又载洪武十二年五月谕辽东守将潘敬、叶旺勿纳郑白一事,亦足以补史传之阙。

按:此事在《明太祖实录》中,今《实录》俱存,其补阙之意义蔑尔。又《明史·叶旺传》亦言及郑白之事,虽事云不详,《总目》亦不得言阙。

《秘阁元龟政要》十六卷

《总目》:不著撰人名氏。书中已称成祖,则嘉靖以后人作也。

按:成祖庙号之上在嘉靖十七年(1538),《明史·成祖本纪三》:“嘉靖十七年九月,改上尊谥曰启天弘道高明肇运圣武神功纯仁至孝文皇帝,庙号成祖。”嘉靖四十五年,十七年之后,尚有二十八年,《总目》据此庙号，而定为嘉靖后人，亦未免失之草率。考此书中最晚出现之年号为嘉靖，有卷四“嘉靖丁酉”（嘉靖十六年，1537）、卷五“嘉靖十有七年四月”，卷十二“嘉靖庚子”（嘉靖十九年，1540），亦不排除为嘉靖时人所作。

《世穆两朝编年史》六卷

《总目》：明支大纶撰。大纶字华平，嘉善人。

按：支大纶，明徐象梅《两浙名贤录》卷四十七《文苑》“文介先生支心易大纶”条、万历《新修南昌府志》卷十二、康熙《南昌郡乘》卷十六、雍正《浙江通志》卷二百五十一、同治《南昌府志》卷二十七、光绪《江西通志》卷一百二十八等传记，皆谓其字“心易”。清盛枫《嘉禾征献录》卷三十六、清沈季友《槜李诗系》卷十五“支奉新大纶”条皆谓其号“华平”。《总目》言其“字华平”当误。

纪事本末类

《春秋左氏传事类始末》五卷

《总目》：宋章冲撰。冲字茂深，章惇之孙也，淳熙中尝知台州。

按：章冲为章惇之曾孙。宋陈振孙《直斋书录解题》卷三“《春秋类事始末》五卷”条：“朝请大夫吴兴章冲茂深撰。子厚之曾孙，叶少蕴之婿。”《宋史·章惇传》，子厚即章惇之字。

《总目》又云：枢排纂《资治通鉴》，创纪事本末之例，使端绪分明，易于循览，其书刊于淳熙丙申。冲作是书，亦同斯体。据自序刊

于淳熙乙巳,在枢书之后九年。殆踵枢之义例而作。

按:袁枢《通鉴纪事本末》,《总目》谓刻于淳熙三年(1176)丙申,此盖因上条袁枢《通鉴纪事本末》提要,言王应麟《玉海》,称淳熙三年十一月,参政龚茂良言,枢所编《纪事》有益见闻。诏严州摹印十部,仍先以缮本上之。实则《玉海》"三年"为"二年"之误。今尚存淳熙二年(1175)严陵郡斋刻本,系此书之初印。章书刻于淳熙乙巳(1185),可知章氏此书在袁书后十年,非九年。

《炎徼纪闻》四卷

《总目》:明田汝成撰。汝成字叔禾,钱塘人。嘉靖丙戌进士,官至广西布政司右参议。事迹具《明史·文苑传》。

按:田汝成仕至福建按察使副使,提督学政。《明史·文苑三·田汝成传》,田汝成为广西布政司右参议后,"迁福建提学副使"。据《明史·职官志四》,布政使参议,从四品。按察使副使,正四品,二者相差一级。

《总目》又云:书凡十四篇。……次纪猛密、孟养。

按:"猛"字,据本书当作"孟"。

《平台纪略》一卷附《东征集》六卷

《总目》:国朝蓝鼎元撰。……盖鼎元之兄廷珍,时为南澳总兵官,与福建水师提督施世骠合兵进讨。七日而恢复台湾,旋擒一贵。

按:蓝廷珍为蓝鼎元从兄,非其兄,《总目》书法不严。康熙《漳浦县志》卷二十二《蓝鼎元传》:"台湾辛丑之乱,族兄廷珍统师往征,鼎元在幕。"嘉庆《续修台湾县志》卷五《蓝鼎元传》:"蓝鼎元,字玉霖,漳浦廪生。南澳总兵廷珍之族弟也。”均可为证。

《鸿猷录》十六卷

《总目》:明高岱撰,岱字伯宗,京山人。嘉靖庚戌进士,官至景王府长史。是书乃岱官刑部主事时作。

按:本集卷前有高岱嘉靖丁巳岁(1557)序,言是书为其官西曹时所集,并未点明具体担任何官。西曹为刑部代称。《总目》据此推定在其官刑部主事时。明过庭训《本朝分省人物考》卷七十七、万历《湖广总志》卷第五十五等均言其曾为刑部郎中,而不言其为刑部主事。然就历官而言,进士由主事而历郎中,亦属常选,故亦不排除其担任刑部主事之可能。但就所见方志、明实录等史料,均未言及曾为主事,亦未见有墓志可供了解。《总目》据西曹而推定其为刑部主事,实忽略其为刑部郎中时所集之可能。如康熙《京山县志》卷十引此序,便题“刑部郎中”。

《三藩纪事本末》四卷

《总目》:国朝杨陆荣撰。……其凡例自云:“搜罗未广,颇有疏漏。”又间有传闻异词者。如《明史·文苑传》载艾南英以病死,而此载其自缢殉节。亦仅据其耳目所及,未一一详核也。

按:《明史·文苑传》未言艾南英病死,但云“明年八月卒于延平”。考殿本《明史·文苑传·艾南英传径连章世纯传》,曰:“章世纯,字大力,临川人。博闻强记。举天启元年乡试。崇祯中,累官柳州知府,年已七十矣,闻京师变,悲愤,遘疾卒。”《总目》当误连章氏之传于艾南英上。

别史类

《建康实录》二十卷

《总目》:唐许嵩撰。……其积算年数,迄唐至德元年丙申而止,则肃宗时人也。

按:张忱石《〈建康实录〉点校说明》,认为作者为玄宗、肃宗时人。考本书卷十七引《东都记》云:“秘书省内著作院后有梁武帝及名臣沈约、范云、周兴嗣已下三公数十人铜像。初,梁武帝登极,乃立私宅为寺,寺内有此像。后长庆中,李千里为明堂采木使,船载至东都,置于省内。”长庆(821—824)为唐穆宗年号。然其事《唐书》不载。考李千里为明堂采木使者,船载东都,则所修建者为东都之明堂。《旧唐书·五行志》:“宝应元年十一月,回纥焚东都宜春院,延及明堂,甲子日而尽。”则东都明堂在回纥之乱中焚毁。宝应(762)为唐肃宗年号,至长庆中约六十岁,则六十年后复修明堂耶?若记载属实,则《建康实录》之作,当在唐穆宗之后,较寻常之说,尚可推迟六十岁。

《续后汉书》四十七卷

《总目》:宋萧常撰。常,庐陵人,乡贡进士。……惟陈《志·先主传》称封涿县陆城亭侯,而常于《昭烈纪》但云“封陆城侯”。陈《志》建安十四年魏延为都督,而常则云:“拔魏延为镇远将军。”裴注概无此语,不知常何所本。然常之所长,不在考证。殆偶然笔误,非别有典据也。

按:《总目》言此二条偶然笔误,非别有典据,亦非。此书卷一《帝纪一上昭烈皇帝》述刘备先世,云:“昭烈皇帝讳备,字玄德,景帝子中山靖王胜之后也。胜子贞,元朔二年封陆城侯,因家于涿郡。”书后《续后汉书音义》下附考证,“纪一胜子贞元朔二年封陆城侯”条下考证曰:“陆,坡亭名,隶涿郡。按《前汉书》表,贞以元朔二年封,而陈寿《蜀书》作元狩六年误也。若此类皆刊正之。寿云封亭侯,表无亭字。”则所据《汉书·王子侯表》。

又魏延为都督在建安二十四年,非建安十四年。陈寿《三国志·蜀书·先主传第二》,建安二十四年(219)秋,“于是还治成都。拔魏延为都督,镇汉中。”《总目》作建安十四年误。司马光《资治通鉴》卷六十八、建安二十四年七月:“拔牙门将军义阳魏延为镇远将军,领汉中太守,以镇汉川,备还治成都。”即萧常所本。

《钦定历代纪事年表》一百卷

《总目》:康熙五十一年圣祖仁皇帝御定。初,康熙四十六年圣驾南巡,布衣龚士炯献《历代年表》,所载至隋而止。

按:康熙四十六年(1707)当为康熙四十四年(1705),是书卷端有御制序,言“康熙四十四年春,朕南巡,吴会有儒生龚士炯进其所编《历代年表》若干卷,起陶唐而终于隋”。可证。

《蜀汉本末》三卷

《总目》:元赵居信撰。……末有总论一篇,称至元九年戊子所作,其成书则至元十二年辛卯也。

按:据书末《总论》,谓至元戊子(1288),作者著是书。岁辛卯

(1291),赵氏在柏林书院著《诸儒经义》,欲附载此书,而原稿不存。则此书之竣,在至元戊子甚晰。《总目》言成书在至元辛卯误。至延祐甲寅(1314),乡人曹彦谦之子出曹氏己书之抄本,遂失而复得。云求之弗获,已有两纪。十二年为一纪,两纪二十四年。延祐甲寅上推二十四年,正为元世祖辛卯年。至元戊子为至元二十五年,至元辛卯为至元二十八。《总目》分载在九年、十二年。盖缘是书刊于元至正十一年,戊子为至正八年,辛卯为至正十一年,《总目》当以至正为本,而年数又疑有传写之误。

《十八史略》二卷

《总目》:元曾先之撰。先之字从野,庐陵人。自称曰“前进士”,而《江西通志·选举》中不载其名。盖前明之制,会试中式称进士,乡试中式者称举人,皆得铨注授官。自唐宋至元,则贡于乡者皆称进士。试礼部中选,始谓之登第。不中选者,次举仍由本贯取解。南宋之季,始以三举不中选者一体径试于礼部,谓之免解进士。先之所谓进士,盖乡举而试不入选者,故志乘无名也。然李肇《国史补》称唐时进士登第者,遇旧题名处增“前”字。今先之自称“前进士”,则又相沿失考矣。

按:《总目》所见《江西通志》不知何本。然考明林庭棉修、周广纂嘉靖《江西通志》卷二十三“咸淳元年乙丑阮登炳榜”下有“曾先之,嚞孙”。清于成龙修、杜果纂康熙《江西通志》卷十七《选举》下有“曾先之,吉水人”,列“咸淳乙丑科阮登炳榜”下。雍正《江西通志》卷五十一《选举三》“咸淳元年乙丑阮登炳榜”有曾先之名,其下小注“嚞弟,林志作临江人”。《总目》所见不会超过以上几种,皆有所著录,非不载其名,《总目》当为失检。

曾先之,元江西吉安路吉水州人。林志、于志皆谓曾嘉之孙。雍正《江西通志》谓"嘉弟"。考林志曾嘉"淳祐元年辛丑徐俨夫榜",淳祐为南宋理宗年号,元年为1241年。咸淳为南宋度宗年号,元年为1265年,二者皆有可能。《林志》曾嘉下注"宏用兄",复检曾宏用入绍定二年(1229)己丑黄朴榜,如此则曾先之当为曾嘉孙。雍正《江西通志》著录有误。其事迹道光《吉水县志》卷二十二载之较详:"曾先之,字孟参,号立斋,兰溪人。少师事王介。登咸淳元年进士,监惠州石桥盐场,以主学心制解官。起潭州醴陵尉,转湖南提刑佥厅权检法官,详覆大辟,多从平恕。提举茶盐司干办公事。凡所任理,无一毫私曲。其举主文文山等咸称之。宋亡,隐居不复出。著有《十八史略》,年九十二卒,从祀乡贤。(旧志)"曾先之由宋入元,故自称"前进士"者,谓前朝(宋朝)进士,《总目》所论有误。

《读史备忘》八卷

《总目》:明范理撰。理字道济,天台人。宣德庚戌进士,官至南京吏部右侍郎。

按:范理官至吏部左侍郎,非吏部右侍郎。范理,《明史》无传。而《明史稿》有传,后来裁去。现藏国家图书馆旧题万斯同撰四百一十六卷《明史稿》,今人考证系康熙时熊赐履进呈本之抄本,《续修四库全书》收录影印本。其中第328册卷二百三十、列传八十一有《范理传》,载:"明年,就改吏部左侍郎。理清勤,优吏干,兼有文学。满九载,考绩赴京道卒。"明过庭训《本朝分省人物考》卷五十四:"寻转南京吏部左侍郎。"朱彝尊《经义考》卷一百一十二"范氏理《诗经集解》”条：“范理，字道济，天台人，宣德庚戌进士，官至南京吏部左侍郎。”检《明宪宗实录》卷六十八，成化五年(1469)六月，“改南京工部左侍郎范理为南京吏部左侍郎”。卷七十一，成化五年九月己酉有弹劾“吏部左侍郎范理次当进圣节表”“理以妻服为解”事，又卷一百一十六，成化九年(1473)五月，“南京吏部左侍郎范理卒”。又检明杨守陈《杨文懿公文集》载有《明正奉大夫正治卿南京吏部左侍郎范公墓志铭》，即范理墓志，亦作“左侍郎”。综上，《四库全书总目》著录有误。

《明书》四十五卷

《总目》：明邓元锡撰。是书所纪，起于太祖，终于世宗。凡《帝典》十卷，《后妃内纪》一卷……按：二十二史皆列后妃于传，惟《后汉书》以后为纪，为后儒所讥。元锡独尊用之，殊为乖刺。

按：二十二史中，入列传者有二十家，即《汉书》《三国志》《晋书》《宋书》《南齐书》《梁书》《陈书》《魏书》《北齐书》《周书》《隋书》《南史》《北史》《新唐书》《新五代史》《宋史》《辽史》《金史》《元史》《明史》。《史记》后妃入《世家》，不入列传。《后汉书》入《皇后纪》。《总目》只言《后汉书》，不言《史记》，是以《史记》后妃亦入列传，误。

《晋史删》四十卷

《总目》：明茅国缙撰。国缙字荐卿，归安人。万历癸未进士，官至监察御史，谪淅川县知县，终于南京工部主事。

按：国缙系明代著名文学家茅坤之子。《总目》谓其“终于南京工部主事”误。考朱彝尊《明诗综》卷五十九云：“国缙，字荐卿，归安人,万历癸未进士。除章丘知县,入为广东道御史,谪知淅川,迁南工部主事,历郎中。”是其工部主事任后,尚有郎中之任,不当谓“终于南京工部主事”。叶向高《苍霞草》卷十六有《明工部都水司郎中二岑茅公墓志铭》,即叶氏为其所作墓志。叙其为官梗概,与朱彝尊大同。至为郎中,则云:“时方疏黄、泇二河,夏镇为之绾毂最重地。乃以公往河。使者用公议,请赐玺书,晋公秩郎中。……而公以劳瘁甚,移病乞归。自是愈剧。忽一日取卮酒与客尽欢,因叹曰:‘秋风一夜起,客散孟尝门。公等去矣。’先是尝呼元仪告之:‘而翁将以闰六月十三逝。’卒如其言。”则茅国缙官至郎中甚明。按《明史》,监察御史正七品,工部主事正六品,工部郎中正五品。故当云终于工部郎中。黄虞稷《千顷堂书目》卷二十六“茅国缙《荐卿集》十二卷”,注“字荐卿,归安人,坤子,南京工部郎中”,又误作“南京工部郎中”。考《墓志》“擢南屯田司主事,又请急(按:当作疾)里居三年,起补南都水。……亡何,失按察公(按:即茅坤)。除服,以故官补北,至建长陵明楼,多所节省。……”是为南京工部屯田司主事后,又调任南京工部都水司主事,此后茅坤卒,服除之后,则其补官已由南京转至北京。长陵即在北京。故叶向高亦题“明工部都水司郎中”,不言南京工部甚明。综上,《总目》无论言“官至”,还是言“终于”,均当谓工部都水司郎中。

《阅史约书》五卷

《总目》:明王光鲁撰。光鲁字汉恭,淮安人。

按:明无淮安县,则此淮安或系淮安府。然王光鲁实为明扬州府江都县人。乾隆《江都县志》卷二十三有传。复旦大学藏明刻清顺治增修本,次题“淮南王光鲁汉恭纂著”。淮南本笼统地理范围,江都正在淮水以南。疑《总目》系依此标题著录,而将“淮南”误书“淮安”。

《唐纪》无卷数

《总目》:明孙壵撰。……是书以新、旧《唐书》皆为踳驳。其所指摘,如……《旧书》于元和四年、麟德元年皆阙不书。……《李光弼传》擒周贽事亦再见。……又谭忠之效忠王室,沈既济之议立中宗纪,申《春秋》之义,《新书》皆不立传。其说大抵皆当。

按:孙氏指摘,问题实多。《旧唐书》宪宗元和四年载事自四月始,缺此前之事及四年年号,然不可谓“阙不书”。而麟德元年亦不阙。孙氏言阙,失检。又,擒周贽事,据《旧唐书》,人名当作“周挚”。《李光弼传》先言“临阵擒其大将徐璜玉、李秦授、周挚”,为总括之笔。后详叙其事,故以“初,光弼将战”云云,至“生擒安太清、周挚、杨希文等,送于阙下,即日怀州平”。此亦史书叙述之常,本无大问题。又《新唐书》卷一百三十二有《沈济之传》,孙氏言无之,亦失于检索。《总目》引孙氏此段,恰反映其问题较多,除笔者所揭,杨武泉先生亦辩及“代宗生时,李林甫尚未仕”条。而《总目》谓“大抵皆当”,亦非。

杂史类

《国语补音》三卷

《总目》:唐人旧本,宋宋庠补葺。……宋时相传有《音》一卷,不著名氏。庠以其中“鄮州”字推之,知出唐人。然简略殊甚,乃采《经典释文》及《说文》、《集韵》等书,补成此编。

按：据宋庠卷前所言："近世传旧音一篇，不著撰人名氏。寻其说，乃唐人也。何以证之？据解犬戎树惇，引鄯州羌为说。夫改鄯善国为州，自唐始耳。"其说亦非。按唐杜佑《通典》卷一百七十四《州郡四》："鄯州……古西羌所居，谓之湟中地。汉时霍去病破匈奴，逐诸羌及渡河湟，筑令居塞，即其地，属金城郡。后汉建安中，置西平郡。晋因之。永嘉后，秃发乌孤初称西平王，其弟利鹿孤复都西平，即此地也。后魏置鄯州。后周置乐都郡。隋初郡废，置鄯州；炀帝初州废，置西平郡。大唐因之。"可知后魏、隋、唐皆曾置鄯州。仅据"鄯州"即证为唐人旧注，证据未足。

《渚宫旧事》五卷《补遗》一卷

《总目》：一名《渚宫故事》，唐余知古撰。其衔称将仕郎守太子校书，里贯则未详也。其书上起鬻熊，下迄唐代，所载皆荆楚之事，故题曰《渚宫》。渚宫名见《左氏传》，孔颖达疏以为当郢都之南，盖楚成王所建。乐史《太平寰宇记》则以为建自襄王，未详何据也。

按：检《春秋左传正义》卷十九上，文公十年，孔颖达但注："渚宫当郢都之南，故王在渚宫下见之也。"未言其为楚成王所建。又检《太平寰宇记》，亦未言建自襄王。《总目》此说不知何来。

《总目》又云：《唐书·艺文志》载此书，注曰文宗时人。又载《汉上题襟集》十卷，注曰段成式、温庭筠、余知古，则与段、温二人同时倡和。此书皆记楚事，其为游汉上时所作，更无疑义。陈氏以为后周人，已属讹误。

按：此书文间有作者自注。《唐书·艺文志》言其为文宗（827—840）时人，然考书中卷五有"王元逵"下注"名犯宣宗庙讳，今称其字也。"考唐宣宗名忱,则其人名王忱。《万姓统谱》卷四十二:"王忱字元逵。"与之合。知确为避唐讳,作者确系唐人,且其人在唐宣宗(846—859)之后,《总目》引《新唐书·艺文志》谓文宗时人,不确。

《北狩见闻录》一卷

《总目》:宋曹勋撰。勋字公显,阳翟人。

按:《宋史·曹勋传》作"曹勋,字公显,阳翟人"。考曹勋《松隐集》卷前《四明楼钥序》、《直斋书录解题》卷五"《北狩闻见录》一卷"条提要、嘉定《赤城志》卷三十四《人物门·曹勋》等,其字皆作"功显",以名、字义联度之,"勋""功"正合,则作"功"是,《宋史》《总目》当皆误。

《总目》又云:是编首题"保信军承宣使知阁门事兼客省四方馆事臣曹勋编次",盖建炎二年七月初至南京时所上。

按:《宋史·高宗本纪一》:建炎元年七月,"丙辰,徽宗自燕山密遣阁门宣赞舍人曹勋至"。《宋史·曹勋传》:"勋自燕山遁归。建炎元年七月至南京,以御衣所书进入。"则"二年"为"元年"之误。

又按,文中称"徽庙",则宋徽宗已崩。据《宋史·徽宗本纪四》,绍兴五年(1135)四月甲子,徽宗崩于五国城。七年(1137)九月甲子,凶问至江南,遥上尊谥曰圣文仁德显孝皇帝,庙号徽宗。则此书所作必在七年之后。乃知非初至南京时所上。宋李心传《建炎以来系年要录》卷一百五十一,绍兴十四年(1144)三月:"戊戌,权吏部侍郎陈康伯为报大金贺生辰接伴使,容州观察使知阁门事曹勋副之,自是岁为例。勋仍以尝将到先朝御笔及编修接送馆伴例册有劳,迁保信军承宣使。"同书卷一百八十二,绍兴二十九年(1159)六月:

"丁亥,保信军承宣使知阁门事曹勋为昭信军节度使,领阁门事,依前充大金奉表称谢副使。"则此书当作于绍兴十四年三月至二十九年六月间。

《汝南遗事》四卷

《总目》:元王鹗撰。鹗字伯翼,东明人。金正大元年登进士第一。……事迹具《元史》本传。

按:《元史》本传作"百一"。元王恽《秋涧集》有《玉堂嘉话卷第一》:"公讳鹗,字百一,曹之东明人。"则《元史》非无据。故杨武泉先生认为,此即取邹阳上书吴王"鸷鸟累百,不如一鹗"之义。四库总纂改作"伯翼",当因偶未记忆"累百"语源,以"百一"义俗,遂改作音近字。此说恐非。考元刘祁《归潜志》卷九有:"盖初劾时,尝以草示应奉王鹗伯翼共议之,王乃其门生也。"同书卷十:"正大间,雷希颜、李钦叔俱在翰林。王鹗伯翼以新进状元,亦入院为应奉。"王鹗为正大元年状元,《元史》本传亦言其"金正大元年中进士,第一甲第一人出身,授应奉翰林文字"。则此两"王鹗伯翼"皆《汝南遗事》作者无疑。如此,则王鹗在金时字伯翼,"百一"或系其入元后所改之字。以名字揆之,作"伯翼"与名更谐,《总目》著录时盖据《归潜志》改之。

《钱塘遗事》十卷

《总目》:元刘一清撰。……大抵杂采宋人说部而成,故颇与《鹤林玉露》《齐东野语》《古杭杂记》诸书互相出入。虽时有详略同异,亦往往录其原文。如一卷"十里荷花"一条,二卷"辛幼安词"一条、

"韩平原"一条、"大字成犬"一条,皆采自《鹤林玉露》。既不著其书名,其中所载"余谓""愚闻"及"余亦作一篇"云云,皆因罗大经之自称,不加刊削。遂使相隔七八十年,语如目睹,殊类于不去葛龚。

按:《总目》以《鹤林玉露》为例。考《鹤林玉露》成书于宋淳祐戊申(1248),即南宋理宗淳祐八年。此书卷四称蒙哥为"宪宗皇帝",称忽必烈如《总目》所言"称元世宗曰皇帝",则此人在元世祖忽必烈(1260—1294)时代,故不称庙号。则相隔最远尚不足五十年,何来"七八十年"之说。

《钦定蒙古源流》八卷

《总目》:核之《唐书》,太宗贞观十五年,以宗女文成公主妻吐蕃赞普叶宗弄赞,中宗景龙初,以雍王守礼女为金城公主,妻吐蕃赞普叶隶蹜赞。

按:守礼为嗣雍王,《总目》脱"嗣"字。《旧唐书·中宗睿宗》:"夏四月辛巳,以嗣雍王守礼女为金城公主,出降吐蕃赞普。"卷八十六本传:"守礼本名光仁,垂拱初改名守礼,授太子洗马,封嗣雍王。"《玄宗诸子传》:"唐隆元年,遗制以嗣雍王守礼、寿春王成器封为亲王,各赐实封一千户。"

《七雄策纂》八卷

《总目》:明穆文熙编。文熙字敬止,东明人。嘉靖壬戌进士,官吏部员外郎。

按:《总目》记穆文熙字、官皆与传世文献不符。如明俞汝楫《礼部志稿》卷四十四:"穆文熙敬甫,直隶东明县人。壬戌进士,由工部补任调吏部,升广东副使。”黄虞稷《千顷堂书目》卷二十四:“穆文熙《逍遥园集》十卷”条,注“字敬甫,东明人,广东按察副使。”朱彝尊《静志居诗话》卷十三:“穆文熙,字敬甫,东明人。嘉靖壬戌进士,除行人,进司副,迁工部员外,改尚宝司丞,转吏部员外,出为广东按察副使,有《逍遥园集》。”后检穆文熙传世至少有二份行状,一为虞淳熙《虞德园先生集》卷十三《广东宪副少春穆公行状》,一为于若瀛《弗告堂集》卷二十四《故广东宪副穆公行状》,皆为其子光胤所请铭。两份行状记载其子、履历均同,皆字敬甫,官至广东提刑按察司副使。以前者为例,载其“君讳文熙,字敬甫。家东明。……故人部侍御者,劾要人不胜,谢命归。君从中伸侍御,疏触要人,被中出粤副使,亦谢病归,旋罢官”。以上皆可证《总目》“敬甫”误作“敬止”,当云官广东提刑按察司副使。

《辛巳泣蕲录》一卷

《总目》:宋赵与褣撰。……按与褣,《宋史·李诚之传》作与裕,盖褣转为榕,因讹为裕。

按:《四库全书存目丛书》史部第45册收有此书。褣字,《总目》说非。此字当本作裦,此字从衣从谷,其上部非“容”字,《总目》所见从“容”者,皆传写之误。裦,《唐韵》:“与裕同。”故《宋史》作“裕”字。非“褣转为榕,因讹为裕”。

《广王卫王本末》一卷

《总目》:宋陈仲微撰。仲微字致广,高安人。嘉泰二年举进士,调莆田尉。咸淳中为兵部侍郎。……事迹具《宋史》本传。

按：据《宋史》本传，陈仲微未尝为兵部侍郎，而为“太府寺丞兼权侍右郎官”。“侍右郎官”为《宋史》中常见职名，考此职本吏部司员外郎，隋开皇六年初置。唐宋沿之。元丰改制，因参与四选，而有尚左、尚右、侍左、侍右之名。

《皇元圣武亲征录》一卷

《总目》：不著撰人名氏。首载元太祖初起，及太宗时事。自金章宗泰和三年壬戌，始纪甲子，迄于辛丑，凡四十年。

按：“泰和三年壬戌”误。金章宗壬戌为泰和二年（1202），非三年（1203）。若作三年，为1203年，至辛丑1241，凡三十九年，非统计之四十年。

《平猺记》一卷

《总目》：元虞集撰。……元统二年冬，猺寇贺州、富州。

按：据《元史·顺帝一》，其事在元统二年九月，当言秋。

《总目》又云：至元元年，广西宣尉使章巴颜讨平之。

按：据本书所记，记事终于至元三年（1337）三月：“十三日，还与两平章会击石山上锦黄峡水确滑石等寨，擒一百三十一人，斩首七十四级。公与平章议留兵守要害而息大军于岭外。”则讨平之日非至元元年，当作至元三年。

《国初礼贤录》一卷

《总目》：旧本题明刘基撰。……正德九年，追谥文成。事迹具《明史》本传。此书《艺文志》《千顷堂书目》皆作基撰。然录中所载，

即明太祖任用基及叶琛、章溢、宋濂四人事，且有“基驰驿归里，居家一月而薨”之文，则非基所作审矣。其中纪述多与史传相合，无他异同。又基、溢皆载其卒时事，而宋濂得罪徙蜀事则无之，叶琛事迹亦甚寥寥。盖后人杂采成书，故详略不同如此也。

按：《天一阁书目》卷二“《国初事迹四卷》附《国初礼贤录》上下二卷”条，注：“卷首题‘北京刑部左侍郎臣刘辰今将太祖高皇帝国初事迹开写进呈’一行，不载撰人名氏。”以是推之，似当为刘辰所撰。书本二卷，今存皆一卷，故事有所缺。《总目》所谓“叶琛事迹亦甚寥寥，盖后人杂采成书，故详略不同如此也”。当因缺下卷所致。南京图书馆有丁丙跋二卷本，当为完本。此书本附《国初事迹》之后，疑后人分出别行。

又，刘基追谥年月，《诚意伯文集》卷一两载正德九年十月十九日，且有制诰为证，与《明实录》不同。《明实录》载在正德八年十二月辛亥日（本月乙未朔，则为十七日），存疑俟考。

《国初事迹》一卷

《总目》：明刘辰撰。辰字伯静，金华人。太祖起兵之初，署吴王典签。

按：言“署吴王典签”有误。谷应泰《明史纪事本末》卷五：“（至正）十八年十二月，太祖既下婺州，遣典签刘辰使方国珍招谕之。”考《明史·太祖本纪一》，至正二十四年（1364）春，“李善长等率群臣劝进，不允。固请，乃即吴王位”。则朱元璋即位吴王在六年后。按《明史·刘辰传》：“刘辰，字伯静，金华人。国初，以署典签使方国珍。”本不言吴王。《总目》本诸《明史》而缘饰文字，既不明史实，遂致误舛。

《总目》又云：又入李文忠幕府。建文中，擢监察御史。永乐初，李景隆荐修《太祖实录》。后官至北京刑部左侍郎。事迹具《明史》本传。

按：谓刘辰"官至北京刑部左侍郎"，"刑"字误，当依《明史》作"行"。明焦竑《国朝献征录》卷二十六有胡俨所撰《北京行部左侍郎金华刘公辰墓志铭》，并言"行部"可证。所谓行部，成祖当时尚未迁都北京，于北京置行部，统之于南京六部。关于行部资料，《明史·职官志一》有所记载，曰：

> 永乐元年，以北平为北京，置北京行部尚书二人，侍郎四人，其属置六曹清吏司。后又分置六部，各称行在某部。十八年定都北京，罢行部及六曹，以六部官属移之北，不称行在。其留南京者，加"南京"字。洪熙元年，复置各部官属于南京，去"南京"字，而以在北京者加"行在"字，仍置行部。宣德三年复罢行部。正统六年，于北京去"行在"字，于南京仍加"南京"字，遂为定制。

《北征录》一卷《后北征录》一卷

《总目》：明金幼孜撰。幼孜本名善，以字行，新淦人。建文己卯举人，授户科给事中。燕王篡位后，改翰林检讨，历官礼部尚书，兼武英殿大学士。卒谥文靖。事迹具《明史》本传。

按：《总目》谓金氏以举人授职误。《明史·金幼孜传》："金幼孜，名善，以字行，新淦人。建文二年进士。"《明宣宗实录》卷八十五，宣德六年（1431）十二月金幼孜卒，后附小传云："幼孜，江西新淦人,由进士擢给事中。”明过庭训《本朝分省人物考》卷六十二《金幼孜传》:“中庚辰进士,授户科给事中。”均可证其身份为进士。考建文二年为庚辰年(1400),己卯为建文元年(1399)。金氏建文二年登第,则必去年元年乡试中举。《总目》盖欲变其词,以示与《明史》有别,若以此意虑之,亦非甚误。

《小史摘钞》二卷

《总目》:不著撰人名氏。《明史·艺文志》亦未著录。盖洪、永间人所编。皆载明太祖琐事,末附建文遗事八条。大抵多委巷之语。

按:本书《圣嗣分封》下“次燕王”注:“即成祖也。”则其人在永乐后。故《总目》谓盖洪、永间人。然卷下“附录建文遗事”之“建文暮年还宫”条云“至正统庚寅岁,云南有一老僧”,为明英宗纪年。英宗无“庚寅”,当作“庚申”,即英宗正统五年(1440)。《明实录》有其事。《明英宗实录》卷七十三,正统五年十一月,“有僧年九十馀,自云南至广西绐人曰:‘我建文也,张天师言我有四十年苦,今为僧期满,宜亟返邦国。’以黄纸为书,命其徒清进持诣思恩府。土官知府岑瑛执送,总兵官柳溥械至京,会官鞫之,乃言其姓名为杨行祥,河南钧州白沙里人,洪武十七年度为僧,历游两京、云南、贵州,至广西”云云。以是推之,则作者至少为英宗时人,《总目》所言未确。卷后有“云中君印”,道光《广东通志·艺文略二》:“《小史摘编》,明区庆云撰,未见,见《定香楼文集》。”名中有“云”字,“云中君”或系此人。此书为副都御史黄登贤家藏本,《都察院副都御史黄交出书目》:“《小史摘编》,明朱东光,六本。”杜泽逊先生《四库存目标注》曰:“未知即此书否。”又言作者为“朱东光”,两存以待考。

《朝鲜纪事》一卷

《总目》:明倪谦撰。谦字克让,钱塘人,徙上元,正统己未进士,官至南京礼部尚书,谥文僖。

按:"谦字克让,钱塘人,徙上元",《总目》此句有语病。倪谦,《明史》无传。然《明史》初修时本有传。汤斌为《明史》纂修官之一,其《拟明史稿》卷十五:"倪谦,字克让。其先钱塘人,洪武中徙实京师,遂为上元人。"倪谦生于永乐间,时其家早已落籍上元。"钱塘人"上当增"其先",乃无语病,不然容易使人误会由钱塘徙上元在倪谦之世。

《南征录》一卷

《总目》:明张瑄撰。瑄字延玺,江浦人。正统壬戌进士,官至南京刑部尚书。

按:《明史·张瑄传》:"张瑄,字廷玺,江浦人。""延"字误。

《总目》又云:是编乃天顺八年瑄为广西右布政使时,值广西诸峒蛮构广东肇、高、雷、连土寇为乱。遣左参将范信、都指挥徐宁督官兵四千、土兵一万讨之,以瑄监其军。瑄因述其征剿始末为此书。

按:《明史》但言其为广东右布政使,未言其为广西右布政使,"广西"当作"广东"。考《明史》作:"居八年,用荐擢广东右布政使。广西贼莫文章等越境陷连山,瑄击斩之。又破阳山贼周公转、新兴贼邓李保等。"即本书所记之事。据《明英宗实录》卷三百一十九,英宗天顺四年(1460)九月:"吉安府知府张瑄为广东右布政使。"《明宪宗实录》卷五十三,宪宗成化四年(1468):"升广东右布政使张瑄为左布政使。"则天顺八年(1464)张瑄仍在广东右布政使之任。

《东征纪行录》一卷

《总目》:明张瓒撰。……瓒为四川巡抚时,以播州宣慰司杨辉言,所属夭坝干、湾溪寨及重安长官司为生苗窃据,率兵讨平之。此书所录,乃其自重庆启行,迄于班师之事。起成化十二年丙申十月,终次年丁酉正月,凡一百三日。皆排日纪载,间附以所作诗句。《明史》瓒传载此事在成化十年,与此书互异。然此书为瓒所自记,年月必无舛误也。

按:万斯同《明史稿》卷二百三十一《张瓒传》成化"十年冬,以右副都御史巡抚四川。十二年,播州致仕宣慰杨辉言,所属夭坝干、湾溪诸寨及重安长官司为生苗窃据,请王师进讨。诏瓒宣谕,俾还侵地,不服则征之……",系此事在十二年,与此书合。至殿本《明史·张瓒传》,史馆有所删削,汰去"十二年",作:"十年冬,以右副都御史巡抚四川。播州致仕宣慰杨辉言,所属夭坝干、湾溪诸寨及重安长官司为生苗窃据,请王师进讨。诏瓒谕还侵地,不服则征之……。"删削之后,平苗事迹起始时间遂隐。然殿本《明史》之删削,主于强调成化十年之迁官,非谓此事在成化十年,《总目》未究竟殿本《明史》之义,误以为系之十年下,其实《明史》本不算误。

《马端肃三记》三卷

《总目》:明马文升撰。……此三篇皆所自述。一曰《西征石城记》……一曰《抚安辽东记》……一曰《兴复哈密记》纪宏〔弘〕治初土

鲁番袭执哈密忠顺王，而文升持议用兵，遣许进等讨平之事。

按：据明刻金声玉振本，《抚安辽东记》，本作《抚安东夷记》，清人讳“夷”字，遂改为“辽东”。

《总目》又云：此三《记》皆文升所自述，宜入“传记类”中。然三事皆明代大征伐，文升特董其役耳。

按：哈密之役，《总目》既云乃遣许进等讨平之，则何来“文升董其役”之辞。

《燕对录》一卷

《总目》：明李东阳撰。……书末载……八月召对御流贼刘七、齐彦明等一条，与杨廷和所著《视草馀录》全符，似足征信。

按：“齐彦明”，据明嘉靖十二年（1533）刻明良集本，当作“齐彦名”，《明实录》诸处亦作“齐彦名”。《总目》字误。

《平吴录》一卷

《总目》：不著撰人名氏。末有袁褧跋，称此书相传为吴文定公所撰。案：吴宽字原博，号匏庵，长洲人。成化壬辰进士第一，官至礼部尚书，谥文定。《明史》载入《文苑传》。

按：《吴宽传》在《明史》卷一百八十四：“吴宽，字原博，长洲人。”杨武泉先生已指出。入《文苑传》者为刘溥。《明史·文苑传二》：“刘溥，字原博，长洲人。”二人字同，籍贯又一致，盖《总目》以是而误。

《安楚录》十卷

《总目》:明秦金撰。……卷十附录《封邱〔丘〕遗事》。盖金曾任河南左参政,御流寇有功,土人为立生祠,并辑其诗为《天成集》,以纪金之战绩。故以类附见焉。

按:《明史稿》《明史》之《秦金传》,均言其由河南按察司副使"改右参政",而据本书卷十所题,知为左参政。又考《明武宗实录》卷六十六,正德五年(1510)八月:"升河南按察司副使秦金为河南布政司左参政。"及严嵩《钤山堂集》卷二十八所作《明故光禄大夫太子太保南京兵部尚书赠少保谥端敏秦公神道碑铭》,亦言"升左参政",此可订《明史》之讹。

又,检明清以来目录著作,未见著录有《天成集》者。《天成集》当为《生祠集》之误。此书卷十有陈凤梧《河南左参政秦公生祠集序》,言秦金既平流寇,迁官之后,"封丘之民以瞻仰无所,乃立生祠于学宫之旁,岁以诞辰,祝公寿祉。四方士夫闻其事者,形诸著作,以揄扬盛美,若碑,若记,若赋,若诗,凡若干篇,汇成一帙,题曰:《秦公生祠集》"。

《壬午功臣爵赏录》一卷《壬午功臣别录》一卷

《总目》:明都穆撰。穆字元敬,吴县人。宏〔弘〕治己未进士,官至礼部主客司郎中,加太仆寺少卿,致仕。

按:都穆,万斯同《明史稿》有传,殿本《明史》无传,系后来削去。《明史稿》卷三百八十七《文苑传》:"都穆,字元敬。"明何乔远《名山藏》卷九十六、明过庭训《本朝分省人物考》卷二十二、明蒋一葵《尧山堂外纪》卷九十一等都穆传记，皆云其“字玄敬”，则《明史稿》《总目》之“元敬”，为避康熙讳而改。《明史稿·文苑传》载都穆事迹甚详实，云：“第弘治十二年进士，授工部都水主事。父忧，服阕，仍故官，分理上供器皿匹馬。入廨携米蔬自随，工人掘地得金，命贮之库。掾有私请者，斥曰：‘若曹安得污我。’正德改元，移南京武库主事。越五年，还官工部，进虞衡员外郎，迁礼部主客郎中。出使秦中还，即疏请致仕。廷议重其恬退，加太仆少卿归。归十四年卒。”

《平番始末》一卷

《总目》：明许进撰。……初，宏〔弘〕治七年，土鲁番阿黑麻攻陷哈密，执忠顺王陕巴去。

按：“弘治七年”当为“弘治六年”。《明孝宗实录》卷七十四，弘治六年（1493）四月：“土鲁番速坛阿黑麻率兵夜袭哈密城。哈密死者百馀人，窜降者各半。忠顺王陕巴及其都督阿木郎据大土剌以守。大土剌，华言大土台也。图之三日不能得。阿木郎遣调乜克力、瓦剌二部兵为援，皆败。土鲁番遂杀阿木郎，执陕巴以去。”《平番始末》本书亦云：“陕巴者……弘治五年二月封为忠顺王，遣使护送之国，其实未妥也。阿黑麻果怒，……遂侵哈密，杀阿木郎，复虏陕巴、金印以去，时弘治六年也。”

《姜氏秘史》一卷

《总目》：明姜清撰。清，弋阳人。正德辛未进士，官至尚宝司少卿。

按:姜清,《明史》无传。明雷礼《国朝列卿纪》卷一百五十四有传,曰:“姜清字□□,江西广信府弋阳县人。正德辛未进士,礼部郎中。嘉靖七年,改吏部考功郎中,本年升尚宝司少卿。十年,升南京光禄寺少卿。十三年,升南京太仆寺少卿,本年卒于官。”《国朝列卿纪》缺其字,据乾隆《广信府志》卷十八,其字为源甫。据《明会典》,太仆寺少卿正四品,尚宝司少卿从五品,则当官至太仆寺少卿。

《革朝志》十卷

《总目》:明许相卿撰。……一曰《君纪》。二曰《阃宫传》,记后妃、诸王。三曰《死难列传》,记方孝孺等四十八人。四曰《死事列传》,记铁铉等四十人。五曰《死志列传》,记黄钺等八人。六曰《死遁列传》,记彭与明等十六人。七曰《死终列传》,记王度等三人。八曰《传疑列传》,记王琎等十二人。九曰《别传》,记沐春等六人。十曰《外传》,记李景隆等二十五人。

按:据《四库全书存目丛书》所收明刻本数之,《死事列传》记铁铉等二十五人,非四十人。《死遁列传》记彭与明等十四人,非十六人。《传疑列传》记王琎等十一人,非十二人。《外传》记李景隆等二十一人,非二十五人。

《维祯录》一卷《附录》一卷

《总目》:明陈沂撰。沂字鲁南……官至太仆寺卿,“宏〔弘〕治十子”之一也,《明史·文苑传》附见《顾璘传》中。

按:“官至太仆寺卿”当作“官至行太仆寺卿”,具体言之,为山西行太仆寺卿。万斯同《明史稿》卷三百八十七《文苑传》:“稍迁山西行太仆卿，再疏匄归。"《明史·文苑传二》，则谓陈沂"改行太仆卿，致仕"。明代在许多地方设置行太仆寺，如陕西、山西、甘肃、辽东皆有行太仆寺，主掌地方马政。太仆寺卿与行太仆寺卿为二职，《明会典》卷十《资格》均并列从三品下。今本《明史》虽删削不当，改作"行太仆卿"，然犹不失其真。至《总目》又删去"行"字，遂使其宦迹隐而不显。

《平汉录》一卷

《总目》：明童承叙撰。……是编纪太祖平陈友谅事。首载宋濂《平江汉颂》一首，次即载史臣赞一首。而以《友谅兴灭本末》附于其后，谓之"外传"。

按：《史臣赞》一首，不言作者。考之，与谈迁《国榷》卷一所引陆深评语基本一致，陆深生在童氏前，此赞当为陆深所撰。

《楚纪》六十卷

《总目》：明廖道南撰。……道南于当时颇负文名，此书亦殚十馀年精力。

按：此书卷前有廖氏自序，云"竭精殚思，九年于兹"。《总目》言十馀年不确。

《广右战功录》一卷

《总目》：明唐顺之撰。顺之字应德，一字义修，武进人，嘉靖己丑进士，官至右佥都御史，巡抚淮扬，天启中追谥襄文，事迹具《明史》本传。

按：据《明史·唐顺之传》："崇祯中追谥襄文。"此云天启中，明代亦有他书言之，存之待考。

《建文事迹备遗录》一卷

《总目》：不著撰人名氏。前有自序，称"嘉靖辛卯阳月，太岳山人书于水竹村居"。考《明史·艺文志》、黄虞稷《千顷堂书目》，皆不载此书之名，不知其为何人。明人惟张居正号太岳，亦不闻有此书，莫能详也。

按：张居正虽号太岳，但非太岳山人。明人号太岳山人者，今可考见者有二人，钩出以备考索：一为虞伯俊。明康海《对山集》卷十八有《送虞北山伯俊公甫二首》，一曰："太岳山人访我来，西岩石室酒初开。身骑黄鹤欲归去，阆海蓬壶何处哉。"一曰："若归南岳见方平，为道匆匆已半生。此后倘成金液事，好从云外听吹笙。"则文中之太岳山人当指虞伯俊。一为杨希淳。明王襞《新镌东厓王先生遗集》卷上有《名公赠别遗选诗引》，下具"嘉靖乙丑重阳后二日太岳山人杨希淳顿首拜书"。则杨希淳亦号太岳山人。

《平濠记》一卷

《总目》：明钱德洪撰。……凡黄绾所说四条，龙光所说二条，雷济所说一条，附载德洪随事附论者五条，又自跋一条。

按：黄绾所说有五条，本书首条下注"黄绾记，下四条同"，则共五条可知。复验所引之事，亦是五条。

《南泰纪略》一卷

《总目》:明尹耕撰。……明嘉靖四年,广西土舍李寰、卢四、赵楷等煽乱,副使翁万达以计讨平之,而未蒙迁擢。耕因作是书纪其功。然书中于卢四煽九司作乱及韦应附从诸事,俱未能悉叙,未免脱略,不及《明史·张经》《翁万达》及《土司列传》中载此事为详也。

按:"嘉靖四年"当作"嘉靖十七年"。今本《明史》惟《翁万达传》略言之,且无《土司列传》。《总目》所引之书,乃《明史稿》(或万斯同本,或王鸿绪本),非定稿之殿本《明史》。万斯同《明史稿》有《李寰传》,载其事甚详,其事乃在嘉靖十七年(1538)。此传当本明田汝成《炎徼纪闻》卷一《李寰传》而来。《总目》著录为嘉靖四年(1525),误。

《革除遗事》十六卷

《总目》:明符验撰。验字大充,号松岩,黄岩人。嘉靖戊戌进士,官至广西按察司佥事。

按:明施沛《南京都察院志》卷六《永乐以来各道监察御史年表》福建道嘉靖下有:"符验,字大克,浙江黄岩人。"万历《黄岩县志》卷五《符验传》、万历《彰德府续志》卷之上《符验传》,均言"符验,字大克"。《总目》作"大充"为讹误。

《安南奏议》一卷

《总目》:不著撰人名氏。嘉靖中,安南莫登庸篡国,国主之孙黎宁遣其臣郑惟僚等赴京告难,乞兴师问罪。

按:"郑惟僚","僚"字当作"憭"。《明世宗实录》卷一百九十七,嘉靖十六年(1537)二月:"南国世孙黎宁差国人郑惟憭等十人赴京奏"云云,即言莫登庸篡国之事,作"郑惟憭"。清汤斌《拟明史稿》卷二十《翁万达传》亦作"郑惟憭",尚不误。至殿本《明史·安南传》已讹作"郑惟僚"。

《平倭录》无卷数

《总目》:不著撰人名氏。纪明任环平倭事迹。万历中,吏科给事中翁宪祥、巡抚陕西监察御史吉人重刊。宪祥作《前序》,人作《后序》,亦不言为谁所作也。

按:清徐乾学《传是楼书目》有"《平倭录》一卷",言明任环撰。此书盖任环所撰,而任氏后人复有所增入。

《西南纪事》六卷

《总目》:明郭应聘撰。应聘字君宾,莆田人。嘉靖庚戌进士,官至南京兵部尚书,谥襄靖,事迹具《明史》本传。粤西府江,上起阳朔,下达昭平,亘三百馀里。诸猺夹江而居,怙险剽窃。隆庆四年,攻围荔浦、永安府。

按:攻围荔浦永安府不在隆庆四年。本书卷二《讨平府江》云:

> 府江,平乐府地也。上起阳朔,下达昭平。绵亘三百馀里,岩谷奥深,滩泷汹涌。两岸诸獞,依凭险阻,出没剽劫,自昔患之。而又以朦胧、三峊、仙回、高天、水浐诸巢为之根抵羽翼,党与煽结,莫可谁何。成化、正德间,韩都御史雍、陈都御史金先后讨平之。百十数年来,根株蔓引,生齿益夥,跳梁复如故。隆庆

改元,总督谭都御史纶檄总兵官俞大猷画进讨计,会纶被召入,事遂寝。逾年,三峝贼攻荔浦县城,破莫大嘉等堡、古架等村,兵民遭杀戮无筭。西岸仙回诸贼围永安州城,复于山湾执知州杨惟执,并掠其印入巢,要厚赎,始得出。当是时,道途梗塞,城门昼闭,永安修荔,几至陆沉。岌岌乎不可为矣。庚午冬,古田师兴。议者曰:府江,两粤咽喉,患与古田等。宜借兵威并及之。殷都御史正茂是其议,追师旋则五年三月也。……

《明史·郭应聘传》即由此改写而来,而作"隆庆四年,大破古田贼,斩获七千有奇。已,从巡抚殷正茂平古田,再进秩。正茂迁总督,遂擢应聘右副都御史代之。府江瑶反。府江上起阳朔,下达昭平,亘三百馀里。诸瑶夹江居,怙险剽劫。成化、正德间,都御史韩雍、陈金讨平之,至是攻围荔浦、永安,劫知州杨惟执、指挥胡翰"。《明史》剪裁、截取失当,时间上小有错乱,系之于隆庆四年(1570)之后,故《总目》因之而误。实则据《西南纪事》本书所记,攻围荔浦、永安府当在隆庆二三年间,不会下及隆庆四年。

《交黎抚剿事略》五卷

《总目》:明方民悦撰。……嘉靖二十八年,安南范子仪及琼州黎那燕入寇。时欧阳必进方总督两广,檄都指挥俞大猷等讨平之。民悦述其始末为此书。……案《明史·俞大猷传》,是役皆大猷之力。以严嵩薄其赏,不得叙。民悦专归功于督府,亦非事实也。

按:俞大猷平安南与那燕为二役。前者止于七月,后者乃八月间事。故于后事本传称"必进复檄大猷讨之",《总目》混同一役。且据《明史·俞大猷传》,言严嵩薄其赏、不得叙者,乃在平安南事下,平那燕事则未言及严嵩。

《平夷功次录》一卷

《总目》:明焦希程编。希程榜姓周,象山人。嘉靖辛丑进士。官至贵州兵备副使。希程在四川时,值宜宾夷人作乱,巡抚张臬檄委希程剿平,因汇刻当时部檄以成此书。

按:《总目》以焦希程为嘉靖辛丑榜之周希程,误。周希程,象山人。民国李洣修、陈汉章纂《象山县志》于此有辨,云:"《提要》此文大误。象山周凤山先生父名璋,子名大綖。未尝别姓焦。《周氏宗谱》可考,岂可以周为焦,误一;旧县志周希程,嘉靖十三年甲午科进士,与辛丑相距八年,误二;凤山先生由广东番禺令转南直隶苏州同知,即以疾归,里卒。并未尝为四川按察使司佥事,亦未以副使备兵贵州,误三;《周氏谱》于希程名下注进士同知,证以《浙江通志·选举表》,明嘉靖二十年沈坤榜进士周希程,亦但注同知,不云副使。岂以副使官尊于同知,而反不注乎?误四。道光县志采之,同治志稿因之,皆失考。"《象山县志》所论甚明。然尚未考其里籍。

焦希程实为河南泌阳人,举人出身。希程曾官贵州兵备副使,普安为其属州,故嘉靖《普安州志》卷九《艺文志》录焦希程诗《丙辰十月同虹泉蒋先生游》一首,其落款云"泌阳焦希程兵备副使",知其为河南泌阳人。嘉靖《贵州通志》卷五"按察副使"下列"焦希程泌阳人"。万历《贵州通志》卷二按察副使下有"焦希程,秘阳人嘉靖三十五年任"。"泌"字误"秘"。均可知其为河南泌阳人。希程出身举人,非进士。康熙《鄜州志》卷四有知州"焦希程,泌阳人,由举人",知其由举人任鄜州任。故康熙《河南通志》卷十七"举人"下列焦希程，正德"己卯科苏清等"下列"焦希程，泌阳人，仕至按察司副使"。以上均可证。《总目》误同进士之周希程，故言其为进士。

《平黔三记》一卷

《总目》：不著撰人名氏。……光洵字信卿，浙江新昌人。嘉靖间巡抚云南。其诛凤继祖事在嘉靖四十五年，《明史》及《云南通志》载之甚详。

按：此《明史》，非殿本《明史》，为《明史稿》。其中《土司传》中有《凤继祖传》，载兹事甚详。

《平播全书》十五卷

《总目》：明李化龙撰。化龙字于田，长垣人。万历甲戌进士，历官兵部尚书，谥襄毅。事迹具《明史》本传。播州杨氏，自唐乾符中据有其地，历二十九世，八百馀年。

按："八百馀年"误，当为"七百馀年"。唐僖宗乾符(874—879)。杨应龙之叛在明神宗万历二十五年(1597)七月。《明史·神宗本纪二》："二十五年……秋七月癸巳，诫谕群臣。丁酉，诏赦天下。是月，杨应龙叛，掠合江、綦江。"诏起李化龙进讨，据《明神宗实录》卷三百三十二，在万历二十七年(1599)三月。自唐乾符至万历时，历世七百馀年。《总目》统计有误。

《总目》又云：万历初，杨应龙为宣慰使，恃险作乱。诏起化龙巡抚四川，寻进总督四川、湖广、贵州军务，进讨平之，以其地置遵义、平越二府。

按：据上引，杨氏作乱在万历二十五年，诏起李化龙在二十七年。

《明神宗实录》卷三百三十二,万历二十七年三月:“己亥,起李化龙以原官总督川、湖、贵州军务,兼理粮饷,巡抚四川地方。”《明史·李化龙传》:“二十七年三月,化龙起故官,总督湖广、川、贵军务兼巡抚四川,讨播州叛臣杨应龙。”万历一朝,历年不足四十八年,已过其半,则当作“万历中”,不当作“万历初”。

又,本书卷一首篇为李化龙《报到任疏》,载:“钦差总督川湖贵州军务、兼理粮饷、巡抚四川地方、兵部右侍郎兼都察院右佥都御史臣李化龙谨奏为到任事。臣原任兵部右侍郎兼都察院右佥都御史,巡抚辽东,奉旨在籍养病。万历二十七年三月二十八日准吏部咨,为钦奉圣旨事四川巡抚员缺,比照两广事例,改衔总督四川湖广贵州三省军务兼理粮饷,该本部等衙门会推,疏名类请,奉圣旨:李化龙著以原官起,改总督川湖贵州军务,兼理粮饷,巡抚四川地方。写敕与他,钦此。”则起任之时,便为总督四川、湖广、贵州军务,《总目》言“寻进”,亦误。

《建文朝野汇编》二十卷

《总目》:明屠叔方撰。叔方,秀水人,万历丁丑进士,官至监察御史。

按:雍正《浙江通志》卷一百三十三:“屠叔方,秀水人,山东副使。”明徐象梅《两浙名贤录》卷二十五:“屠叔方,字宗直,宫论应峻之第四子也。起家进士,知宿松,以才调鄱阳。征拜广东道监察御史,出按陕西,陈安攘要计六事。再按云南,定临安兵变,历官山东兵备副使,致政归。”则屠氏官至山东兵备副使。

《肃皇外史》四十六卷

《总目》:明范守己撰。守己字介儒,洧川人。万历甲戌进士,官至按察司佥事。

按:雍正《河南通志》卷五十七:"范守己……转兵部右侍郎卒。"乾隆《洧川县志》卷六载其事迹尤详,曰:"转兵部职方郎,仕至少司马。时历法失度,特疏表正,迁太仆正卿,总理钦天监。命下而公已捐馆。""少司马"为兵部侍郎之代称,则范氏当官至兵部右侍郎。《总目》云官至按察司佥事误。

《使琉球录》二卷

《总目》:明萧崇业、谢杰同撰。……万历七年,崇业为户科给事中,杰为行人司行人,奉使往封琉球国世子尚永为中山王。是年六月,渡海抵其国,十月还闽。因记其行事仪节及琉球山川风俗为此书。

按:《明神宗实录》卷五十二,万历四年(1576)七月:"封琉球国世子尚永为中山王。以户科左给事中萧崇业为册封使,行人谢杰为副使,赍皮弁,冠服、玉珪往。"《明史·外国传四·琉球传》:"(万历)四年春,再贡。七月,命户科给事中萧崇业、行人谢杰赍敕及皮弁冠服、玉珪,封尚永为中山王。"则其事在万历四年七月。而据此书所记,因造船伐木及候汛期等事,迁延至万历七年五月始成行。

《总目》又云:《明史·艺文志》载谢杰《使琉球录》六卷。此本止分上、下二卷,检勘并无阙佚,殆"六"字为传写之误欤?

按:《总目》所据为殿本《明史》。考万斯同《明史稿·艺文志》,

分列萧从〔崇〕业《使琉球录》二卷、谢杰《使琉球录》六卷,则固为两书。殿本《明史》芟去萧书,仅录谢书,遂使馆臣疑此书即谢书,致认“六”字为讹。

《吴淞甲乙倭变志》二卷

《总目》:明张鼐撰。……书中“汪直”俱作“王真”,未喻其故,殆传写之误耶?

按:据民国《上海掌故丛书》第一集本,书中“王真”均作“王直”。《总目》此处作“王真”,“真”字疑传写之误,本义当书“王直”。《筹海图编》作“王直”,《明实录》作“汪直”,而明代别史,多有作“王直”者。今本《明史》,或作“汪直”,或作“王直”,当系纂修之日,纂者各所据史料不同,而致用字有差。

《两朝平攘录》五卷

《总目》:明诸葛元声撰。……考《明史》载……万历二十年三月戊辰,宁夏致仕副总兵哱拜杀巡抚党馨、副使石继芳,据城反。壬申,总督魏学曾讨宁夏贼。秋七月,以叶梦熊代之。九月壬申,宁夏贼平。十一月壬辰,御午门受宁夏俘。此书第三卷纪其事。……二十一年正月,李如松攻倭于平壤,克之。四月,倭使小西飞纳款。……此书第四卷纪其事。

按:万历二十年(1592)十一月丁巳朔,是月之内无壬辰,壬辰在十二月。核对之下,《总目》本书提要,全系节取《明史·神宗本纪一》万历二十年内容而来。“十一月壬辰,御午门受宁夏俘”,《明史·神宗本纪一》原作:“十一月戊辰,御午门,受宁夏俘。”戊辰为十二日。《总目》"壬辰"当作"戊辰"。又,"四月,倭使小西飞纳款","四月",从《明史》亦当为"六月"。

《守麇纪略》一卷

《总目》:明高斗枢撰。……及甲申二月,始迁斗枢陕西巡抚。时全陕已陷,不能之官。……事迹具《明史》本传。

按:"陕西巡抚"当作"汉中巡抚"。《明史·高斗枢传》:"(崇祯)十七年……是年二月,朝议设汉中巡抚,兼督川北军务,擢斗枢右副都御史以往,朝命亦不达。至三月始闻太仆之命,即以军事付启元。七月而北都变闻,并闻汉中之命,地已失,不可往。"清徐鼒《小腆纪传》卷五十七《高斗枢传》载同。

《事辞辑馀》无卷数

《总目》:明沈谡撰。前有謏自序。其私印一曰"沈谡之印",一曰"渚椒"。卷首又有"渚椒手书"一长印,"天彝"二字一连珠印。署曰"归安沈炳震录字",字迹与序出一手。炳震近人,盖重录其先世旧本,仍以先世私印识之也。

按:本书作者为沈戬穀,字子禧,号器车,德清人。崇祯十年(1637)进士,出马文忠公世奇之门。知枣强县,入为刑部江西司主事。岁馀,升庐州知府。甲申春,舆疾南归。会国变,遂闭门谢客,肆力群籍,手自辑录著书百馀卷。丙戌更名谡,自号渚椒子。年六十九卒。参同治《湖州府志》卷七十二、民国《德清县新志》卷八。又,沈戬穀为德清人,沈炳震为归安人,籍贯不同,炳震当非戬穀后人。

《总目》又云:国桢官内阁,得见国史所纪时事年月,较野史为真。

如《五朝注略》载嘉靖间言官劾尚书王琼及起王守仁南兵部尚书、彭泽兵部尚书俱在十六年六月，而此书载在四月。梁储致仕在四月，而此书载在五月。……皆当以此书为正。

按："嘉靖"，杨武泉先生《四库全书总目辨误》已论其当书"正德"。梁储致仕在正德十六年五月，考《明世宗实录》卷二、正德十六年五月："大学士梁储乞致仕，上察其诚恳，许之。"此书所载是，然其亦有误。如起王守仁南兵部尚书，据《明世宗实录》卷四，正德十六年(1521)七月："升提督南赣汀漳军务右副都御史王守仁为南京兵部尚书参赞军务。"在七月，非在四月，《总目》言以此书为正，亦误。又如，起复彭泽为兵部尚书，在正德十六年(1521)五月，《明世宗实录》卷二，正德十六年五月："起用致仕太子太保、都察院左都御史彭泽为兵部尚书，兼官如故。"可知此书作四月，亦非。

诏令奏议类

《唐大诏令集》一百三十卷

《总目》：宋宋敏求编。……又《旧唐书》所载诏旨最多，今取以相较，其大半已入此集，而亦有遗落未载者。如……优礼则杜佑、萧俛致仕诸诏。奖劝则……奖伊西北庭二镇诸诏。

按：《唐大诏令集》卷五十七有《杜佑太保致仕制》，与《旧唐书·杜佑传》所载之文同。奖伊西北庭二镇诏，在《旧唐书·德宗本纪上》德宗建中二年七月，史文作：

秋七月戊子朔，诏曰："二庭四镇，统任西夏五十七蕃、十姓部落，国朝以来，相奉率职。自关、陇失守，东西阻绝，忠义之徒，泣血相守，慎固封略，奉遵礼教，皆侯伯守将交修共理之所致也。伊西、北庭节度观察使李元忠可北庭大都护，四镇节度留后郭昕可安西大都护、四镇节度观察使。”自河、陇陷虏，伊西、北庭为蕃戎所隔，间者李嗣业、荔非元礼、孙志直、马璘辈皆遥领其节度使名。初，李元忠、郭昕为伊西北庭留后，隔绝之后，不知存亡，至是遣使历回纥诸蕃入奏，方知音信，上嘉之。其伊西、北庭将士叙官，仍超七资。

《唐大诏令集》卷一百零七载《优奖西北庭将士诏》，文曰：

二庭四镇，统任西夏五十七蕃、十姓部落。国朝已来，相率奉职。自关陇失守，东西阻绝。忠义之徒，泣血相守。慎固封略，奉遵礼教，皆侯伯守将交修共理之所致也。其将士叙官可超七资。

此与史文不同。盖《旧唐书》有所敷衍。又《唐大诏令集》系此在建中元年，盖有讹字。以上二篇《旧唐书》所载。《总目》言“遗落未载”误。

《两汉诏令》二十三卷

《总目》：《西汉诏令》十二卷，宋林虙编。《东汉诏令》十一卷，宋楼昉所续编也。虙字德祖，吴郡人，尝为开封府掾。昉字旸叔，鄞县人，官宗正寺主簿。

按：开封府掾为官职之模糊称谓，宋范成大绍定《吴郡志》卷二十六有林虙小传，云：“林虙，字德祖，旦之子。好古嗜学。擢第，累迁朝奉郎、太学录、开封府司录，以府尹不之礼，移疾告归，不复出仕。所居在大云坊，因自号大云翁。屏置朝章，不入州县，先达称其高。有

《大云集》百卷、《神宗圣训》十卷。"则所谓"开封府掾"即开封府司录。

《火警或问》一卷

《总目》:明世宗肃皇帝御制。时大内东偏火,帝诏户、礼二部及都察院命百官修省,复制此文。大略谓火本非灾异,而人事不可不修,并非惑于祸福事应之说。前有帝所作自序,后附修省敕谕六条。案《明史·五行志》,宫中之火在嘉靖十年正月辛亥,此本《或问》末亦题"嘉靖辛卯正月终旬",与史相合。而敕谕末乃作"嘉靖九年十二月",岁月俱误。疑传抄之讹,当以史文为正也。

按:《四库全书存目丛书》史部第57册收有此书之明钞宸章集录本。据卷末题款,时在嘉靖九年二月,非"十二月",《总目》"十"字误。又此书据世宗自序,落款时日为"嘉靖辛卯正月终旬八日记"。"辛卯"系嘉靖十年(1531)。与《明史·五行志》所载合,当系同事。然其下之诏户、礼二部及都察院命百官修省之敕,据《明实录》所附《大明世宗肃皇帝宝训》卷七,确为"嘉靖九年二月壬辰敕",亦与《四库全书存目丛书》所收之书卷尾题款合。则《总目》所谓"疑传抄之讹",亦非。

《谕对录》三十四卷

《总目》:明张孚敬所奉世宗密谕及其奏草也。孚敬初名璁,字秉用,永嘉人。正德辛巳进士,历官少师、华盖殿大学士,谥文忠。事迹具《明史》本传。孚敬以议礼被遇,六年而秉大政,甚为世所诟病。而世宗始终眷礼不衰,每称"少师萝山"而不名。

按:“萝山”当作“罗山”。清王颂蔚《明史考证攟逸》卷十六:“按:璁自号罗峰,尝建罗峰书院于姚溪,后因帝有张罗山之称,乃更号罗山。见《列卿记》。此误罗为萝。”其说甚确。考清万斯同《明史》卷二百七十六《张璁传》即作“罗山”。殿本《明史》作“萝山”,即后来之讹。《总目》从殿本,故误。

《田表圣奏议》一卷

《总目》:宋田锡撰。……其奏议见于《宋史·艺文志》者二卷,已久散佚。此本乃明给事中安磐所搜辑。共得奏疏十四篇,附以锡所作箴序二篇、本传及《墓志铭》二篇。世所传《咸平集》,今尚有传本。凡是编所录者,已具载集中。磐盖未见其书,故复为裒辑。焦竑《国史经籍志》载锡《奏议》一卷,与《宋史》不合,盖亦仅据此本也。

按:《宋史·艺文志二》载“田锡《三朝奏议》五卷”,《总目》作“二”误。又,《总目》谓“世所传《咸平集》,今尚有传本。凡是编所录者,已具载集中”。检《咸平集》所见明钞本与民国刻本,奏议凡十二篇,疑《总目》“十四”为“十二”之误。

传记类

《东家杂记》二卷

《总目》:宋孔传撰。……上卷分九类,曰《姓谱》,曰《先圣诞辰讳日》,曰《母颜氏》,曰《娶亓官氏》,曰《追封谥号》,曰《历代崇封》,曰《嗣袭封爵沿改》,曰《改衍圣公》,曰《乡官》。下卷分十二类,曰

《先圣庙》,曰《手植桧》,曰《杏坛》,曰《后殿》,曰《先圣小影》,曰《庙柏》,曰《庙中古碑》,曰《本朝御制碑》,曰《庙外古迹》,曰《齐国公墓》,曰《祖林古迹》,曰《林中古碑》。……钱曾《读书敏求记》曰:"壬戌冬日,叶九来过芳草堂,云有宋椠本《东家杂记》,因假借缮写。此书为先圣四十七代孙孔传所编。首列《杏坛图说》,记夫子车从出国东门,因观杏坛,历级而上,顾弟子曰:'兹鲁将臧文仲誓将之坛也。'睹物思人,命瑟而歌。其歌曰:'暑往寒来春复秋,夕阳西去水东流。将军战马今何在,野草闲花满地愁。'考诸家琴史俱失载,附录于此。详其语意,未知果为夫子之歌否也。"云云。案此歌伪妄,不辨而明。曾乃语若存疑,盖其平生过尊宋本之失。然曾云三卷,此本实二卷。曾云首列《杏坛图说》,此本《杏坛》为下卷第三篇,且有说无图,亦无此歌。不知曾所见者又何本也,其或误记欤?

按:据《琳琅秘室丛书》本所收爱日精庐影宋本,上卷"历代崇封"作"历代崇奉","改衍圣公"作"改衍圣公告"。下卷"本朝御制碑"作"本朝御制书"。又钱曾所论之宋本,与《琳琅秘室丛书》影宋本合,亦有图、歌,非误记。其言《杏坛图说》,实即卷前之一图,而《总目》误以为卷下之"杏坛"。

《魏郑公谏录》五卷

《总目》:唐王方庆撰。……此书前题"尚书吏部郎中",盖高宗时所居官。

按:《旧唐书·高宗本纪下》,"改开耀二年为永淳元年,大酺三日。戊午,立皇孙重照为皇太孙,欲开府置僚属。吏部郎中王方庆曰"云云。"尚书吏部郎中","尚书"即尚书省,下辖六部,故言"尚书吏部”。永淳元年(682),则在高宗(649—683)末所为之官。亦知此书当撰于高宗末。

《总目》又云:《传》称方庆博学练朝章,著书二百馀篇。

按:《总目》所引之《传》为《新唐书》之传,作“二百馀篇”,而《旧唐书》传记作“所撰杂书凡二百馀卷”,为近实。

《李相国论事集》六卷

《总目》:旧本题曰《李深之文集》,唐李绛撰。……叙事朴拙,颇乏文采。谢状、贺表之类,杂录其间,多与论谏无关。又“批答贺屏风”一条、“宣示李栻密疏”一条、“盛夏对宰臣”一条,皆宪宗之事,尤与绛无涉。

按:考此三条,皆当与李绛相关。

考“批答贺屏风”一条,在卷一,原题“批答宰相等贺忠谏屏风表”,文曰:

> 朕以负荷至大,惕厉每深,常所忧勤。岂敢暇逸。虽卿等竭忠献替,荩臣之救既多,而朕亦追想圣明,谏诤之规是渴,所以列其事迹,文以丹青,嘉乎匪躬,凛然在目。庶以发挥寡昧,辨察正邪,置之坐隅,所期于外奖。示于卿等,但表于中怀咏之清风,企以从政,岂惟斯美专在前人。卿等道极致君,才周济物。謇违义激于药石,成务功格于神祇。事合公忠,言形将顺,周省陈叙,深览诚明,所贺知悉。

按《旧唐书》,其事在元和四年,时李绛为翰林学士,则此旨当为李氏所拟,故集中收入。

考“宣示李栻密疏”条在卷三,题为“上令宣示邪人事(一作《宣

示李拭密疏》)”,文曰:

> 元和四年王士真卒,其子承宗辄领军府事。中人承璀劝上兴师讨伐。时事人情,不愿动众。盖缘镇州四面皆是叛涣之地,事同势合,必难成功。又以承璀统左右神策军专征,令诸道取其节度,中外极谏言其不可。前后二十馀度,上意犹豫未决。而宗正少卿李栻密上疏,言承宗必须诛讨,承璀是亲近信臣,合委禁兵为统师,诸军不敢不伏。上忽遣翰林使梁守谦把拭状来,谓学士等曰:“此是奸邪之人。知朕欲令承璀领兵讨伐承宗,便希我意,故进此状。卿等记之,已后不得辄令进用。若非应期圣哲,何以洞鉴事情。岂寻常守成之君所可拟也。”

按李绛元和二年拜翰林学士,至元和六年拜相,则元和四年,亦在翰林学士之任。宪宗所对语之学士,疑李绛亦在其中,参与拟旨,故此事及之。

考“盛夏对宰臣”在卷六,本题“夏中对宰臣事”,文曰:

> 上于延英对宰臣等。时盛夏烦暑,上汗流,御服透湿。宰臣等奏事毕起,上留:“卿等且坐。”乃话国朝故事。日高,宰臣等奏:“日高,伏恐圣体劳倦。”上曰:“朕归宫中已后,惟是宦官、妇人,更与何人语论?所贵与卿等语言,称论政要,亦是乐也。”

卷六首条、二条,皆元和七年之事,则其编次亦当以时日为准。故本条之上《延英论边事》起首言“宰臣李绛”,时李绛已为中书门下平章事,即宰臣。以是类之,本条延英殿对事之“宰臣等”之中,李绛亦在列。综之,以上三条皆当与李绛相关,《总目》论非。

《杜工部年谱》一卷

《总目》:宋赵子栎撰。……子栎与鲁訔均绍兴中人。然子栎撰此谱时,似未见訔《谱》。故篇中惟辨吕大防谓甫生于先天元年之误。

按:宋庄绰《鸡肋编》卷中:"宗室子栎,字梦授。宣和中以进韩文、杜诗二谱为本朝除从官之始。"则此书进于北宋徽宗宣和(1119—1125)年间。而鲁訔《杜工部诗年谱》,据卷前自序,乃作于"绍兴癸酉五月",即南宋高宗绍兴二十三年(1153),自然不及见其鲁氏所著。

《杜工部诗年谱》一卷

《总目》:宋鲁訔撰。訔字季钦,嘉兴人,官至福建提点刑狱公事。周必大《平园集》有訔墓志,述其官阶始末甚详。诸书或云字季卿,或云海盐人,或云仕至太府卿,皆误也。

按:周必大《文忠集》卷三十四《直敷文阁致仕鲁公訔墓志铭》:"公名訔,字季钦,世为秀州嘉兴人,徙海盐之武原。"则云"海盐人"亦不误。

《绍陶录》二卷

《总目》:宋王质撰。……质于淳熙中奉祠山居,以陶潜、陶宏〔弘〕景皆弃官遗世,其同时唐汝舟、鹿何可继其风,因作此书。……下卷纪唐、鹿事,而附以林居咏物之诗。

按:据本书下卷《书鹿伯可事》:"君名何,字伯可。"《总目》作"何可"字误。

《诸葛忠武书》十卷

《总目》:明杨时伟编。……初,太仓王士骥撰《武侯全书》十六卷。时伟病其芜累,更撰是书。

按:编纂《武侯全书》者为"王士骐",非"王士骥"。《四库全书》殿本卷前提要作"王士骐",不误。王士骐,字冏伯,王世贞子。明祁承㸁《澹生堂藏书目》:"《武侯全书》十六卷,五册,王士骐辑。"清嵇璜《续文献通考》卷一百六十四《经籍考》:"王士骐《武侯全书》二十卷。"清朱彝尊《静志居诗话》卷十六:"王士骐,字冏伯,太仓州人,尚书世贞子。"明胡应麟《少室山房集》有《王冏伯至武林以汇辑〈武侯全书〉见贻卒业赋》诗。四库本《诸葛忠武书》目录后附"王冏伯《武侯全书》十六卷目录"。以上均可证。

《宁海将军固山贝子功绩录》一卷

《总目》:不著撰人名氏。所记乃惠献贝子富喇塔平定浙东之事。……是书盖即台人所编,自十三年四月耿逆初叛,至十四年八月贼党自台州遁还温州,凡所闻见,各举崖略,随条纪录。

按:"十三年四月"当作"十三年三月"。考是书卷首:"国朝滇黔平西王吴三桂,粤平南王尚之孝,闽靖南王耿精忠,康熙十二年奉召入觐。当年十月,吴三桂抗命反,尚王亦反,耿王于次年三月二十四日叛于闽。耿逆叛,即起兵寇浙江衢州。"则耿精忠反叛在康熙十三年三月。考《清圣祖实录》卷四十六,康熙十三年三月:"杭州将军图喇疏报:耿精忠据福建反。"亦在三月。

《总目》又云:又《平闽功绩闻见录》一篇,为闽人金泳所作。

按：据篇内所载，当作《平闽功绩见闻录》，“闻见”二字误乙。

《钱塘先贤传赞》一卷

《总目》：宋袁韶撰。……是编犹元时旧刻。所纪录者虽止及一乡之耆旧，其中郎简、谢绛等十馀人，又俱见于正史。

按：“十馀人”不确。是书所录三十九人。当时编纂，即自注其人见于某史。郎简、谢绛皆列在《宋史》，《总目》即言此二人，皆统全书言之，考之有三十二人，为示详明，列表如下。

姓名	作者自注出处	见于正史
陶唐许箕公（许由）	《庄子》疏、《逸士传》、《临安志》	
汉严先生（严光）	《后汉书》	《后汉书》卷八十三《逸民列传》
吴将军凌公（凌统）	《三国志》	《三国志》卷五十五《吴书十》
晋文正范先生（范平）	《晋书》	《晋书》卷九十一《儒林》
晋中尉褚公（褚陶）	《晋书》	《晋书》卷九十二《文苑》
晋孙先生（孙晷）	《晋书》	《晋书》卷八十八《孝友》
宋龙骧行军卜壮侯（卜天与）	《南史》	《南史》卷七十三《孝义上》
宋范先生（范叔孙）	《南史》	《南史》卷七十三《孝义上》
齐褚先生（褚伯玉）	《北史》（当作《南史》）	《南史》卷七十五《隐逸上》
齐顾先生（顾欢）	《南史》	《南史》卷七十五《隐逸上》
齐杜先生（杜京产）	《南史》	《南史》卷七十五《隐逸上》
梁太中大夫范公（范述曾）	《南史》	《南史》卷七十《循吏》

（续表）

姓名	作者自注出处	见于正史
梁范先生（范元琰）	《南史》	《南史》卷七十六《隐逸下》
梁记室褚公（褚修）	《南史》	《南史》卷七十四《孝义下》
唐太常卿褚康公（褚亮）	《南史》	《旧唐书》卷七十二
唐太尉褚公（褚遂良）	《南史》	《旧唐书》卷八十
唐礼部尚书褚文公（褚无量）	《南史》	《旧唐书》卷一百二
唐荆州大都督许公（许远）		《旧唐书》卷一百八十七《忠义下》
唐章先生（章成缅）		
后梁吴越王武肃钱公（钱镠）	《五代史》	《旧五代史》卷一百三十三；《新五代史》卷六十七
后梁给事中罗公（罗隐）		《旧五代史》卷二十四
宋秦王忠懿钱公（钱俶）	国史	《宋史》卷四百八十
宋吏部侍郎郎公（郎简）	国史	《宋史》卷二百九十九
宋知制诰谢公（谢绛）	国史	《宋史》卷二百九十五
宋谏院钱公（钱彦远）	国史	
宋和靖林先生（林逋）	国史	《宋史》卷四百五十七
宋翰林学士沈公（沈构）	国史	《宋史》卷三百三十一
宋太中大夫钱公（钱藻）	国史	《宋史》卷三百一十七
宋龙图阁学士陆公（陆诜）	国史	《宋史》卷三百三十二
宋龙图阁学士钱公（钱勰）	国史	《宋史》卷三百一十七
宋秘阁吴公（吴师礼）	国史	《宋史》卷三百四十七
宋龙图阁学士虞公（虞奕）	国史	《宋史》卷三百五十五

（续表）

姓名	作者自注出处	见于正史
宋八行崔先生（崔贡）	《临安志》《国朝会要》	
宋太师崇国张文忠公（张九成）		《宋史》卷三百七十四
孙氏定夫人	《晋书》	《晋书》卷九十六《列女》
虞氏夫人	《晋书》孙先生传、《世说续编》	《晋书》卷八十八
冯孝女	《临安志》《禅智院结大界相序》	
何氏节妇	《朝野遗事》	
盛氏孝妇	国史、《乾道志》、《淳祐志》	

《京口耆旧传》九卷

《总目》：不著撰人名氏。……其书采京口名贤事迹，各为之传。始于宋初，讫于端平、嘉熙间。

按，此书记事最晚在宝祐五年，卷七《王澂传》："宝祐丁巳，郡祠于学。"宝祐丁巳为南宋理宗宝祐五年（1257），晚于端平（1234—1236）、嘉熙年间（1237—1240）。

《总目》又云：其中忠烈如陈东，经济如张悫、张缜、汤东野、刘公彦，风节如王存、王遂、蒋猷、刘宰，文学如沈括、洪兴祖，书画如米芾

父子，虽皆著在史传，而轶闻逸事则较史为详。

按：检张缜、刘公彦、汤东野三人，皆不入《宋史》列传。

《总目》又云：考《宋史·地理志》，京口凡丹徒、丹阳、延陵、金坛四县。神宗熙宁五年，改延陵为镇，并入丹阳，则所存者仅三县，而此书《吴致尧传》，其人在宣和之季，乃仍称曰延陵人。盖沿袭旧名，偶然失改。

按：本书卷五云："吴致尧，字圣任，延陵人。延陵故地今隶丹阳。"则著者非不明地理变迁。盖吴致尧初生时延陵尚存，彼时籍贯自为延陵。县废后，归属模棱。故作者录其旧籍，而注"延陵故地今隶丹阳"，绝非"偶然失改"。

《昭忠录》一卷

《总目》：不著撰人名氏。所记皆南宋末忠节事迹，故以"昭忠"名篇。自绍定辛卯元兵克马岭堡，总管田璲等死节，迄于国亡徇义之陆秀夫、文天祥、谢枋得等，凡一百三十人。详其词义，盖宋遗民之所作也。每条先列姓名官爵于前，而记其死难事实于后。其文间有详略，而大都确实可据。

按：将此书与元赵景良《忠义集》相校，知与七卷本《忠义集》几同，而无《忠义集》之诗。《四库全书总目》中《忠义集》提要，云："初，南丰刘埙作《补史十忠诗》一卷，述宋末李芾、赵卯发、文天祥、陆秀夫、江万里、密祐、李庭芝、陈文龙、张世杰、张珏之事，埙自为序。其子麟瑞，复取宋末节义之士，撰述遗事，赋五十律，题曰《昭忠逸咏》，凡四卷，亦自为前后《序》。又有岳天祐者《序》之。景良合二集为一编，又采宋末遗老诸作，续为二卷，而并麟瑞诗四卷为三，总名之曰

《忠义集》。”则此书盖刘麟瑞所作，以刘氏有《昭忠逸咏》，是以《昭忠》为名。

《唐才子传》八卷

《总目》：元辛文房撰。文房字良史，西域人。其始末不见于史传。惟陆友仁《研北杂志》称其能诗，与王执谦齐名。

按：元程钜夫《雪楼集》卷十八《大元河东郡公布都公神道碑铭》“谨按国史院编修官辛良史所为行状”，则辛文房曾任国史院编修官。元杨载《杨仲弘集》卷七有《元日早朝次韵辛良史》七律一首。元张雨《句曲外史贞居先生诗集》卷四有五言长律《元日雪霁早朝大明宫和辛良史省即二十二韵》一首，知辛文房皆与二人交游。元贡奎《云林集》卷一有《送良史》一首，下注：“西域人，尝学于江南，除翰林编修，今省归豫章。”则其家似在江西。元马祖常《石田文集》卷二有《辛良史披沙集诗》，则其人曾著《披沙集》。

《总目》又云：他如谓骆宾王与宋之问唱和灵隐寺中，谓《中兴间气集》为高适所选，谓李商隐曾为广州都督，谓唐人学杜甫者惟唐彦谦一人，乖舛不一而足。

按：宋陆游《渭南文集》有《跋中兴间气集》云：“高适字仲武，此集所谓高仲武乃别一人名仲武，非适也。”《唐才子传》误归于高适名下。

又，《唐才子传》卷七《李商隐传》：“出为广州都督，人或袖金以赠，商隐曰：‘吾自性分不可易，非畏人知也。’”考《旧唐书·李尚隐传》：“迁广州都督，仍充五府经略使。及去任，有怀金以赠尚隐者，尚隐固辞之曰：‘吾自性分不可改易，非为慎四知也。’竟不受之。”《新唐书·李尚隐传》:“迁广州都督、五府经略使。及还,人或袖金以赠。尚隐曰:‘吾自性分不可易非畏人知也。’”文字与《新唐书》近。此当辛氏在纂辑《新唐书》资料时,误李尚隐为李商隐。

《古今列女传》三卷

《总目》:明解缙等奉敕撰。……此本为秀水项元汴家所藏,犹明内府初刊之版。黄虞稷《千顷堂书目》称此书成于永乐元年十二月。今考成祖御制序,实题“九月朔旦”。知虞稷未见原书,仅据传闻著录矣。

按:《明太宗实录》卷二十六,永乐元年(1403)十二月:“翰林侍读学士解缙奉敕修《古今列女传》成。”则黄虞稷所说不误。明刻前有御制序,亦确如《总目》所言末题题九月朔旦,然考此序内容,实为明成祖命儒臣编纂之敕命时预为之序,“九月朔旦”为纂修开始之日,非成书之时,故言“朕于是书实有望焉”。

《明名臣琬炎〔琰〕录》二十四卷《续录》二十二卷

《总目》:明徐纮编。纮字朝文,武进人。宏〔弘〕治庚戌进士,以刑部郎中出为广东按察司佥事,分巡岭东,终于云南按察司副使。

按:徐氏由刑部员外郎出为广东按察司佥事,非刑部郎中。《明孝宗实录》卷一百二十九,弘治十年(1497)九月:“升……刑部员外郎徐纮为广东按察司佥事。”它书或作刑部主事,或作刑部郎中,均当以实录为正。

《今献备遗》四十二卷

《总目》:明项笃寿撰。……起洪武,讫宏〔弘〕治,计二百四人。

按:杨武泉先生《四库全书总目辨误》谓其已言及嘉靖中事,且罗列卷四十一《杨一清传》中提及"嘉靖二十七年赠太保,谥文襄"。考卷二十二《杨继宗传》:"嘉靖癸丑甲寅间,吾郡外迫寇暴,内苦军兴。……乙卯之后……"嘉靖癸丑为三十二年(1553),甲寅为三十三年(1554),乙卯为三十四年(1555),则著录事实当以此为最晚。

《百越先贤志》四卷

《总目》:明区大任撰。……第二卷中《养奋传》《傅矗地传》《邓盛传》《綦毋俊传》《李进传》皆残阙。陈某一传残阙尤甚,仅存姓而佚其名。今亦各仍原本,从阙疑之义焉。

按:"陈某"当作陈临。欧大任《欧虞部集十五种》中有此书,尚不缺,载:

> 陈临字子然,南海人也。家居海上,蛮俗荒陋,临学览经典,行谊卓然。郡举孝廉,永建中,官至苍梧太守。推诚而理,导民孝悌。民有遗腹子为父报雠杀人,吏所捕获。临知其无嗣,令其妻侍狱中,后产一男。郡人歌曰:"苍梧府君恩广大,能令死囚有后代,德参古贤天报施。"建安中征为廷尉。郡每以五月五日祠临东城门上,令小童洁服舞之。

《元儒考略》四卷

《总目》:明冯从吾撰。……又名姓往往乖舛,如欧阳元〔玄〕别

号圭斋，今乃竟题作欧阳圭。既以号作名，又删去一字，校雠亦未免太疏。

按："欧阳玄"作"欧阳圭"，当因玄、圭二字形近而误，其本义并非因欧阳圭斋而删去一字。《总目》之说虽新颖别致，而实不可从。

《中州人物考》八卷

《总目》：国朝孙奇逢撰。……后一卷曰《补遗》、曰《续补》，……最后有名无传者三十四人，则直书其名矣。

按：检之实三十三人，目中秦梦熊一条占两行，《总目》盖误作两条计入。

《总目》又云：至薛瑄本河津人，李梦阳本庆阳人，牵合而归之中州，又其末节矣。

按：明焦竑《国朝献征录》卷八十六崔铣《江西按察司副使李公梦阳墓志铭》："讳梦阳，字献吉，庆阳人，徙大梁。"大梁为战国魏都，今河南开封。隋唐以后，遂以大梁代指开封。李氏本陕西庆阳人，据民国《禹县志》卷二十八："父正，官周王府教授，流寓大梁。"自其父时已流寓开封。其葬地亦在河南禹州。既迁入开封，自可入中州，并无不妥。

《孙威敏征南录》一卷

《总目》：宋滕元发撰。元发初名甫。后以避高鲁王讳，以初字元发为名，而更字曰达道。……此本前有结衔题"承奉郎守大理评事通判湖州军州事滕甫"，盖犹未改名时所作也。

按：《宋史·哲宗本纪一》，元丰八年（1085）三月，哲宗即位："已未，赐叔雍王颢、曹王頵赞拜不名。令中外避太皇太后父遵甫名。”太皇太后父即高鲁王，名遵甫。则避讳始于此时。王明清《挥麈后录》卷六：“章敏初名甫，字元发，元祐初，以避高鲁王讳以字为名。”归之于元祐(1086—1073)初，计当以《宋史》为正。考宋苏轼《经进东坡文集事略》卷四十《代滕甫辨谤乞郡书》宋郎晔注“元丰七年五月辛酉，知筠州滕甫知湖州。”以是论之，则此书当作于元丰七年五月至元丰八年三月间。

《闽粤巡视纪略》六卷

《总目》：国朝杜臻撰……康熙二十二年，台湾既平，诸逆殄灭，沿海人民皆安堵复业。臻时为工部尚书，奉诏与内阁学士石柱往闽粤抚视，画定疆理。

按：“工部尚书”当作“工部侍郎”。《清圣祖实录》卷一百一十四，康熙二十三年(1684)正月：“升吏部左侍郎杜臻为工部尚书。”则杜臻康熙二十二年(1683)不可能为工部尚书。又考卷一百一十二，康熙二十二年十月：“命吏部侍郎杜臻、内阁学士席柱往勘福建广东海界。”即《总目》所述之事，则其时杜臻为吏部侍郎。

又“石柱”，是书卷中亦称“石柱”，《清圣祖实录》作“席柱”。《清史稿·杜臻传》：“康熙二十二年，台湾平，上命以界外地还民。会给事中傅感丁请以江、浙、闽、粤滨海界外地招徕开垦，乃命臻及内阁学士席柱赴福建、广东察视展界。”作“席柱”。《清史稿·吴兴祚》：“上遣尚书杜臻、内阁学士石柱会兴祚巡历规画，兵民皆得所。”作“石柱”。盖其为满人，名尚未有定字。

《松亭行纪》二卷

《总目》:国朝高士奇撰。……谓喜峰口为古松亭关,故以名书。然松亭关在喜峰口外八十里,士奇合而一之,未详考也。

按:清于敏中《日下旧闻考》卷一百五十二引《长安客话》:“原喜峰口乃乌梁海进贡之路,本名喜逢口,古松亭关也。”又引《皇华纪闻》:“喜峰口,古松亭关。外有山石壁峭绝万仞,无蹊径可上。”则高士奇喜峰口为古松亭关说有源自。又据《读史方舆纪要》卷十一“松亭关在喜峰口北百二十里”,《大清一统志》亦言百二十里,非八十里。

《夷齐录》五卷

《总目》:明张玭撰。……永平府城西十八里孤竹故城有清德庙,以祀夷、齐。

按:据书中所载,“清德庙”均作“清节庙”。

《韩魏公家传》二卷

《总目》:不著撰人名氏。记宋韩琦平生行事。陈振孙《书录解题》以为是其家所传。晁公武《读书志》则以为其子忠彦所撰录。公武去忠彦世近,当有所据也。

按:此书所见有二卷本、十卷本两种。《四库全书存目丛书》史部第81册收有一种十卷本,明正德九年张士隆刻,题名《忠献韩魏王家传》。其中,“王沂公望重当时”小注云“孝宗庙讳”(665页),又数处题“英宗庙讳”(第667页)。宋、明皆有孝宗、英宗,考又有“光宗庙讳"（第735页）。明虽有光宗，但在正德之后，此本不当有，知此诸多庙讳，皆是宋本之旧注，知旧本为南宋宁宗以来之本。由此可知，张氏刻本，来源于南宋刻本。李裕民先生《四库提要订误（增订本）》从《读书志》之说，认为文中多用第一人称叙韩忠彦之事，此为韩忠彦所传，"绝无可疑"。但史传中用第一人称叙述亦所常见，尚缺证据。考《宋史・徽宗纪》，政和五年（1115）："甲申，追论至和、嘉祐定策功，封韩琦为魏郡王。"封魏郡公之事，此书未及之。又考韩忠彦卒在此前（1038—1109），此似可证其书为忠彦所撰，以其未及此封，故书为载之。又其中所列诸曾孙，有肖胄、肯胄、硕胄、肤胄、显胄、宏胄、颖胄、全胄、安胄、宝胄、膺胄、颜胄，独无韩诚之子韩侂胄，不在其列，知其尚未生，亦知此书甚早。以上或可为其旁证。

《丰清敏遗事》一卷

《总目》：宋李朴撰。……书末又有稷注《孟子》三章、《幸学》诗一首及曾巩所赠歌行、袁桷《祠记》，则明景泰中其十一世孙河南参政庆所搜讨增入也。

按：考书中《祠堂记》，作者为宋显谟阁学士袁燮，"桷"字误。

《滇游记》一卷《附记》一卷

《总目》：国朝毕曰澪撰。曰澪字秋岐，益都人，康熙中由贡生官任县知县。是编乃曰澪父忠谷官云南布政司参议，曰澪省亲时所作。

按：毕曰澪，其父名毕忠吉，"谷"为"吉"字之讹。光绪《益都县图志》卷三十三《人物志》有其传记，曰："毕忠吉，字致中，号铁岚，邑之金岭镇人也。……二十四年，以佥事督学贵州，任满授云南布政司参议……子曰溗,字剑津。”清钱仪吉《碑传集》卷八十张贞《参议毕公忠吉传》:“公毕氏,讳忠吉,字致中,晚号铁岚,青州益都人。……男子二人:曰溗,候选知县,有父风。曰霆,诸生。”可证。

《念贻剩纪》一卷

《总目》:国朝周宣智编。宣智自号镜亭老人,长沙人。初,张献忠躏湖广时,宣智曾祖继圣聚乡勇自守。献忠招授伪官,继圣不从,劫系其母马氏、妻吴氏及其弟继珩妻陈氏、继随妻项氏以胁之,马氏及三妇皆骂贼死。继圣亦被断腕后潜逃以免,卒伺隙破贼复雠。湖广总督何腾蛟上其功,授教授。事载《湖广通志》中。

按:“教授”当作“教谕”。此书据卷后其曾孙周宣智识语,“以功授教谕,不就”,所收蒋士铨《周母马孺人传》亦言“继圣以功授教谕,不就”,非教授。乾隆《长沙府志》卷二十九《人物》:“何腾蛟上其事,授儒学教谕。痛母妻死节,终身不仕不娶。”嘉庆《湖南通志》卷一百三十一亦云:“何腾蛟上其事,授儒学教谕,痛母妻死节,终身不仕。”考其书所附《湖南通志·列女传》“周世选妻马氏,教授周继圣母”,此记当有误,故《总目》因误。

《汪直传》一卷

《总目》:不著撰人名氏。记嘉靖中汪直引倭入寇海上及总督胡宗宪以计诱杀直事。所以归功于宗宪者甚至,或其幕客所为也。

按:此篇出胡宗宪《筹海图编》卷九,本名《擒获王直》。考篇中文字,均作“王直”,《总目》所见之本及《四库全书存目丛书》所收之本,均作“汪直”,而《明世宗实录》作“海贼汪直”,《明史》亦作“汪直”，盖作此篇时，其名尚为有定。《筹海图编》之中，篇末多题作者，唯此篇不书，而下篇《舟山之捷》，末题“俞献可撰”。此当系两篇并题，均俞献可所撰。同卷《平望之捷》末题“太学生俞献可撰”，则俞献可为太学生，其馀撰者如昆山举人李续、乌程县学教谕张节等，自当非胡氏幕客。

载记类

《高丽史》二卷

《总目》：旧本题“正献大夫、工曹判书、集贤殿大提学、知经筵春秋馆事、兼成均大司成臣郑麟趾奉敕撰”。考《明实录》，景泰二年，高丽使臣郑麟趾尝表进是书于朝。……朱彝尊《曝书亭集》有是书题跋，称为“体例可观，有条不紊。”

按：此书全本一百三十七卷，目录二卷。《总目》所载题名有误。《四库全书存目丛书》史部第159至162册收有此书完帙，影印云南大学图书馆藏明景泰二年（1451）朝鲜活字本。题名为：“正宪大夫工曹判书集贤殿大提学知经筵春秋馆事兼成均大司成臣郑麟趾奉教修”。《总目》“宪”误“献”，“教修”误“敕撰”。杜泽逊先生《四库存目标注》已指出。是书卷前有郑麟趾《进高丽史笺》，末题“景泰二年八月二十五日正宪大夫工曹判书集贤殿大提学知经筵春秋馆事兼成均大司成臣郑麟趾等上笺”。复检《明英宗实录》所附之《景泰实录》，亦未尝言高丽使臣郑麟趾进书之事。此书乃高丽国史，其用景泰二年者，高丽，明之属国，奉明正朔而已。从进笺内容来看，文中用

"我太祖康献大王""世宗庄献大王"等,若鲁史《春秋》之冠春王正月之例。实际为进呈朝鲜本朝之作,非进于明廷者。《总目》误以为进书于明,又妄臆《明实录》当载,误甚。又《总目》所载朱彝尊《曝书亭集》语亦误,朱氏原话为"观其体例,有条不紊"。

《唐馀纪传》二十四卷

《总目》:明陈霆撰。霆字声伯,德清人。宏〔弘〕治壬戌进士,官至山西提学佥事。是书凡《图纪》三卷。

按:"图纪",据书作"国纪"。"图"字误。

《朝鲜国纪》一卷

《总目》:明黄洪宪撰。洪宪字懋中,秀水人。隆庆辛未进士,官至少詹事,掌翰林院事。

按:洪宪字懋忠,《总目》作"中"字误。明过庭训《本朝分省人物考》卷四十五:"黄洪宪,字懋忠,嘉兴人。"明申时行《赐闲堂集》卷二十四《中顺大夫詹事府少詹事兼翰林院侍读学士黄公墓志铭》:"公讳洪宪,字懋忠,别号葵阳。其先出江夏,后徙婺,再徙豫章之新淦。国初以既张隶嘉兴守御所,遂为嘉兴人。"均可证。

地理类

《禁扁》五卷

《总目》:元王士点撰。……其中如释"东西箱",以"西清"附之,

盖本《前汉·司马相如传》注谓“西清即西箱也”。

按:考《汉书·司马相如传》,颜师古注:“西清者,西箱清静之处也。”此以“西箱”解“西”,“清静”解“清”。《总目》断章取义,谓“西清即西箱”者误。

《方舆胜览》七十卷

《总目》:宋祝穆撰。……考叶盛《水东日记》称元绛《闵忠》诗石刻在康州,《方舆胜览》乃载在封州,又误以为魏矼作,亦讹数字,幸真迹石刻尚存三洲岩中,则小小舛误,亦所不免,要不害其大致之详赡尔。

按:考四库本《方舆胜览》卷三十五封州下《名宦》:“曹覯,建安人,修古之子。皇祐中以侬贼死节。建州守臣魏矼奏,赐谥忠肃。魏诗云:‘转战谯门日再晡,空拳犹自把戈铁。身垂虎口方安坐,命弃鸿毛更疾呼。柱下杲卿存大节,袴间杵臼得遗孤。可腾三尺英雄气,不愧山西士大夫。’”此即叶论所本。观之可知,并未言石刻在康州,但将此诗误隶魏矼而已。

《吴郡志》五十卷

《总目》:宋范成大撰。……寿朋又以是书止绍兴三年,其后诸大建置,如百万仓、嘉定新邑、许浦水军、顾迳移屯,皆未及载。复令校官汪泰亨补之,自谓仿褚少孙补《史记》例。

按:汪氏之补注,李裕民先生《四库提要订误(增补本)》谓十处,今检之,至少有十三处,如卷三“盘门”下一处,卷四之修学记、复田记两处,卷六之坊市目,卷七仓库厂务之百万仓、李寿朋所创三馆、官舍题名三处，卷十一所补郡守题名，卷二十八进士题名、武举进士题名两处，卷三十八昆山县补注题名记、嘉兴县补注省劄二处，卷三十九补注范文正公墓等一处。

《东城杂记》二卷

《总目》：国朝厉鹗撰。……他如灌园生以下诸人，皆系以小传，使后之修志乘者，有所征引，其用力亦可谓勤矣。

按：《灌园生》之前，尚有《程源》《东皋隐者》《痴绝生》三篇，皆属小传类，均可备志承之采，《总目》自《灌园生》开始统计，不当。

《舆图记叙》二卷

《总目》：明桂萼撰。……是编即嘉靖八年为大学士时所上。首为《总图》，次则两京十三省各为一图，附以《四夷图》。

按：《四库全书存目丛书》收录明嘉靖四十五年李廷观刊本一部，名曰《广舆图叙》，杜泽逊先生《四库存目标注》谓“似即其书”，先生所言稍不确。此书乃桂书之增广本，今考两京十三省下各二图，与《总目》所云“各为一图”不符。此即李廷观序所言“旧本每图一幅，今两直十三省各增其一外，又有边夷诸图卷因所未备，僭采他刻而附之”。知此书已非原本之旧，又所增益，故题云“广”。《存目丛书》题桂萼撰亦欠妥。

《古今约说》无卷数

《总目》：国朝邵元龙编。自署曰古九峰，盖松江人也。其书节钞古今舆地故实诗文，排辑成编，漫无体例。兼有涂乙空阙处，犹未完

之稿也。

按:邵元龙,本江苏无锡人。康熙三十五年(1696)丙子顺天府举人。雍正《畿辅通志》卷六十六其名下注"柏乡人"。清张泰交《受祜堂集》卷十有"巡视北城、广西道监察御史臣张泰交谨题为直纠顺天乡闱冒籍之弊,以肃法纪,以杜幸进事"奏折,云"第一百名邵元龙,真定柏乡俊秀,其实江南人也"。后据礼部奏邵元龙等供"我们并无改换姓名、租赁空白实收填为俊秀、冒名顶替之处,我们因族人与母舅俱在北方居住,将我们过继为子。有十馀年的,有八九年的,且北方现有田地房产,俱在北方纳监。但系微贱之人,不知定例,于北皿应考,南方人是实,有何辩处,俱自认不讳。"则过继居北,如此则又当为柏乡人。

又按:无锡于清属常州府,不属松江府。《总目》言自署曰古九峰,无锡有九龙山,山有九峰,当即此山。同为无锡人,明季清初至计六奇,亦自署九峰居士。故所谓"古九峰",当就无锡九龙山而言,《总目》误为松江府。清嘉庆《松江府志》卷七十二,亦据《总目》误说,列入此书。

《成化杭州府志》六十三卷

《总目》:明夏时正撰。……因洪武中徐一夔《志》及永乐、景泰《续志》增修。分封畛、山川、公署、风土、学校、水利、军政、诏赦、恤政、坛庙、名宦、科贡、人物、坟墓、寺观、书籍、碑碣、纪遗十八门。

按:此书《四库全书存目丛书》史部第175册有收,影印南京图书馆藏明成化刻本。当即原刻。《总目》谓是书"因洪武中徐一夔志及永乐景泰续志增修",甚谬。按是书夏时正序:"郡有旧志,洪武中郡学教授徐一夔所修，永乐间有续志，景泰□又续之，而今官府皆亡矣。”又云：“洪武旧志、永乐景泰之续，得之民间，脱谬殊甚。”又是书之《凡例》云：“凡自永乐十五年以前，本之杭州府旧志、续志、宋咸淳志，其旧志、续志仅存而脱谬殊甚，并自永乐十六年以后至今五十馀年间事，更时远简牍无稽，故老凋残，承传弥鲜。虽或荐闻，十仅得其一耳。所冀后来博雅补其缺略。”可知此志曾参考若干旧志，已不足为凭，当非增修。又《总目》谓其书不著出处，而《凡例》后列有《引用书目》，其所引用，大抵亦可稽察，《总目》似言重。

《中都志》十卷

《总目》：明柳瑛撰。……初，明太祖吴元年，改濠州为临濠府。洪武三年，改为中立府，定为中都。立宗社，建宫室。七年，又改为凤阳。此志不曰凤阳，而曰中都，用太祖制也。

按：《总目》述中都建立史实有误。按《明史·地理志一》：“凤阳府。太祖吴元年升为临濠府。洪武二年九月建中都，置留守司于此。六年九月曰中立府。七年八月曰凤阳府。”则立中立府在洪武六年（1373）九月，不在洪武三年（1370）。而建中都在洪武二年（1369）九月。《明太祖实录》卷四十五，洪武二年九月，“诏以临濠为中都”，即其事也。考《总目》所以误者，乃援引《中都志》卷一之误文，此段本云：“吴元年仍为濠州，是年，改临濠。洪武三年改为中立府，定中都，立宗社，建宫室。……七年……改名曰凤阳。”

《重修毗陵志》四十卷

《总目》：明朱昱撰。昱字懋易，武进人。初，成化己丑，常州知府

卓天锡聘昱修郡志，书成未刻。越十有三年戊寅，新淦孙仁来知府事，仍属昱增修之。

按：朱昱字懋阳，《总目》误“阳”为“易”。昱、阳名字相关。万历《重修常州府志》卷十五：“朱昱字懋阳，武进人。”明毛宪《毗陵人品记》卷七：“朱昱字懋阳，武进人。”字或作“昜”，“阳”字之或体，朱昱曾修嘉靖《重修三原志》，卷一下题“昆陵后学朱昱悉昜纂辑”，二字皆用别体。疑《总目》当本就俗体作“昜”字，后传写遂讹“易”。

《总目》又云：其书先图，次表，次志，凡十有七门。

按：“凡十有七门”误。《总目》谓“其书先图，次表，次志，凡十有七门”。按，此书图、表标置卷首，不在四十卷之列。故成化六年（1470）庚寅王偰序，“为卷四十，而图、表不与焉”。验诸目录、正文，实十八门，曰：地理、诏令、官寺、食货、职官、文事、武备、山川、人物、宫室、坛壝、祠庙、寺观、陵墓、古迹、祥异、词翰、碑碣。

《常州府志续集》八卷

《总目》：明张恺撰。恺，无锡人。成化甲辰进士，仕履未详。初，王偰撰《常州府志》四十卷，止于成化二十年。此续修之，凡见于旧志者不录。其叙事止于正德七年，则其书当成于是岁后也。《江南通志》载无锡张恺《常郡续志》八卷，与此本卷数相合。其所载惟官署、人物，盖以沿革、山川各门已载前志故也。

按：《总目》谓王偰撰《常州府志》四十卷，止于成化二十年，误。此书即朱昱《重修毗陵志》四十卷之前本，亦朱昱于成化六年修成，有王偰是年为之序，王氏实未参与修撰。至成化十八年，朱昱又在此本基础上增修，即以增修本来看，前有成化十八年徐琼序，是书成于十八年甚明。

《赤城会通记》二十卷

《总目》:明王启撰。启号柏山,黄岩人。成化丁未进士,官至刑部尚书。

按:王启官至刑部右侍郎,非刑部尚书,《总目》误。明焦竑《国朝献征录》卷四十六"刑部三"收入黄绾《东瀛王公启神道碑铭》,云:"公讳启,字景昭,号学古,后更东瀛。姓王氏,世居黄岩栢山之桥头。……领成化丙午乡举,登丁未进士……授霍丘知县……弘治间,先君居选部,荐之。召选南道监察御史……满考升江西按察佥事……正德丁卯考绩上京。明年升本司副使,拟改山东提学不果……先是以他事触怒刘瑾,降广西容县知县。谢文肃公尝赠以诗有'不挫心藏国士风',之句,瑾又行令广西巡按御史提问,罚米三百石输之官。已复,有他事罚米二百石,久羁梧州,待命未报。会赦免。比瑾败,乃复为四川蓬州知州。镇抚两广都御史林公廷选以公志节论荐,升南雄府知府。履任半载,丁太淑人忧。途闻升贵州左参政。服满升山西按察使,明年升江西右布政使……寻丁父忧,服满,升广西左布政使。……辛巳,升都察院右副都御史,巡抚云南。……嘉靖甲申,升刑部右侍郎,详慎刑辟。丁亥,以大狱免官归。未尝略有怨怼,日事田园,闭户著书,足迹不至公门。所著有《正蒙直解》《周易传疏》《周礼疏义》《大学稽古衍义》《赤城会通记》《尊乡续录》《古文类选》《王氏家谱》《抚滇翊华录》《元鉴年统》《迩言》等书。公居间凡八年,偶因丧子之戚得羸疾。疾革,犹衣巾坐正寝,湛然而逝。时嘉靖甲午十一月五日也。"

《正德大同府志》十八卷

《总目》:明张钦撰。钦字敬之,号心斋。正德辛未进士,官至工部左侍郎。太学题名碑作"通州卫人",而此书自署曰"潞郡",盖通州为潞河所经也。事迹具《明史》本传。

案:张钦当官至工部右侍郎。《总目》本诸《明史》,检《明史》即作"工部左侍郎",中华书局本于此无校记,黄云眉先生《明史考证》亦无所出,似不误。然馆臣所见之《明史》系殿本,为《明史》最后一修,其底本来自康熙时所修《明史》诸稿。万斯同《明史稿》卷二百五十九即作"右侍郎",尚不误。考《明世宗实录》卷二百三十五,嘉靖十九年(1540)三月:"巡抚四川、都察院右副都御史李钦为工部右侍郎。"又卷二百四十一,嘉靖十九年(1540)九月:"甲辰,吏科都给事中邢如默等,河南道监察御史沈越等,以风霾应诏,劾工部右侍郎李钦、原任延绥巡抚副都御史贾启、南京通政司右参议戴璟、太仆寺少卿费渊、张玩,顺天府府丞段麒,各衰鄙不职,得旨俱令致仕。"此二"李钦"皆"张钦"。《明史·张钦传》:"钦初姓李。既通显,始复其姓。"故《明实录》中时称"李钦"。其所任职及其被论罢,事迹皆一一与《明史》合。明过庭训《本朝分省人物考》卷二《北直隶顺天府》,明刘效祖《四镇三关志》卷九《才贤考》,清孙承泽《畿辅人物志》卷六,所载张钦传记,皆言其为"右侍郎",并可证。又张氏通州人,自题"潞郡",《总目》谓"盖通州为潞河所经",亦非。按《读史方舆纪要》卷十一述通州沿革,曰"北齐时分置潞郡",则可知张氏系采用古郡名,有所典故。

《溆浦续志》九卷

《总目》：明董谷撰。……尝得宋常棠《澉水旧志》，校而刊之。因采元、明事迹，续成此编。小变棠之体例，分地理、职官、公署、贡赋、兵卫、祠宇、人品、杂记、艺文九门。

按：此书《四库全书存目丛书》史部第186册有嘉靖三十六年刻本，原题作“续澉水志”，杜泽逊先生《四库存目标注》谓“各本均作《澉水续志》，《总目》书名不确”，当系误书。又《总目》谓“小变棠之体例，分地理、职官、公署、贡赋、兵卫、祠宇、人品、杂记、艺文九门”，按检之常棠嘉定《澉水志》，分为十五门：地理门、山门、水门、廨舍门、坊巷门、坊场门、军寨门、亭堂门、桥梁门、学校门、寺庙门、古迹门、物产门、碑记门、诗咏门，与董谷《续澉水志》体例差别甚大，《总目》所言不确。又第八门“杂记”，原书作“记”作“纪”，亦当为传写致误。

《金陵世纪》四卷

《总目》：明陈沂撰。分都邑、城郭、宫阙、郊庙、官署、雍泮、阛市、第宅、楼宇、山川、驿路、津梁、台苑、陵墓、祠祀、寺观、识遗、赋咏十八门。

按：《四库全书存目丛书》史部第186册收录明隆庆史际刻本，据此本，“识遗”当作“杂遗”。

《随志》二卷

《总目》：明颜木撰。木字维乔，应山人。……是志乃木罢归后，随州知州蓬溪任德属木所作。

按:颜木字“惟乔”,《总目》误“惟”为“维”。明焦竑《国朝献征录》卷八十三许宗鲁《凤阳府亳州知州颜公木墓碑》:“明有颜大夫者,讳木,字惟乔。随之应山人。”明过庭训《本朝分省人物考》卷七十八:“颜木字惟乔,应山人。”清黄虞稷《千顷堂书目》卷二十二:“颜木《烬馀稿》四卷”,注“字惟乔,应山人,亳州知州”。字均作“惟”不误。

《总目》又云:虽以《随志》为名,而木籍隶应山,与随接壤。志中所载,皆合二邑收之。

按:《总目》此说亦非。不知此随州知州蓬溪任德令颜木所作,《随志》乃州志,明代应山县为随州属县,《明史·地理志五》曰:“领县一:应山。”颜木固随人,本非“接壤”之故。

《嘉靖广西通志》六十卷

《总目》:明黄佐撰。……是编凡图经二卷,表八卷,志三十卷,列传九卷,外纪十一卷,大致颇谨严。其沿革、分野、职官、选举皆作表,以省简牍,体例亦善。惟“土官”已隶职方,命以爵秩,而列之《外纪》,非大一统之义。“寺观”亦列《外纪》,云辟异端,然“仙释”则入之《列传》中,不外其人而外其人之所居,傎矣。“艺文”苟无关于土风则可不录,既以其有关录之,而列之于《外纪》中,尤不允也。

按:《四库全书存目丛书》史部第187册有嘉靖刻本。据其书,提要中四处“外纪”当作“外志”,“职官”当作“秩官”。

《吴兴掌故集》十七卷

《总目》:明徐献忠撰。……是编乃其寓居湖州时所作,分类十

三，曰宦业，曰乡贤，曰游寓，曰著述，曰金石刻，曰艺文，曰名园，曰古迹，曰山墟，曰水利，曰风土，曰物产，曰杂考。

按:《四库全书存目丛书》史部第188册有明嘉靖三十九年刻本，据其目录，“艺文”当作“文苑”。

《广东通志初稿》四十卷

《总目》：明戴璟撰。璟字孟光，号石屏，奉化人。

按:《四库全书存目丛书》史部第189册收有明嘉靖刻本，其各卷下题名为“屏石戴璟采辑”，则戴璟当号“屏石”。又此刻本卷九戴璟所作《勉职守赋》，谓“屏石子来按东广，舟次洪都，有尹王子求见”云云，《叙幽怀赋》“屏石子宰金沙三载，赴部给由而返”云云，均自称“屏石子”，则《总目》误。

《总目》又云：嘉靖丙戌进士，官至佥都御史、巡抚广东。

按:戴璟官至南京通政使右参议。清雍正《宁波府志》卷二十二有其传记，云:“戴璟字孟光，嘉靖五年进士。令金坛，明法听断，剖决如流。丹阳令缺，巡抚知其才，特令兼摄。奖荐至十五次。简为御史，巡按东粤。惩贪振良，纪纲清肃。寻奉命巡山陕，凡修政、饬禁、锄暴、剔奸，视东粤几厉。时台官未具，奉命署六道。庶事就理，例举内课、纠倖免者二十员，皆六卿贵要。自是直声震天下。擢南通政司参议，以天变自陈致仕。”考《明世宗实录》卷二百四十一、嘉靖十九年(1540)九月，“……南京通政司右参议戴璟……得旨俱令致仕”，明雷礼《国朝列卿纪》卷八十九《南京通政使司左右参议年表》:“戴璟，浙江奉化人。嘉靖丙戌进士。十九年任右参议，二十年闲住。”以上皆可证。

《总目》又云：是书乃璟于嘉靖乙未以临代之时两月而成，未免涉于潦草。

按：考卷前有戴璟序与《凡例》，修志事于四月开馆，但延聘多不至，只有提举张岳、教授何元述、教谕王时中等，以及学生十馀人到馆。戴璟令其纂录，但尚多抵牾，士民皆以为事将不济。戴璟三月到任，其时已过代期，卜卦得吉，遂曰"天复迟我迄秋弗获代"云云，时尚未获知将腊月中交代（据《凡例》，八月初旬获知），戴璟"乃亟理公事，暇阅书秉笔，肆惟日旰晚飡、举烛达旦者十馀旬"。四月多至八月上旬，正好十馀旬，故知此序所作时间尚早，但其序后却署"孟冬吉旦"，即十月初一日，则当系最终成稿时沿用前稿未审。又嘉靖十四年十一月朔日所书《凡例》云："璟自八月初旬，自十月终，但寝食俱忘、仓促就稿而已。"观其上下文意，自八月至十月，此三月为集中就稿之时，则其馀尚有公事之暇之秉笔者甚明，《总目》不当云"二月"。《总目》"二月"之说，当自此刻伦以谅序"乙丑冬，《广东通志》书成……不三阅月而志成"，此当即就戴璟《凡例》所来。实则自四月至十月终，此书一直从事编纂中。

《平凉府通志》十三卷

《总目》：明赵时春撰。时春字景仁，号浚谷，平凉人。嘉靖丙戌进士，官至右副都御史、巡抚山西。事迹具《明史》本传。……惜其漫漶磨灭，已不可缮写，故仅存其目于此焉。

按：《明史·赵时春传》："（嘉靖）三十二年，擢佥都御史，巡抚山西。"不言其为右副都御史。考明制，右副都御史正四品，佥都御史正五品。二者不同。考《明世宗实录》卷五百二十七，嘉靖四十二年

(1563)十一月嘉靖帝令举人,尚书严讷所推人中有“原任都察院佥都御史赵时春”,又明焦竑《国朝献征录》卷六十三有徐阶所撰《都察院右佥都御史浚谷赵公时春墓志铭》,《四库全书总目丛书》第189册有此书嘉靖刻本,“漫漶磨减”,如《总目》所叙,《总目》所见当此本。卷首有时春序,自题为“巡抚山西提督雁门等关都察院右佥都御史”,则赵时春为佥都御史甚明。

《南畿志》六十四卷

《总目》:明闻人诠撰。……前三卷为总志,分子目凡八。次列十四府、四州,分子目凡十二。

按:《四库全书存目丛书》第190册有此书嘉靖刻本。检其目次,十四府、四州之子目为十三,非十二,依次为:各府图、各府沿革、区域、城社、建牧、学校、祠墓、古迹、宦迹、人物、列女、方外、艺文。

《茅山志》十五卷

《总目》:元道士刘大彬撰。大彬号玉虚子,钱塘人。延祐中袭封茅山四十五代宗师,洞观微妙元〔玄〕应真人。

按:“延祐中”有误。《四库全书存目丛书》史部第228册有此书之明刻本。卷前有元泰定甲子赵世延序,言:“皇庆改元,制赐茅山四十五代宗师刘大彬洞观微妙元应真人。”皇庆改元在1312年,延祐为1314至1320年,则延祐之前,已继承宗师、且有此封号。本书《上清品第六篇》言:“四十四代宗师养素通真明教真人姓王,讳道孟……至大辛亥,请老而传。乃命入室弟子刘大彬袭其教。”知刘大彬袭教为四十五代宗师在至大辛亥岁(1311)。同篇:“四十五代宗师洞观微妙玄应真人姓刘名大彬，号玉虚子，吴郡钱唐人。延祐四年，得九老仙都君玉印，有司闻于朝。仁宗皇帝特旨，还赐宗坛，以传道统。"《总目》盖截取此来，而不知其误。

《天台山志》一卷

《总目》：不著撰人名氏。末称世祖皇帝封道士王中立为仁靖纯素真人，知为元人所作。又称前至元间，知为顺帝时人矣。

按：顺帝亦有至元年号。但顺帝享国三十多年，其间略阔，尚不知何时。卷中《宫观》下叙述，言"自乾道戊子曹开府修建毕工，至今丁未变故，又一百九十九年"。乾道戊子，为南宋孝宗乾道四年(1168)，丁未则为元顺帝二十七年(1367)，是年元亡国，故言"丁未变故"。其上又言"国朝更化"，而导致火从中起，建筑焚毁，则易代之语，末尾二则《祐圣观》《仁靖纯素二宫》，两言"元朝"，亦明人口吻。则此人为元末明初人可知。

《震泽编》八卷

《总目》：明蔡升撰，王鏊重修。……是书首纪五湖、七十二山、两洞庭，次石、泉、古迹，次风俗、人物、土产、赋税，次水利、官署、寺观、庵庙、杂记，次集诗、集文。

按：据明弘治十八年林远世刻本，"杂记"当作"杂纪"。

《金山杂志》一卷

《总目》：明杨循吉撰。……分八篇，一《山势》，二《品石》，三《泉》，四《山居》，五《游观》，六《草木》，七《饮食》，八《胜事》。

按:据《四库全书存目丛书》史部第229册所收明杨可刻本,“八《胜事》”当作“八《事胜》”,《总目》误倒。

《华岳全集》十三卷

《总目》:旧本题明华阴县知县李时芳撰。今案时芳之本,《千顷堂书目》作十卷,乃嘉靖四十一年所修。至万历二十四年,汝州张维新为潼关道副使,以时芳书多舛错,与华阴县知县贵阳马明卿重加诠叙。前载图说、形胜、物产、灵异、封号,后载艺文,增成十三卷。前有巡抚贾待问序及维新自序,述之颇详。题时芳所撰,误也。后六年壬寅,知县河间冯嘉会又增文数篇,亦注于书内。

按:李时芳所修之本,《千顷堂书目》作十卷,下注“时芳嘉靖壬戌年中为华阴县知县时修,含经堂作十一卷。”明朱睦㮮《万卷堂书目》卷二有“《华岳全集》十一卷,李时芳”,清徐乾学《传是楼书目》有“《华岳全集》十一卷,明李时芳,二本”,则确有十一卷本。不知《千顷堂总目》所载十卷本是否可靠,待考。

《四库全书存目丛书》收录有明万历刻本,著录为“张维新撰、冯嘉会续撰”。然考是书卷三祭文,有万历三十二年《祈雨祭文》、万历三十八年《祈雨祭文》、万历四十五年《祈雨告文》、万历四十七年《礼岳告文》等,均在冯嘉会续修之后,则较冯嘉会万历壬寅(1602,万历三十年)之增,又有所附益。万历享国不足四十八年,四十七年近之,则此本是否宜著录为“万历刻本”,尚容考虑。杜泽逊先生《四库存目标注》亦言此本为“万历三十年华阴知县冯嘉会增修重刊之本”,盖失之。

《总目》又云:至所载国朝祭告之文与宋琬、蒋超诸人之诗,则莫

知谁所续入。考其中多有潼关道溧阳狄敬姓名,意者即敬所增欤?

按:《总目》所言均不在此刻之中。知此本非"狄敬"所增。则《总目》所见之本,与此本不同。考雍正《陕西通志》卷二十三"潼关兵备道"下有狄敬,注"江南溧阳人,顺治十七年以参议任"。《清世宗实录》卷一百三十八载在顺治十七年(1660)七月。此即《总目》所论之人。而据杜泽逊先生《四库存目标注》,台湾"中央图书馆"有一部明末至清初增补印本,中题名有"钦差整饬潼关等处兵备兼分巡关内道陕西按察司副使睢阳汤斌重订,知重阴县事三河刘瑞远重较"。按:"重阴"当为"华阴"之讹,刘瑞远为华阴知县。考《清世宗实录》卷九十八,顺治十三年(1656)二月"补外转检讨汤斌为陕西按察使司副使"。卷一百二十一,顺治十五年(1658)十一月:"升陕西潼关道副使汤斌为江西布政使司参政。"又考乾隆《华阴县志》卷七《职官》华阴"知县"下,"刘瑞远,字端伯……十五年。陆明时,十八年任",则刘瑞远在顺治十五年至十八年间任职华阴知县。此书若汤斌所重订,则狄敬十七年方至,与汤斌履历未有交集,然二人皆与刘瑞远有交集。疑汤斌重订而未刻,后狄敬来又赞成其事,故《总目》所见之本多涉狄敬。又可知此本之付梓当为顺治十七七月至顺治十八年间。

《九疑山志》九卷

《总目》:明蒋镆撰。镆,长洲人。万历中官宁远县知县。九疑山在宁远县南四十里,相传舜葬其地,有舜庙焉。虽舆记流传,而旧无专志,镆始创修此编。……崇祯中,平陵俞向葵为令,复补图于卷首。

按:蒋镆刻本,本当为八卷本。《四库全书存目丛书》所收明万历刻本,即其书。《总目》作九卷者,据杜泽逊先生《四库存目标注》,哈佛燕京图书馆藏明崇祯九卷本,此本行款版式及卷首书名悉同前本,而卷八卷九题“明知宁远县事当湖俞向葵辑”。而书上有“翰林院印”,知此当即《总目》所凭之本。又《总目》谓“九疑山在宁远县南四十里”,失之。考是书卷二:“九疑山在县南六十里,亦曰苍梧山。”弘治《永州府志》卷之二宁远县下:“九疑山,在县南六十里,一名苍梧山。”明李贤《明一统志》卷六十五:“九疑山在宁远县南六十里。”记载均不误。

《罗浮野乘》六卷

《总目》:明韩晃撰。晃字宾仲,南海人。万历庚子举人,官青田县知县。是编首全图,次名峰,次胜迹,次仙释,次品物,次逸事。书成于崇祯己卯。其兄晟,字寅仲,亦著《罗浮副墨》,今未见。

按:《罗浮副墨》一书,今已不存。明徐时进《啜墨亭集》卷三有《罗浮副墨序》,当系此书刻本之序,可参。

《雁山志胜》四卷

《总目》:明徐待聘撰。待聘字廷珍,常熟人。万历辛丑进士,官至按察使副使。

按:徐待聘当官至陕西按察使,非副使。清钱谦益《牧斋初学集》卷五十六《明故陕西按察司按察使徐公墓志铭》:“公讳待聘,廷珍字也。……进士,公所起也。知乐清、上虞、分宜三县,以刑部主事改工部,历正郎,升湖广按察使,分守荆南,终陕西按察使。”《明熹宗实录》卷五十五,天启五年(1625)正月:“升湖广布政使司右参政徐时聘为陕西按察司按察使。”

《天台山方外志》三十卷

《总目》:明释无尽撰。案,钱希言《狯园·释异篇》曰:“有门法师名传灯,一号无尽,太末人也。出家天台之高明寺。少精炼戒行,学识高出道流。尝撰《天台山志》,甚有禅藻”云云。则无尽者乃其号也。

按:释传灯,俗姓叶,号传灯,一号有门,龙游人。秦灭楚,于姑篾之地设太末县,隶会稽郡,为龙游建县之始。故钱希言言其为“太末人也”,而明实太末县。释传灯资料,唯民国《龙游县志》卷十八捃拾材料,考之尤详,可参。

《惠山古今考》十卷《附录》三卷《补遗》一卷

《总目》:明谈修撰。修字思永,无锡人。……自二卷至十卷,则自唐及明之诗文。

按:《总目》言二至十卷收录范围“自唐及明之诗文”不当。《四库全书存目丛书》收录有此书之万历刻本。考此刻,卷六收入南北朝诗三首:刘烁《过历山湛长史草堂》、湛茂之《历山草堂应教》、江淹《过历山》,当云自“南北朝及明之诗文”。

《九华山志》八卷

《总目》:明顾元镜撰。……是书成于崇祯己巳。……又杜荀鹤之污伪命、宋齐邱〔丘〕之逞奸谋,列之《流寓》,以为山水之光,殊乏简择。又王守仁游踪仅至,亦列寓公,并伪撰其赠周金和尚一偈,斯

尤地志之积习矣。

按:《四库全书存目丛书》收有崇祯二年刻本。“周金和尚”,刻本卷五王守仁诗作“送周经和尚”,“金”字亦讹。又按,本书卷八所载吴同春《游九华记》一篇,叙万历己卯(1579)游九华之事,其言:“至岩巅,四壁峭削,岩石倒垂。上有阳明亲书周经和尚偈。卧而仰读,笔迹宛然。”万历己卯远早于此书之成书崇祯己巳(1629),可知确有其事、其文,非顾氏杜撰。纵使其事、迹或伪,亦非顾氏之伪。

《阁皂山志》二卷

《总目》:明俞策撰。策不知何许人。阁皂山在江西新淦县,相传为张道陵、葛孝先、丁令威修炼之所。兹编上卷纪载形胜,下卷编列艺文,末自载其诗数首,亦非佳作。

按:《四库全书存目丛书》收有南京图书馆藏之清钞本,据杜泽逊先生《四库存目标注》,是本即进呈四库原本。据此本,卷上为山考、名胜、宫观、记文,卷下为题咏、葛仙本传。“记文”之类,《总目》依例多归入艺文。此本即《总目》所见之原本,所谓“兹编上卷纪载形胜,下卷编列艺文”,则不确。

《大涤洞天记》三卷

《总目》:旧本题元邓牧撰。……卷首吴全节、沈多福二序亦同。惟增入洪武三十一年正一嗣教真人张宇初一序,称:“今年春,某宫道士某持宫志请序,将广于梓。”

按:据明《道藏》本序,言:“予过钱塘之上,每低徊延览,不能舍去,惜不尽游其名胜者。间读予友大章徐先生所序杭之洞霄宫归一规者，尤慕其山水之丽、宫宇之宏，而未之一造焉。今年春，其宫道士某持其宫志请序于予，因获探其源委颠末。”则“某宫”当作“其宫”，“其宫”即“洞霄宫”。

《石湖志略》一卷《文略》一卷

《总目》：明卢襄撰。襄字师陈，吴县人。嘉靖癸未进士，官至兵部职方司郎中。

按：卢襄当官至陕西左参议。文徵明《甫田集》卷三十四有《陕西布政使司左参议卢君墓表》：“先是君为武选郎中，有兵官骄扬喜讦，君以职分临之，遂为所诬，逮系诏狱。有司畏其人，莫敢申理。赖朝廷圣明，卒白而出之，寻有陕藩之命。时君已被疾，抵陕未几，闻其父御史公之讣，疾遂加剧，至家数日，遂不起。”明高儒《百川书志》卷十三“《五坞草堂集》六卷，陕西参议吴郡卢襄师陈撰。”明制，布政使参议从四品，六部郎中正五品。可知官至陕西左参议。

《净慈寺志》十卷

《总目：》明释大壑撰。大壑字元津，杭州净慈寺僧。案，净慈寺在杭州城西南屏山。

按：当脱一“南”字。本书卷一“南屏山，净慈寺之主山也。去郡城西南五里。”

《总目》又云：其书分形胜、建置、法嗣、檀护、著述、僧制、灵异七门。

按：据《四库全书存目丛书》所收万历刻清康熙递修本，“法嗣”当作“法胤”，“法嗣”为清人避雍正讳改。

《径山集》三卷

《总目》:明释宗净撰。宗净始末未详。

按:光绪《兰溪县志》卷七“《月清馀录》《石门语录》”注:“明释宗净撰。《通志》胡潆《净师塔铭》:‘宗净字月江,别号月清,倪姓。’”明释明河《补续高僧传》卷二十四《月江净公传》载其事迹甚详。传言“径山住持”,与本书卷上下题款“前径山兴盛万寿禅寺主持金华宗净集”均符。

《总目》又云:原刻校雠不精,僧方一序,谓其“鲁鱼亥豕叠出,为白璧蝇玷”云。

按:据卷前万历四年(1576)序,作者“方一”作“方壹”。当以“方壹”为正。

《历代山陵考》一卷

《总目》:明王在晋撰。在晋字明初,太仓人。万历壬辰进士,官至兵部尚书。事迹附见《明史·王洽传》。是书仅从《一统志》钞撮而成,无所考证。况既名“山陵”,而赵宣子、孟尝君辈遗冢亦列其间,尤非体也。

按:此书本二卷。《四库全书存目丛书》有明刻本,为二卷,卷之下有考证。《总目》此本作一卷,所见当缺下卷,故言“无所考证”“尤非体也”。

《关中陵墓志》二卷

《总目》:明祁光宗撰。光宗后更名伯裕,滑县人。万历戊戌进

士，官至兵部尚书。

按：祁光宗，字伯裕，以字行，非更名。清雍正《河南通志》卷四十六："祁伯裕，原名光宗，以字行，滑县人。"康熙《滑县志》卷七《选举志》："祁伯裕，戊戌科，原名光宗，因辟庙号以字行。"则避讳泰昌帝之庙号也。

《径山志》十四卷

《总目》：明宋奎光撰。奎光字培岩，万历壬子举人，官馀杭县教谕。

按：奎光字元实，号培岩。万历《常熟县私志》卷十六："宋奎光，字元寔，号培岩。"明宋奎光纂修崇祯《宁海县志》卷十《东井胡公署篆德政碑》，作者宋奎光，下注"字元实，常熟人"。"寔"为"实"之异体。当以宋氏所编之书为正。

《天童寺集》二卷

《总目》：明杨明撰。明不知何许人。

按：康熙《鄞县志》卷二十："杨明号白川，著《白川诗稿》，纂《天童寺集》。"雍正《浙江通志》卷二百五十："《白川集》《甬上耆旧诗》，杨明著，字诚之。"则杨明字诚之。

《总目》又云：前序无姓名，疑即明所自作。

按：据其序文言："嘉靖己未春，白川子假馆于兹。……余是以旁搜遍访……厘为七卷。"则信为杨白川所作。

《南溪书院志》四卷

《总目》:明叶廷祥、郭以隆、纪延〔廷〕誉、陈翘卿同撰。廷祥官尤溪县知县。以隆称"署县事",疑为丞簿之类。延〔廷〕誉、翘卿则尤溪教谕、训导也,其里贯均未详。

按:廷誉、翘卿之里贯,据崇祯《尤溪县志》卷五"教谕"下:"纪廷誉,晋江人,繇举人万历二十一年任。"同卷"训导"下:"陈翘卿,漳浦人,万历十七年任。"

《闽部疏》无卷数

《总目》:明王世懋撰。……是书记闽中诸郡风土、岁时及山川、鸟兽、草木之属,亦地志之支流。盖世懋曾官福建提学副使,记其身所阅历者也。

按:此书据王氏自叙,公物繁忙,无暇游历。"然颇有扬子云之僻,时时簪笔从舆人问及轺车所经见辄记赫蹏上,久之成帙。""扬子云之僻",指扬雄著作《方言》,询之于人。则其书道听途说而来。"轺车",代指来往之官吏。《总目》谓"记其身所阅历者",非。

《增补武林旧事》八卷

《总目》:明朱廷焕撰。……自序谓增补数十则。今案所增凡睿藻、恩泽、开坊、故都宫殿、湖产、灾异六门,共补一百五十四则,与序不符。殆序文字误耶?

按:此书自序言偶补数十则,当时尚非专门补之,后友人怂恿刊刻。一百五十四则,当后来又有所补充者。此非文字之误,《总目》理解有误。

《山左笔谈》一卷

《总目》:旧本题明黄淳耀撰。……案:淳耀生平未尝游山东,所著《陶庵集》内亦无此书名,此本见曹溶《学海类编》中,疑亦出伪托也。

按:核查全文,尽出明王士性《广志绎》卷三之中,知是伪书。

《中州杂俎》三十五卷

《总目》:国朝汪价撰。价字介人,号三侬外史,自称吴人,其里居则未详也。

按:汪价当为嘉定人。康熙《嘉定县续志》卷二《许自俊传》,言"与同邑汪价以诗古文辞相砥砺",则汪价亦嘉定人。光绪《嘉定县志》卷十九有传,可参。

《天下名山诸胜一览记》十六卷

《总目》:明慎蒙撰。蒙字山泉,归安人。嘉靖癸丑进士,官至监察御史。

按:慎蒙,字子正,号山泉,非字山泉。明王世贞《弇州山人四部续稿》卷九十《文林郎南京道监察御史山泉慎君墓志铭》:"君姓慎氏,讳蒙,字子正……别号山泉。"乾隆《武康县志》卷七:"慎蒙,字子正,号山泉,归安人。"同治《湖州府志》卷七十二:"慎蒙,字子正,号山泉,归安人。"以上均可证。

《名山游记》一卷

《总目》:明王世懋撰。……是编一曰《京口游山记》,分上、下二篇。一曰《游匡庐山记》,一曰《东游记》,一曰《游二泉记》,一曰《游鼓山记》,一曰《游石竹山记》,一曰《游九鲤湖记》,而附以《游溧阳彭氏园记》。末有世懋跋一篇,盖为鼓山以下三记作。后合刻诸记,仍以缀于末也。

按:考此书王世懋跋,言"三记成,为跋一通于后",跋作于丙戌春二月。考《游鼓山记》,其事在丙戌春正月;《游石竹山记》,其事在二月,《游九鲤湖记》;亦在二月。而《游溧阳彭氏园记》在八月间,晚于跋语,则《总目》所谓"盖为鼓山以下三记作"可信。《总目》亦因此而谓《游溧阳彭氏园记》为后附。

《五岳游草》十二卷

《总目》:明王士性撰。士性字恒叔,临海人。万历丁丑进士,官至南京鸿胪寺卿。事迹附见《明史·王宗沐传》。钱希言《狯园》又称"临海王中丞士性",未之详也。

按:《明史》本传:"迁吏科给事中,出为四川参议,历太仆少卿。河南缺巡抚,廷推首王国,士性次之。帝特用士性。"《明神宗实录》卷二百八十七,万历二十三年(1595)七月:"太仆寺少卿王士性为都察院右佥都御史,巡抚河南。"即其事。清人梁章钜《称谓录·巡抚》:"明正统十四年,命都察院右佥都御史邹来学巡抚顺天、永平二府。……今巡抚之称中丞,盖沿于此。"准此,则王士性曾任巡抚,故钱希言称其为"王中丞士性"。

《纪游稿》一卷

《总目》:明王衡撰。衡字缑山,太仓人。万历辛丑进士,官翰林院编修。事迹附见《明史·王锡爵传》。

按:《明史·王锡爵传》"子衡,字辰玉",不作字"缑山"。"缑山"为其号。明张弘道《明三元考》卷十三:"顺天王衡,直隶太仓人,壬戌会元。王锡爵子也,字辰玉,号缑山。"清查继佐《罪惟录·王锡爵传》附:"子衡,字辰玉,号缑山。"皆可证。

《名山记》四十八卷《图》一卷《附录》一卷

《总目》:不著撰人名氏。盖因何镗之书而增葺之。凡北直隶二卷,南直隶十卷,浙江十卷,江西四卷,湖广四卷,河南三卷,山东二卷,山西一卷,陕西一卷,福建二卷,广东二卷,广西一卷,四川二卷,云南一卷,贵州一卷。前为图一卷,略绘名胜之迹。末为《附录》一卷,则荒怪之说,《神异经》、《十洲记》之类也。……其图首有篆字题识曰:"崇祯六年春月,墨绘斋新摹。"则出自坊贾之手可知。胡维霖《墨池浪语》乃云:"《名山记》乃何滨岩所集,近复补入。景必穷幽,语必造奇。仁智者岂能足迹遍天下,得此可以卧游。"所谓"补入",盖即此本,殆维霖未细阅其书欤?

按:《四库全书存目丛书》收录有崇祯六年(1633)墨绘斋刻本。篆字题识与《总目》所言合。胡维霖《墨池浪语》之论,亦在刻本《名山记·凡例》"是编本何滨岩先生蒐括"云云。前集当日收录止于王世贞、李攀龙,故书贾又复蒐辑。知胡维霖所见即此本。又,《总目》有数处文字错讹。"陕西一卷",据刻本,当作"陕西三卷","广东二卷”,亦当作“广东一卷”。

《泰山纪胜》一卷

《总目》:国朝孔贞瑄撰。……是编乃其初官泰安教谕时纪所游历而作也。

按:是编卷前有孔贞瑄自撰《泰山纪胜小引》,言“癸丑就禄泰安,旋以计谐,往来长安道上。席不遑暖。五月既望,萧子天木、安子贞吉檄予登山”云云。考“癸丑”为康熙十二年(1673)。乾隆《泰安府志》卷十一“学正 训导”下载:“孔贞瑄,曲阜人,举人,康熙十二年任。”即其事。则孔贞瑄所任职非教谕。惟不明其究为学正或训导。考乾隆《曲阜县志》卷八十七载,“孔贞瑄,字用六,究心经史,精算法、韵学。由举人授泰安学正,升云南大姚知县”云云,则知时为泰安学正。《提要》作“教谕”误。

《总目》又云:其馀诸山脉络与岱宗相属者,如尼山、防山、龟、蒙、凫、绎之类亦咸入纪载。

按:《四库全书存目丛书》所收康熙间刻《说铃》本无尼山、防山、龟、蒙、凫、绎之内容。然考是本下有《徂徕山(补遗)》一则,当亦是增补之一本。则《总目》所见之本,当为另一种增补本。

《苍洱小记》一卷

《总目》:国朝毕曰澪撰。曰澪有《滇游记》,已著录。是编亦曰澪父忠告官云南布政司参议时,曰澪省觐至大理,纪其山川名胜而作。

按:毕曰澪,其父名毕忠吉,“告”为“吉”字之讹。光绪《益都县图志》有其传记，曰："毕忠吉，字致中，号铁岚，邑之金岭镇人也。……二十四年，以佥事督学贵州，任满授云南布政司参议……子曰溡，字剑津……"清钱仪吉《碑传集》卷八十张贞《参议毕公忠吉传》："公毕氏，讳忠吉，字致中，晚号铁岚，青州益都人。……男子二人：曰溡，候选知县，有父风。曰霆，诸生。"可证。

《记古滇说》一卷

《总目》：旧本题宋张道宗撰。前有嘉靖己酉沐朝弼序，则称道宗为元人。卷末题"咸淳元年春正月八日，滇民张道宗录"。而书中又载元统二年立段信苗〔苴〕实为大理宣慰使司事，颠倒牴牾，猝不可诘。其书大抵阴剽诸史《西南夷传》，而小变其文。惟所记"金马、碧鸡"事，称："阿育王有三子争逐一金马，季子名至德，逐至滇池东山获之，即名其山曰金马。长子名福邦，续至滇池之西山，忽见碧凤，即名其山曰碧鸡。所谓金马、碧鸡之神，即是二子。"其说荒诞，与史传尤异。文句亦多不雅驯，殆出赝托。况书中明言："宋兴以北有大敌，不暇远略。使传往来，不通中国。"何以度宗式微之时，转奉其正朔？然则非惟道宗时代恍惚难凭，即其人之有无且不可遽信矣。卷首有"杨慎点校"字，其即慎所依托而故谬其文以疑后人欤？

按：此书非伪书，不可辄疑杨升庵。《四库全书存目丛书》收有明嘉靖刻本。《总目》谓"书中又载元统二年立段信苗〔苴〕实为大理宣慰使司事"，检其书，实作"元中统二年"，即元世祖忽必烈中统二年(1261)，《总目》误读。明谢肇淛《滇略》卷七："元世祖中统元年，段兴智入朝，道卒。以子信苴日为总管守。"下注："《大理南诏通纪》作智兴族弟信苴实。"《大理南诏通纪》记载与此书合。书末题"咸淳元年春正月八日，滇民张道宗录”。咸淳元年(1265)，为南宋度宗时，晚于“元中统二年”，《总目》不得谓“颠倒牴牾，猝不可诘”。咸淳元年，下距宋亡国十数年，故张道宗极有可能入元。嘉靖己酉沐朝弼序，则称道宗为元人，自无不可。

《百夷传》一卷

《总目》：明钱古训撰。古训，馀姚人。洪武甲戌进士，官至湖广布政司参政。

按：钱古训所任为湖广布政司参议，非参政。《明太祖实录》卷二百四十九，洪武三十年(1397)正月：“升行人司副杨砥为湖广布政使司左参议，行人钱古训为右参议。”明徐象梅《两浙名贤录》卷十七《湖广参议钱古训》：“后知漳郡，以文章饬吏事，表著忠孝，激励风俗，甚著声称，寻改湖广参议，名绩愈茂。”

《日本考》五卷

《总目》：明李言恭、郝杰同撰。言恭字惟寅，岐阳武靖王文忠之裔，以万历二年袭封临淮侯。

按：《明神宗实录》卷四十三，万历三年(1575)十月：“以临淮侯李庭竹嫡长男李言恭承袭祖爵。”则李言恭嗣爵在万历三年，非二年(1574)。明郑汝璧《皇明功臣封爵考》卷一载李庭竹万历二年闰十二月十四日病故，而李言恭“三年十月二十八日，该本部具题本月三十日奉圣旨李言恭准袭祖爵，钦此”。亦可为证。

《安南纪游》一卷

《总目》:国朝潘鼎珪撰。鼎珪字子登,晋江人。是编成于康熙二十七年,乃鼎珪游广东时偶附海舶,遇风飘至其国,因纪其山川风土之大略。

按:此书非作于康熙二十七年(1688)。据是书,固以康熙二十七年之游览经历为主。故记述此行末尾言"经生不量迂愚,谨因昔所阅历,稽其舆图,参以闻见,详为诠次本末如此"。既言"昔日",则此事在往日。其后又附一条:"龙门者,海屿也。地枕交广之间,当钦州正南,为外户。自钦州发舟不一日至。重峰叠岫,七十有二,错落大海中。大小各不相续。海疆多事,则往往盗贼盘据其中为窟宅。康熙二十三年间新设镇于此。余己卯年秋有事钦州,过其地,并为志之。"考己卯年,为康熙三十八年(1699)。知此书所作至早为康熙三十八年。此《总目》见卷首有康熙二十七年之记载,乃径认为亦撰写时间。

《中山传信录》六卷

《总目》:国朝徐葆光撰。葆光字澄斋,吴江人。

按:徐葆光,字亮直,号澄斋。清震钧《国朝书人辑略》卷三:"徐葆光,字亮直,号澄斋。"道光《苏州府志》卷一百一:"徐葆光,字亮直,吴江籍,长洲人。"

《总目》又云:康熙五十七年,册封琉球国世子尚贞为国王,以葆光为副使。

按:"尚贞"当作"尚敬"。《清史稿·属国一·琉球》:"(康熙)二十一年,命翰林院检讨汪楫、内阁中书舍人林麟焻为正副使,赍诏敕银印往封琉球国世子尚贞为王。……四十八年,琉球国内多灾,宫殿焚,台飓频作,人畜多死。是年王尚贞薨,世子尚纯先卒。四十九年,尚纯子尚益以嫡孙立。五十一年,卒,未及请封。五十二年,尚益世子尚敬立。比年遣使入贡,称'世曾孙'。五十七年六月,命翰林院检讨海宝、编修徐葆光充正副使,往封琉球国世曾孙尚敬为王。"《清圣祖实录》卷二百七十九,康熙五十七年(1678)六月:"遣翰林院检讨海宝、编修徐葆光谕祭琉球国故中山王尚贞、尚益,并册封世曾孙尚敬为中山王。"则尚贞康熙二十一年已册封,此次册立者为尚敬。

《总目》又云:归时奏上此书。

按:据此书之徐氏《中山传信录序》,落款为康熙六十年(1721)秋八月,据其自序:"己亥六月朔至国,俟汛逾年,庚子二月十六日始行,其在中山凡八阅月。"康熙五十六年(1717)六月行,五十八年(1719)己亥六月至琉球国。又因为等候信风,至五十九年(1720)二月十六日始出发归返。知非归时所奏。卷后有建安翁长祚《中山传信录后序》,言徐氏五十九年秋七月至热河行宫复命,"既陈乙览,藏之秘府矣。兹以副墨排纂,分为六卷,而少加详焉,命曰:《中山传信录》"。则此本为后之增补本,非进呈奏御之本明矣。

职官类

《南廱志》二十四卷

《总目》:明黄佐撰。……南都太学建于明太祖吴元年。

按:《总目》云"南都太学,建于明太祖吴元年",误。所谓"南都太学”，当时称国子学。《南廱志》卷一首载此条，时在甲辰年，即元顺帝至正二十四年(1364)。《总目》系据此其论。考是年朱元璋虽称吴王，而以韩林儿尚在，太祖尚名义属之，尚未改元。二十六年(1366)，“十二月，韩林儿卒。以明年为吴元年，建庙社宫室，祭告山川”。故所谓吴元年当在至正二十七年(1367)。但清修《明史》，尚以二十七年为年纪，而考之《明太祖实录》卷二十二，上年为丙午年，即至正二十六年，二十七年已改吴元年。

《总目》又云：书成于嘉靖二十二年，而中有万历中事，盖后人随时续添者也。

按：“二十二”当作“二十三”。此书卷前有嘉靖二十三年(1544)甲辰仲夏黄佐序，知成于二十三年。

《郧台志略》九卷

《总目》：明徐桂撰。桂，潜山人。嘉靖乙未进士，官郧阳府知府。先是，成化初，原杰抚定荆、襄流民，置郧阳府，设提督抚治一员镇之。

按：《明史・宪宗本纪二》成化十二年(1476)“十二月己丑，置郧阳府，设行都司卫所，处流民”。考成化历年不足二十三年，十二年十二月已逾其半，不当谓“成化初”，当云“成化中”为妥。

《南京太仆寺志》十一卷

《总目》：明雷礼撰。……据其凡例，称首载洪武以后历朝谕旨，次以事例、官司、辖属、规制、官田、种马、草场、册籍、俸禒九志，而列传、遗文终焉。

按：《四库全书存目丛书》史部收有明嘉靖刻本。考其《凡例》与卷十正文,"官田"均作"丁田",《总目》误书。

《留台杂记》八卷

《总目》:明符验撰。……分为十类,曰天文,曰院址,曰院台,曰官制,曰职守,曰俸秩,曰廨宇,曰职官表,曰宸翰,曰碑记。

按:此书分类实九类,考卷前符验《叙记》,云:"《留台杂记》凡八卷,类以卷隶者其凡有九:曰天文、曰院址、曰院台、曰官制、曰职守、曰俸秩、曰廨宇、曰表、曰文。"《总目》言十类者误,系将第九类"文"之二子目"宸翰""碑记"误各析分为一类。《总目》虽言"验自为序,述其凡例",亦未必真核实也。

《吏部职掌》无卷数

《总目》:明黄养蒙撰。方九功、王篆续修。养蒙,南安人。嘉靖辛丑进士,官至户部右侍郎。九功,南阳人。嘉靖丙辰进士,官至南京工部右侍郎。

按:检朱保炯、谢沛霖《明清进士题名碑录索引》,嘉靖四十四年(1565)乙丑科三甲有进士方九功,明雷礼《国朝列卿纪》卷六十六《南京工部左右侍郎年表》:"方九功,河南南阳人,嘉靖乙丑进士。"《总目》著录为丙辰进士误。

《词林典故》一卷附《翰苑须知》一卷

《总目》:明张位撰。……自经筵日讲以迄舆从服色,凡分三十二门。

按:《四库全书存目丛书》收录国家图书馆藏明万历十四年张位

刻本。《总目》云分三十二门,实为三十三门。总目计算“自经筵日讲以迄舆从服色”,“舆服从色”为第三十二门,是《总目》统计本身无误,但其后尚有“庶吉士馆规”,其下记“以上系仪节”。此前亦有“赉诏”一门,下记“以上系职掌”。此二大类,即张位《词林典故序》中所谓“得三十馀款,曰职掌,曰仪节,分门类载,遂成此编”者。由是知此书实分三十三门,《总目》统计有误。

《明功臣封爵考》八卷

《总目》:明郑汝璧撰。……纪明代诸臣封爵,凡分类二十。曰开国,曰靖难,曰征西,曰征交趾,曰征南,曰征北,曰征蛮,曰征番,曰御寇,曰捕反,曰备倭,曰战胜,曰战殁,曰归附,曰推戴,曰海运,曰营建,曰迎立,曰夺门,曰外戚。

按:《四库全书存目丛书》收录北京大学图书馆藏明刻一部。本名《皇明功臣封爵考》。其分类系《总目》截取《凡例》而来。考其《凡例》,“征北”本作“征胡”,“御寇”本作“御胡”,“备倭”本作“捕倭”。

《馆阁漫录》无卷数

《总目》:不著撰人名氏。据焦竑《国史经籍志》载是书十卷,题张元忭撰。二人相去不远,必有据也。

按:《四库全书存目丛书》收有明不二斋刻本,与《总目》所见不同,是书厘分十卷,然亦不镌题名。但每卷次行下题“不二斋校梓”,《丛书》题为“不二斋刻本”,盖意“不二斋”为书贾之流。实则“不二斋”即张元忭书斋之名。张元忭,字子荩,别号阳和,越之山阴人,仕至左春坊左谕德,兼翰林侍读。卒谥文恭。其同时人皆知此斋名。

如周汝登《王门宗旨》卷十四有《不二斋说》，云："阳和子深信良知之学，灵明变化为千圣传心正法。谓学主于静，非静不足以成学。抒景玉山房，以不二名其斋，时时习静其中，以求证悟，其志可谓勤矣。"祁彪佳《越中园亭记》卷二"不二斋"条云："张文恭于居第旁有楼三楹，为讲学地。其家曾孙宗子更新之，建云林秘阁于后。"

《掖垣人鉴》十七卷《附录》一卷

《总目》：明萧彦撰。彦字思学，泾县人。隆庆辛未进士，官至湖广总督。

按：《总目》言萧彦履历有误。萧彦，《明史》有传。亦未曾仕湖广总督。其所仕者为两广总督，实任都察院右副都御史。考《明神宗实录》卷二百五十三，万历二十年（1592）十月，"升两广总督右副都御史萧彦为户部右侍郎"，其后萧彦卒。同书卷二百六十七。万历二十一年（1593）闰十一月："予户部右侍郎萧彦祭葬。"乃知萧彦仕至户部侍郎。明制，副都御史与六部侍郎同为三品官，然六部侍郎位次在前，且萧氏所任为外官，亦不如中官清显。

《总目》又云：是书乃万历二十年彦为兵科给事中时与同官王致祥等同辑明代六科名姓、乡贯、出处、始末，共为一编。

按：据《明史》，萧彦"万历三年，擢兵科给事中"。据《明神宗实录》卷八十五，万历七年（1579）三月"礼科给事中萧彦劾云……"，则至迟在万历七年三月，其已调礼科给事中。《明史》漏载其为礼科给事中，而载其后为工科给事中事。《总目》云"万历二十年彦为兵科给事中"，年纪不合。考此书卷前有万历甲申山东杨巍序，云"都谏宛陵萧君与二三同志考六科旧籍，汇为一编"，即此书之成。万历甲申当万历十二年,则“二十”当为“十二”之乙,是《总目》认为此万历十二年之书,本据甲申为说,后传刻时致误,本不误也。但云其为兵科给事中则误。此本卷前多有编校十四人名单,首条云:“户科都给事中宛陵萧彦编次。”“都给事中”即杨巍序所言之“都谏”,则编次时萧彦为户科都给事中甚明。按之《明神宗实录》,亦与之合。

又,《总目》言“同官王致祥等同辑”,但十四人名单人未有此人,列于同编者只有“王敬民”一人。

《总目》又云:以天顺以前为前集,成化以后迄万历为后集。

按:《总目》云“以天顺以前为前集”,考之目录,实断自天顺八年,《总目》所言不确。

《续宋宰辅编年录》二十六卷

《总目》:明吕邦耀撰。邦耀字元韬,锦衣卫籍,顺天人。万历辛丑进士,官至通政司右参议。

按:《四库全书存目丛书》收有此书原刻本。据卷首吕氏友人王舜鼎序,知其字玄韬,“元”字为《总目》所改。《总目》谓邦耀官至通政司右参议,亦误。此书系天启元年所刻,当时吕氏署衔为“通政司右参议”,《总目》据之著录。考《明熹宗实录》卷二十五,天启二年(1622)八月,“廾通政司右参议吕邦耀为太常寺少卿”;卷二十二,天启三年(1623)三月,“升太常寺少卿吕邦耀为大理寺右少卿”。其后实录中不见记载,盖止于是官。故道光《丽水县志》卷十一载“转奉常,历大理,未竟所用而卒”。

《历代铨选志》一卷

《总目》:国朝袁定远撰。定远里贯未详。此书其官吏部文选司郎中时作也。

按:袁定远,嘉庆《嘉兴县志》卷二十三有传,云:"袁定远,字静公,县人。康熙九年进士,授新野知县。滇黔用兵,预筹供应,绝无派累。升平度知州,革耗羡,民德之。历吏部文选司郎中,为尚书陈廷敬所器重,保举第一,仕终顺庆知府。"

《铨政论略》一卷

《总目》:国朝蔡方炳撰。……如谓侍郎起于隋,不知梁天监三年已有侍郎之设。

按:侍郎一职,亦不始于梁代。汉代即有设。《汉书·百官公卿表》:"有议郎、中郎、侍郎、郎中,皆无员,多至千人。……侍郎比四百石。"

《南台旧闻》十六卷

《总日》:国朝黄叔璥撰。……是书详述御史典故,凡十三门。每事各注所出之书,颇为详备,其曰"南台"者,据王士祯《分甘馀话》"今都察院可称南台,不可称西台"语也。

按:"南台"之名,《总目》谓出自王士祯《分甘馀话》,误。时任监察御史之黄叔璥自有解释,其序云:"唐分台职为二,以中书省为西台,御史台为南台,故今所述名曰南台旧闻云。"

《牧津》四十四卷

《总目》:明祁承㸁撰。……首列緝概一卷,分为五目,一考名、二稽制、三述意、四论世、五辨类。以下凡四十四卷,分经济、消弭、匡定、节义、当机、惠爱、化导、勤节……三十二类。

按:《四库全书存目丛书》收有明天启四年刻本。核其卷目,“勤节”作“勤职”,正文亦同。《总目》误。

政书类

《明朝典汇》二百卷

《总目》:明徐学聚撰。……卷一至三十三卷为朝政大端……此书则一切归入“朝政大端”中,于体例皆为未协。

按:是书本名《国朝典汇》,清人避改。《四库全书存目丛书》史部第264册收有此书,明天启四年(1624)徐与参刻本。与参,学聚子。《凡例》后有“不孝男徐与参谨识”云:“每睹手泽,不禁潸然。特倾赀以付剞劂。盖不忍以先中丞数载苦心徒饱蠹鱼云尔。”则系手稿付印。检核目录,“卷一至三十三卷为朝政大端”及“此书则一切归入‘朝政大端’中”,两“朝政大端”原书皆作“朝端大政”,故知《总目》误。

《明典章》无卷数

《总目》:不著撰人名氏。辑太祖吴元年以后,世宗嘉靖十五年以

前朝廷制诰典制。大抵从《实录》钞出编次,殊无体例。

按:检以《明实录》,与之不类。则此本非从《实录》录出,当出自《起居》《制诰》等书。《总目》言之不确。

《通祀辑略》三卷

《总目》:不著撰人名氏。载历代崇祀孔庙礼仪。起鲁哀公,迄宋咸淳三年,疑为元人作也。

案:此书《四库全书存目丛书》有影印北京图书馆旧钞本,亦不著撰者。杜泽逊先生谓系《总目》所见之本,可从。先生又指出其中"贞""徵""慎""敦"诸字皆避宋讳,"盖从宋本移写,则为南宋末年所作也",其说是。今复考卷一末有"今上咸淳三年正月十七日御笔:惟孔子独称颜回好学,固非三千之徒所同也"云云,据清张行言《圣门礼乐统》卷三《祀典通考三》,此系咸淳三年度宗之诏。卷二亦有"今上咸淳三年正月十五日御笔:邵雍天挺人豪英迈"云云,则可知此书作于南宋度宗时(1265—1274),则作者必为宋度宗时人。考黄虞稷《千顷堂书目》卷三有"黄以谦《通祀辑略》三卷",注"至元间泉州路分教"。至元共三十一年(1264—1294),至元十六年宋亡,则可知此人由宋入元,则本书作者当为宋末元初人黄以谦。就书言之则作于宋末,就人言之,则《总目》言"疑为元人作"亦未大谬。不过,《总目》在此并无实证,但据收录年代"迄宋咸淳三年"推之而已。

《明堂或问》一卷

《总目》:明世宗肃皇帝御撰。嘉靖十七年,致仕同知丰坊疏请复古礼,建明堂,加兴献帝庙号,称宗以配上帝。

按:“兴”当作“尊”。《明世宗实录》卷二百十三,嘉靖十七年(1537)六月,“先是致仕扬州府通判同知丰方(当作‘坊’,《实录》误。)奏孝莫大于严父,严父莫大于配天,请复古礼,建明堂,加尊皇孝(当作‘考’,《实录》误。)献皇帝庙号,称宗以配上帝。”《明史·礼志二》:亦言“嘉靖十七年六月,致仕扬州府同知丰坊上疏言:‘孝莫大于严父,严父莫大于配天。请复古礼,建明堂。加尊皇考献皇帝庙号,称宗以配上帝。’下礼部会议。”即其事缘起。由上可知,“兴”字当为“尊”字之讹。

《正孔子祀典说》一卷

《总目》:明世宗肃皇帝御撰。嘉靖九年,大学士张璁请正先师祀典。帝因言圣人尊天与尊亲同,今全用祀天仪,非正礼。谥号、章服,悉宜改正。璁遂请改孔子称先师,不称王;用木主,不用塑像;笾豆用十,乐用六佾;配位宜削公、侯、伯之号,止称先贤、先儒。帝命礼部集议,编修徐阶疏陈不可。帝怒,谪阶官。因亲制此文,宣付史馆。大略谓孔子以鲁僭王为非,宁肯自僭天子之礼。寻以群臣争执者众,复降谕晓示,命礼部与《祀典说》通行刊布,于是其议遂定。案《明史·礼志》尚有帝所制《正孔子祀典申记》一篇。此本所附敕谕中亦有“朕著《说》《记》”之语。而书中有《说》无《记》,疑为传写者所脱也。

按:《四库全书存目丛书》收有此书,影印北京大学藏明朝《宸章集录》本。凡三文,依次为《正孔子祀典说》《正孔子祀典申记》,第三篇即《圣谕》一篇。《总目》所谓“复降谕晓示,命礼部与《祀典说》通行刊布”,即《圣谕》之内容。其所见者实此二文,故就此二说。其《正孔子祀典申记》一篇,则疑为传写所脱者。《总目》之问题,乃在沿用《明史》误文。《明史》曰:“帝命礼部会翰林诸臣议。编修徐阶疏陈易号毁像之不可。帝怒,谪阶官,乃御制《正孔子祀典说》,大略谓孔子以鲁僭王为非,宁肯自僭天子之礼?复为《正孔子祀典申记》,俱付史馆。”《阙里志》所收此事一干表奏、御批及以上三文,考其中编修徐阶奏折谓:“本月二十八日,臣在史馆,该礼部尚书李时传示《御制正孔子祀典说》,欲因大学士张璁之疏,去孔子王号。”继论“易号毁像之不可”诸条。则徐阶上书、世宗谪其官在御制《正孔子祀典说》之后,《明史》误之,而《总目》沿之。

《日本东夷朝贡考》一卷

《总目》:明张迪撰。迪字文海,华亭人。所辑日本朝贡事,颇多阙略,如永乐二年封其国山为寿安镇国之山,两遣使来贡等事,悉佚不载。

按:此书今已不可见。然《总目》所言史误尚可辑考。封日本国山为“寿安镇国之山”,《明太宗实录》载在永乐四年(1406)正月:“朕惟继唐虞之治,举封山之典,特命日本之镇号为寿安镇国之山,锡以铭诗,勒之贞石,荣示于千万世。铭曰……。”《明史·外国传三·日本》亦系于永乐四年正月,“以三年十一月献于朝,且修贡。帝益嘉之……明年正月,又遣侍郎俞士吉赍玺书褒嘉,赐赉优渥。封其国之山为寿安镇国之山,御制碑文,立其上”。可证事在永乐四年,不在二年。《总目》误。

《改元考》一卷

《总目》:明宗室朱当㴐撰。前有自序,载“嘉靖壬午鲁国常㴐

识”。考《明史·诸王世表》不载其名，盖鲁荒王檀之元孙，而怀王当漎之从兄弟也。

按："朱当沔"，"怀王当漎"，两"当"字，浙本、粤本皆作"常"，殿本作"当"。《四库全书存目丛书》收有明抄本，作"当"字不误。此书《千顷堂书目》卷四有载，云"鲁藩□□当沔《纪元考》一卷，崇祯时高邮州人"。既为崇祯时人，而泰昌弟名朱常洛，很容易误以为系同辈人，如此，则作"常"字不无可能，浙本、粤本，改作"常"字，盖缘是而误。中华书局本当依此二本改，其简体字整理本下有小注云："底本误作'当'，据浙、粤本改"。但《明史稿》作"鲁藩□□□当沔《纪元考》一卷，号望洋子，嘉靖元年辑"，记载与《千顷堂书目》不同。从其书来看，确为嘉靖元年编辑。则此人不可能为"常"字辈朱姓贵族。殿本《提要》云"盖鲁荒王檀之元孙，而怀王当漎之从兄弟"，为有理。考《明孝宗实录》卷三十七，弘治三年（1490）四月，皇帝赐名"鲁府镇国将军阳铢嫡第五子曰当沔、辅国将军当滘嫡第二子曰健櫺"，考《明史》鲁王世系，鲁荒王、靖王、惠王，惠王薨。子庄王阳铸嗣，嘉靖二年薨。阳铸与《实录》之"阳铢"同辈，《明史·诸王传》："嫡长子为郡王世子，嫡长孙则授长孙，冠服视二品。诸子授镇国将军，孙辅国将军"，与之合。故提要所云是，不当改"当"为"常"。

《谥法通考》十八卷

《总目》：明王圻撰。……圻著《续文献通考》，于《礼考》之末增"谥法"一目，补马端临之阙。然于明代谥典，犹未之及。此书所载，上考列朝，下至万历。自君后、妃主、王公、卿相以逮百官，至于圣贤、隐逸，旁及异端、宦寺、篡逆之党，凡有谥者，皆备书以资考证。其卷

首冠以总纪、释义二目，犹《续通考》之例，又所以自补其阙也。有赵可怀序，称就《续通考》中抽出“谥法”一种另梓，殆未详阅其书欤?

按:《总目》疑赵可怀序，称就《续通考》中抽出“谥法”一种另梓，殆未详阅其书。考《续文献通考》万历三十年(1602)松江府刻本之王圻所撰凡例，末署时间为万历丙戌，即万历十四年(1586)。则万历三十年刻本即翻刻十四年本而来。此凡例论及《谥法考》之创，云:“前考未及，今搜辑遗书作《谥法考》，附《王礼考》末。”检书中，《谥法考》共计十九卷，《谥法通考》作十八卷者，《隐逸谥》以下在《谥法通考》中跨两卷，而《续文献通考》中为一卷。特分合不同。《谥法通考》据卷前赵怀玉序，知刻于万历二十四年(1596)。而前之至迟万历十四年，此书已经刊刻，卷帙俱全，与《谥法通考》无异。则《谥法通考》当系如赵氏所云就《续通考》中抽出另梓。其论固无不当，《总目》辨误。

《王国典礼》八卷

《总目》:明朱勤美撰。勤美字伯荣，开封人，镇国中尉睦㮮子，为周藩宗正，以文学世其家。是书采辑宗藩成宪，勒为一书。分圣训、玉牒、讲读、冠礼、婚礼、爵秩、冠服、宫室、仪仗、禄米、田地、祀礼、之国、锡命、庆祝、入觐、奏事、宴飨、丧礼、事例、管理、宗子、奖劝、惩戒、秩官、仪宾、兵卫、仓庾、支盐、讳禁，凡三十类，每类又各有子目。

按:《四库全书存目丛书》收录有此书。核之目录，“宗子”原本作“宗学”，《总目》误。《总目》又云“每类又各有子目”，亦谬。讲读、冠礼、婚礼、爵秩、冠服、宫室、仪仗、田地、讳禁等九类下并无子目。圣训、玉牒、禄米、之国、锡命、庆祝、入觐、奏事、宴飨、丧礼、管理、宗子、奖劝、惩戒、秩官、仪宾、兵卫、仓庾、支盐，此十九类下皆有附文，如“圣训”下附“御制”，“兵卫”附“民校”“民厨”“米布”。其真正有子目者唯“祀礼”“事例”二类。“祀礼”下有社稷、风云雷雨山川、旗、五祀、日月薄蚀、宗庙，“事例”下有亲王封典、郡王封典、诸改封典、庶子袭封、诸封生母、诸查奏勘、查革冒封、报生、名封、奏请期限、选婚，其后尚附选继等条。

《明三元考》十四卷

《总目》：明张宏〔弘〕道、张凝道同撰。宏〔弘〕道字成儒，凝道字明儒，武进人。……始于洪武三年庚戌乡试，终于万历四十七年己未会试。

按：是书本名《皇明三元考》，清人去“皇”字。《四库全书存目丛书》收录明刊本，十四卷，当与之同。检是书每卷下均题“晋陵元岳张弘道成孺甫修庵张凝道明孺附仝辑”。则《总目》著录“孺”均作“儒”，并误。又《总目》云“终于万历四十七年己未会试”亦误，考此年会试有“会元庄际昌”，其后有“状元庄际昌”“榜眼孔贞运”“探花陈子壮”条目，知有殿试，当云终于万历四十七年己未殿试。

《辟雍纪事》无卷数

《总目》：明卢上铭撰。上铭字尔新，东莞人。崇祯中官南京国子监典簿。

按：此书为卢上铭、冯士骅合撰。卷前有《纪事述言》一篇，末题“东莞卢上铭尔新氏吴门冯士骅仲先氏仝述”。黄虞稷《千顷堂书目》卷九亦著录“卢上铭冯士骅《辟雍纪事》十五卷”。据崇祯《吴县志》卷三十四，冯士骅，字兆开，治《春秋》，崇祯十三年(1640)庚辰科进士，未授官而卒。

《頖宫礼乐全书》十六卷

《总目》：国朝张安茂撰。安茂字蓼匪，松江人。顺治丁亥进士，官至浙江提学佥事。

按：蓼匪为张安茂之号，其字为子美。张氏为松江府青浦县人。清雍正《浙江通志》卷一百二十一“提学道”条：“张安茂字子美，江南青浦人，进士，顺治十年任。”乾隆《江南通志》卷一百四十一《人物志》：“张安茂，字子美，华亭人。以诚子。顺治丁亥进士，授工部主事，分校戊子北闱称得人，兼综漕务，宿弊尽革，历浙江提学佥事，辑《泮宫礼乐全书》。迁陕西西宁道副使。”乾隆《青浦县志·凡例》：“张安茂，字子美，号蓼匪。”均可证。

《国朝谥法考》一卷

《总目》：国朝王士祯撰。始于国初，下迄康熙三十四年，大臣之赐谥者咸录焉。凡亲王十八人，郡王十五人，贝勒十二人，贝子十二人，镇国公十一人，辅国公十六人，镇国将军五人，辅国将军七人，妃三人，公主二人，额驸二人，藩王七人，民公九人，侯、伯十四人，大学士二十七人，学士四人，詹事一人，尚书二十七人，侍郎九人，都御史三人，八旗大臣一百六人，总督十七人，巡抚十七人，殉难监司三人，提督十七人，总兵官八人，前代君臣二十六人，外藩一人。

按：《总目》统计有误。《四库全书存目丛书》史部第271册收录此本。据笔者统计，妃三人当为四人，顺治年间一人，康熙年间三人。

民公九人当为十人，依次为何芍图、爱星阿、索尼、遏必隆、陈福、黄梧、黄芳世、图海、嘎布喇、佟国网。提督十一人当作十人，为：田雄、马得功、梁化凤、王可臣、赵应奎、张勇、王进宝、赵国祚、陈世凯、杨捷。

《邦计汇编》一卷

《总目》：旧本题宋李维撰。维字仲方，肥乡人。雍熙二年进士，召试中书，知制诰，历翰林学士、工部尚书、柳州观察使。事迹具《宋史》本传。

按：《总目》引文有误。据《宋史·李沆传》附弟李维传，维升工部尚书后，“迁刑部尚书，辞不拜，引李士衡故事求换官，除州观察使，为谏官刘随所诋，知亳州。请赴本镇，改河阳。久之还朝，复出知陈州，卒”。宋李焘《续资治通鉴长编》卷一百零四：“引李士衡故事，求换官，故有是命。左正言刘随奏维以词臣求换武职，非所以励廉节。不报。寻命维知亳州。维言亳州事简，不欲尸重禄，请赴相州，从之。”二书均言李维任职在“相州”，则《总目》“柳州”为“相州”之讹甚明。

《拯荒事略》一卷

《总目》：旧本题元欧阳元〔玄〕撰。……是书前有自序，称“芜湖本南方泽国，比邻数邑，并在水乡。每当春夏之交，阳侯不戢，遂成饥岁。余忝为令长，因辑《拯荒事略》一编”云云，与本传称尝知芜湖县语相合。然其书但引故实二十二条，无一字之擘画。其“唐天复甲子竹放花结米”一条，尤不近理。竹米偶生，非人力可致。采食竹米，亦

何需官为经理耶?《学海类编》所载诸书,十有五伪,此书殆亦托名于元〔玄〕也。

按:《四库全书存目丛书》收有涵芬楼影印道光十一年(1831)六安晁氏木活字《学海类编》本。所载与《总目》合。唯序文引文有节略。二十二条中,"劝民出粟""请免上贡"二条缺。有注"此二条原抄缺。皆太守事可查补。"后检明彭大翼《山堂考索》,知皆于此中抄出。是书卷九十《政事·救荒》下,亦共二十二条。但"请免上供"条,下注"见太守下","劝令发粟"条下载"见县尉","劝民出粟"条下载"见太守下",皆不录原文。《学海类编》本"劝令发粟"条已补,系《山堂考所》卷七十九《臣职·县尉》下,条目本作"擅发仓廪"。其未补之二条,"请免上供"条在卷七十四《臣职·太守下》。唯"劝民出粟"条未见相应条目,既云"见太守下",当系《臣职·太守下》之"全活饥民"条,载"宋富郑公弼知青州。会河朔大水,民流京东。公择所部丰稔者三州,劝民出粟,得十五万斛"等事。《政事·救荒》亦有序,首曰"谷梁传"云云。与《拯荒事略》所载欧阳玄之序全然不同。亦未提及欧阳玄姓字。则诚如《总目》所论,此书多半属作伪。

《宝钞通考》八卷

《总目》:元武祺撰。祺里贯未详。至正十三年为户部尚书。

按:柯劭忞《新元史》卷二百十三《吕思诚传》附武祺传,叙述较详,可参。

《元海运志》一卷

《总目》:旧本题明危素撰。……是编载曹溶《学海类编》中。验

其文，乃邱〔丘〕濬《大学衍义补》之"海运"一条也。亦不善作伪矣。

按：考危素（1303—1372）亡时，邱濬（1421—1495）尚未生，知此书决非素所能撰。《总目》言是书为邱濬《大学衍义补》之海运一条，亦不确。《丛书集成初编》收有此本，系排印《学海类编》本。每段引文下，均著其出处。分别引自《元史·食货志》《浩然斋视听钞》《柳待制集》《玩斋集》《广舆图》《大学衍义补》。核以首尾，曰出《食货志》者，确在《食货志一》《食货志五》。曰出《大学衍义补》者，在四库本《大学衍义补》卷三四《治平天下之要·制国用·漕輓之宜下》，他引可想而知。盖《总目》只看末条题出《大学衍义补》，遽认皆邱濬所作，其实非也。《总目》此类问题，尚有其他。如《青溪寇轨》提要，文分四段，前两段出方勺《泊宅编》，末段出庄绰《鸡肋编》，中间一段疑出洪迈《容斋续编》，已见学者指出。其以偏概全、论定作者之思路，与本篇提要同。

《铁冶志》二卷

《总目》：明傅浚撰。浚字汝源，南安人。宏〔弘〕治己未进士，官至工部郎中。正德癸酉，浚督理遵化铁厂，创为此志。

按：《总目》言傅浚官职有误。浚，福建南安人。民国苏镜潭《南安县志》卷二十四记录较详："傅浚字汝源，号石崖。性谨厚。宏治己未进士，授户部主事。丁父忧，为逆瑾矫旨削籍。瑾败，起工部虞衡员外郎。进郎中，理蓟州铁冶。厘革夙弊，省铁灶费三之一，遂为定制。改都水。慎出纳，不狥私请。乡长将赂，中官屡索羡馀，浚不应。为所排，出为山东转运同知，卒于官。"山东转运即山东都转运使司，明制都转运使掌盐监之事，与傅氏前之工部职任相联。《明史·职官志一》,工部员外郎从五品,郎中正五品,《职官志四》转运使同知从四品。故傅浚当云"官至山东转运同知",不当谓"官至工部郎中"。

《阳明乡约法》一卷

《总目》:明王守仁撰。守仁字伯安,号阳明,馀姚人。宏〔弘〕治己未进士,官至兵部尚书,封新建伯。事迹具《明史》本传。……其法有约长、约副、约正、约史、知约、约赞诸人,已极繁琐。至争斗、赋役诸事,以至寄庄人户纳粮当差,皆约长主之。盖欲以约长代《周官》比长、党正之法。然古法亦未必尽宜于今也。

按:考《明史·王守仁传》,王阳明官至南京兵部尚书。明人于南京六部与北京六部分析甚清,不带南京者咸谓北京。《总目》虽据《明史》,而不明事例,遂加删裁,不当。

观其乡约,主于月望一会,评骘善恶之事,亦于其时书之。其馀并无烦条,大旨主劝勉戒斥,故每会则读乡约。《总目》言繁琐,恐未必然。至争斗、赋役诸事,乃至寄庄人户纳粮当差,乡长所为,亦不过止于规劝,无渎于官守。又言"盖欲以约长代周官比长、当正之法"者,"比长"当为"州长"之误。《周礼》五家为比,无此类似职责。且"比长"在"党正"之前,当较"党正"为尊。考《周礼·地官司徒》,州长、党正皆有读法教民之责,"州长"正在"党正"之前。《周礼》中治民之官,称长、正而任读法之责者唯此二职最允。故"比长"当作"州长"。录《周礼》文如下:

> 州长各掌其州之教治政令之法。正月之吉,各属其州之民而读法,以考其德行、道艺而劝之,以纠其过恶而戒之。若以岁时祭祀州社,则属其民而读法,亦如之。春秋,以礼会民而射于

州序。凡州之大祭祀、大丧,皆莅其事。若国作民而师田行役之事,则帅而致之,掌其戒令,与其赏罚。岁终,则会其州之政令。正岁,则读教法如初。三年大比,则大考州里,以赞乡大夫废兴。

党正各掌其党之政令教治。及四时之孟月吉日,则属民而读邦法,以纠戒之。春秋祭禜,亦如之。国索鬼神而祭祀,则以礼属民而饮酒于序,以正齿位。壹命齿于乡里,再命齿于父族,三命而不齿,凡其党之祭祀、丧纪、昏冠、饮酒,教其礼事,掌其戒禁。凡作民而师田、行役,则以其法治其政事。岁终,则会其党政,帅其吏而致事。正岁,属民读法而书其德行道艺。以岁时涖校比,及大比,亦如之。

《盐政志》十卷

《总目》:明朱廷立撰。……凡分七门,曰出产,曰建立,曰制度,曰制诏,曰疏议,曰盐官,曰禁令。每门各分子目,凡三百九十有四。盖制诏、疏议每一篇立一目,故其繁至是也。

按:《四库全书存目丛书》收入此书。翻阅之下,其最后一门曰"禁约",《总目》谓"禁令",有误。又言"每门各分子目,凡三百九十有四,盖制诏疏议每一篇立一目,故其繁至是也",考是书,确如所论,然子目之数实为三百零一条。此数字亦误。

《嘉靖清源关志》四卷

《总目》:明刘玺撰。玺字双泉,济州卫籍,唐县人。嘉靖壬辰进士,官至右副都御史巡抚宣府。

按:《总目》言"玺字双泉"误,名、字不伦。明栾尚约嘉靖《宣府镇志》卷二十七《职官表》“巡抚宪臣”栏，嘉靖三十年下有“刘玺”，注：“字国符，济阳卫籍，保定唐县人，以右佥都御史巡抚，升右副都御史。”即《总目》所言之“刘玺”。则刘玺字国符，玺、符节信凭之物，名、字正当。“双泉”当是其号。明清以来号双泉者甚多。

《两淮盐法志》十二卷

《总目》：明史起蛰、张矩同撰。起蛰，江都人。矩，仪征人。书成于嘉靖庚戌，因宏〔弘〕治旧志增损之。董其事者，巡按御史杨选与运使陈暹也。

按：此书《四库全书存目丛书》收录嘉靖三十年刻本。“张矩”，据书内当作“榘”，已经人指出，不复论。然谓“成于嘉靖庚戌”则误，是书当成于“辛亥”岁。《总目》谓“嘉靖庚戌”者，从《杨选序》后之“嘉靖庚戌冬十一月至日”之时间。但此书初成之后，选即离任，“志未梓，俄侍御灵湫。高君代至……因再加厘校，遂刻以行”。（第一序）知高氏来任后，是书又再度经过整理。故本书《叙例》下有撰者之一史起蛰按语云：“余为《两淮盐法志》，盖受成御史宪杨公、高公……《志》作于嘉靖庚戌夏闰六月望日，成于辛亥春二月望日。”

《重修两浙盐志》二十四卷

《总目》：明王圻撰。……是书图说二卷、诏令一卷、盐政十三卷、职官表一卷、列传一卷、奏议三卷、艺文三卷。

按：此本《续修四库全书》收有一部明刻残本，卷三之前部分脱去，止存卷三至卷二十二。卷三即《总目》所谓“诏令一卷”，依原书宜作“诏命”，《总目》当误。

《粤东盐政考》二卷

《总目》:明李檟撰。檟字长儒,鄞县人。万历辛丑进士,官至兵部侍郎。事迹具《明史》本传。

按:《明史》卷二百四十九:"李枟,字长孺,鄞人。"字作"孺",《总目》误。

《救荒事宜》一卷

《总目》:明张陛撰。……创为十法。一聚米,二踏勘,三优恤,四分别,五散米,六核实,七渐及,八激劝,九平粜,十协力。

按:此书《四库全书存目丛书》有收录。检之,"核实"当作"覆实"。

《淮盐本论》二卷

《总目》:国朝胡文学撰。……上卷分十篇:曰停兑会,曰附销不带盐,曰复三府,曰关桥掣规,曰厘所掣,曰掣江都食盐,曰淮北改所,曰撤分司,曰废兴庄临湖场,曰草荡不加税。下卷分十五篇:曰恤株连,曰缓倒追,曰禁私贩,曰除鏇棍,曰谢游客,曰简关防、祛吏弊,曰不任承役,曰宽追比,曰便销批,曰公佥报,曰均急公窝引,曰去江掣弊,曰酌归纲,曰省繁费,曰修书院。

按:此书《四库全书存目丛书》收有清康熙元年(1662)刻本。《总目》所列上下篇子目,仅抄缀卷前目录而来,实未核对正文,且有讹误。核对目录,上卷之"曰废兴庄临湖场"一条,"湖"字本书作"洪"字,正文同。下篇之"恤株连",正文作"释株连","便销批”正文作“便销篇”,察其正文内容,皆当以“释株连”“便销票”为正。

《明漕运志》一卷

《总目》:旧本题国朝曹溶撰。……此书溶自载于所辑《学海类编》中。今考其文,与谷应泰《明史纪事本末·河漕转运篇》无一字之异。

按:以《丛书集成初编》所收《明漕运志》校之(据《学海类编》本排印),《总目》所谓“无一字之异”亦太过。谷书此篇自永乐至万历,诸帝年号前均有庙号成祖、宣宗、宪宗、世宗、神宗,《明漕运志》皆褫去之。又卷末有谷应泰大段评语,此本亦无。《学海类编》虽刊刻较晚,当无为避《总目》而删改之可能。

《左司笔记》二十卷

《总目》:国朝吴暻撰。暻字西斋,太仓人。康熙戊辰进士。是编乃其官户部时所作。

按:吴暻字元朗,号西斋,《总目》误。暻为清著名诗人吴伟业(号梅村)子,顾师轼《吴梅村先生年谱》卷四“康熙元年壬寅五十四岁”下载“子暻生”,小注:“字元朗,号西斋,康熙戊辰进士。由户部主事迁兵科给事中,入直武英殿,充书画谱纂修官,著有《西斋集》《左司笔记》《锦溪小集》《太仓州志》。吴骏公伟业连举十三女而子暻始生。”

《明律》三十卷

《总目》:明太祖时敕修。初,太平祖武昌,即议律令。吴元年,命左丞相李善长为律令总裁官,杨宪、陶安等为议律官。谕之曰:“法贵简当,使人易晓。若条绪繁多,或一事两端,可轻可重,吏得因缘为奸,非法意也。”遂御西楼,召诸臣赐座,从容讲论律意。书成,又恐小民不能周知,命大理卿周祯等自礼乐、制度、钱粮、选法之外,凡民间所行事宜,类聚成编。训释其义,颁之郡县,名曰《律令直解》。洪武元年,又命儒臣四人同刑官讲《唐律》,日进二十条。六年夏,刊《律令宪纲》,颁之诸司,然皆随宜草创,未及详备。此书乃六年之冬,诏刑部尚书刘惟谦详定。凡近代比例之繁,奸吏可资为出入者,咸痛革之。每一篇成,缮书上奏。揭于西庑之壁,亲为裁定。明年二月,书成,篇目一准于唐。采用已颁旧律三十六条,因事制律三十一条,掇《唐律》以补遗者又一百二十二条,合六百有六条。

按:《总目》此条,全系抄缀《明史·刑法志一》而来。《明史》本作:

> 明太祖平武昌,即议律令。吴元年冬十月,命左丞相李善长为律令总裁官,参知政事杨宪、傅瓛,御史中丞刘基,翰林学士陶安等二十人为议律官,谕之曰:“法贵简当,使人易晓。若条绪繁多,或一事两端,可轻可重,吏得因缘为奸,非法意也。……”每御西楼,召诸臣赐坐,从容讲论律义。十二月,书成……又恐小民不能周知,命大理卿周桢等取所定律令,自礼乐、制度、钱粮、选法之外,凡民间所行事宜,类聚成编,训释其义,颁之郡县,名曰《律令直解》。

洪武元年，又命儒臣四人，同刑官讲《唐律》，日进二十条。……六年夏，刊《律令宪纲》，颁之诸司。其冬，诏刑部尚书刘惟谦详定《大明律》。每奏一篇，命揭两庑，亲加裁酌。及成，翰林学士宋濂为表以进，曰："臣以洪武六年冬十一月受诏，明年二月书成。篇目一准于唐：曰卫禁，曰职制，曰户婚，曰厩库，曰擅兴，曰贼盗，曰斗讼，曰诈伪，曰杂律，曰捕亡，曰断狱，曰名例。采用旧律二百八十八条，续律百二十八条，旧令改律三十六条，因事制律三十一条，掇《唐律》以补遗百二十三条，合六百有六条，分为三十卷。

两相对校，知"大理卿周祯"当作"大理卿周桢"。《总目》云"合六百有六条"，然前之数字不能合。就《明史》可知，已颁旧律"三十六条"当作"二百八十八条"，掇唐律以补遗者又"一百二十二条"，当作"一百二十三条"，而《总目》又脱去"续律百二十八条，旧令改律三十六条"两条相关文字。今统计《明史》所载数目，正为六百有六条。

《造砖图说》一卷

《总目》：明张问之撰。问之，庆云人。嘉靖癸未进士，官至工部郎中。

按：《总目》记张问之履历有误。问之非官至工部郎中（正五品），乃官至四川按察使副使（正四品）。咸丰《庆云县志》卷二：

张问之，字子审，嘉靖癸未进士。初授行人，转司副。尝上疏议章圣皇太后尊号，见《明伦大典》。历工部员外，迁郎中，奉命督造苏州府花砖工料。廉以律己，严以御下。工竣，历陈烧造艰辛，绘图以进，上嘉之。增定砖价，窑民获安，为立德政碑，见昆山卢楩记。后督建九庙，皆有懋绩。蒙恩赉赏，擢湖广参议。阅三载，转四川按察司副使。整饬威、茂等州，简练士马，支缭堠墩，斩龙洞诸羌数百级，抚按移檄燕凯。疏奏，赐金帛，以旌其功。告归，年四十八，所著《烧砖奏议》存，入《四库全书》。

《水部备考》十卷

《总目》：明周梦旸撰。梦旸字启明，南漳人。万历甲戌进士，官至工部都水司郎中。

按：周氏非官至工部都水司郎中（正五品）。梦旸为明襄阳府南漳县人。顺治《襄阳府志》卷十五有其传甚详，云："周梦旸，字启明，南漳人。万历癸酉、甲戌两第，授汉中推官。持法平允，历工部，乙酉典贵州，试淮杨兵备，改河南督学，衡平鉴清，即权贵子不少贷。所拔多该博士。晋参政徐州，迎母养不就。遂乞归。侍母左右十五年，不问田舍。日拥书登楼，临轩坐啸，博极二酉，海内词人访之无停辙。所著有《批点考工记》《水部起草》《常谈考误》《青溪诗集》并邑志。丁未卒，至甲子十有八年，论定入祀。"黄虞稷《千顷堂书目》卷十二"周梦旸《常谈考误》十二卷"条，亦注："字启明，南漳人，万历甲戌进士，布政司参政。"知周氏官至布政使参政（从三品）。

目录类

《遂初堂书目》一卷

《总目》:宋尤袤撰。袤字延之,无锡人。绍兴十八年进士,官至礼部尚书。谥文简。事迹具《宋史》本传。陈振孙《书录解题》称其遂初堂藏书为近世冠。杨万里《诚斋集》有为袤作《益斋书目序》,其名与此不同。

按:杨万里《诚斋集》卷七十八有《益斋藏书目序》,言:"今年余出守毗陵,盖延之之州里也。延之持淮南使者之节而皈。一日入郛访余。"因尤袤之求而撰序。"毗陵"即常州之古称,则此序所作在杨诚斋常州任上,据萧东海《杨万里年谱》,知时在孝宗淳熙四年到五年间。而据《宋史·尤袤传》:"尝取孙绰《遂初赋》以自号,光宗书扁赐之。"此即"遂初堂"扁,《遂初堂书目》即以此名之。则杨氏作序之时,尚无遂初堂之号,故所称书目尚为"益斋"。

《来斋金石考》三卷

《总目》:国朝林侗撰。……是编乃总录古今碑刻,凡夏、商、周六,秦、汉十九,魏一,吴一,晋五,梁一,后魏三,北齐一,后周二,隋八,唐一百七十三,皆据目见者书之。

按:据卷前宿松朱书题记,"晋五"当作"晋六","隋八"当作"隋十六"。

《金石备考》十四卷

《总目》:旧本题关中来濬撰。自署其字曰梅岑,不著时代,陕西地志亦均不载其姓名。考《太学进士题名碑》,陕西有来聘、来俨然、来复,皆三原人,濬岂其族欤?书中有万历间颍井出《兰亭》事,则是明万历后人。又称"国学《兰亭》即定武本",则是赵孟坚、柯九思所藏肥、瘦二本尚未著录流传之日,其书殆著于明末。

按:此书《浙江省第四次鲍士恭呈送书目》题:"《金石备考》二册,明来濬辑,二本"。《浙江采集遗书总录》:"《金石备考》二册,写本,明关中来濬辑。"皆明谓来濬明人。而《总目》言万历后人,似较审。《四库全书存目丛书》收有清抄本一种,前有康熙甲戌陈奕禧、张廷遴二序,皆自称"弟"。考康熙甲戌为康熙三十三年(1694),又书中著录府县,曰"江南江宁府",而不称"南直隶",是清人之称谓,则来濬当为清人。考来濬,清陕西三原人。乾隆四十八年《三原县志》卷十八载邑人著述,有来濬《金石备考》,惟馆臣不及见而已,非"陕西地志亦均不载其姓名"。光绪《三原新志》卷六有传:

> 来濬,李《志》号梅岑,国学生,初任归州州判。境接荒徼,土司恃险不戒,郡民时罹惨虐。濬亲入峪洞,陈利害,示威德,猺獞自是不敢入境剽掠。郡有巨猾,艳邻女姿,乘亲迎时劫藏密室。诇知之,发奸,召婿合卺。后改祁州,陟太原都阃经历,卒于官。今按著有《金石备考》。

史评类

《史通通释》二十卷

《总目》:国朝浦起龙撰。起龙字二田,无锡人。雍正甲辰进士,官苏州府教授。

按:浦起龙,无锡金匮县人,为雍正庚戌进士,非甲辰进士。嘉庆《无锡金匮县志》卷二十二:“浦起龙,字二田,雍正八年进士。”检朱保炯、谢沛霖《明清进士题名碑录索引》,雍正二年甲辰科(1724)进士无浦起龙。而雍正八年庚戌科(1730)进士,二甲之中有浦起龙。可证。

《唐书直笔》四卷

《总目》:宋吕夏卿撰。……观晁氏别载夏卿《兵志》三卷,称得于宇文虚中季蒙。题其后曰:“夏卿修唐史,别著《兵志》三篇,自秘之,戒其子弟勿妄传。鲍钦止吏部好藏书,苦求得之。其子无为太守恭孙偶言及,因恳借钞录于吴兴之山斋”云云。

按:“宇文虚中”当作“宇文时中”。今本《郡斋读书志》未见著录,盖已脱失。考元马端临《文献通考》卷一百九十六《经籍考》“吕夏卿《兵志》三卷”条有引文,云:

> 晁氏曰皇朝吕夏卿撰。公武得之于宇文时中季蒙,题其后云:“夏卿修《唐史》,别著《兵志》三篇,秘之,戒其子弟勿妄传。鲍钦止吏部好藏书,苦求得之。其子无为太守恭孙偶言及,因恳

借钞录于吴兴。”

由是观之,则此人为宇文时中,“季蒙”为其字。宋代亦有宇文虚中,字叔通,为宇文时中之兄。《宋史》本传:“宇文虚中,字叔通,成都华阳人。”二人字不同。明曹学佺《蜀中广记》卷一百七:“广都宇文时中季蒙龙图家有杜措佛图……”亦可佐证。

《史通训故》二十卷

《总目》:明王维俭撰。维俭字损仲,祥符人。

按:据《明史·文苑传四》,“王维俭”作“王惟俭”,《四库全书存目丛书》收有此书之明万历刻本。著有王氏题名,亦作“惟”,《总目》书“维”误。

《总目》又云:万历乙未进士,官至山东巡抚。

按:《总目》谓“官至山东巡抚”,亦误。明代巡抚尚未成为官职名,止为职事,多由都察院官员充任,故充任者可能是监察御史正七品,也可能是都御史正二品、副都御史正三品,故不能据此为凭。本传云:“天启三年八月擢右佥都御史,巡抚山东。值徐鸿儒之乱,民多逃亡,辽人避难来者亦多失所,惟俭加意绥辑。五年三月擢南京兵部右侍郎,未赴。入为工部右侍郎,魏忠贤党御史田景新劾之,落职闲住。”其后不见著录出仕。《明实录·崇祯长编》卷七,崇祯元年三月,“吏部尚书房壮丽等题覆废籍诸臣削夺者复官,补给诰命;闲住者复官,遇缺酌起”。其下列名单中有王惟简。《崇祯长编》卷十六,崇祯元年(1628)十二月,则有“丁酉,赠故礼部尚书王图太子太保,谥文肃。荫子国子生,仍给祭葬。故工部右侍郎王惟俭工部尚书……”则王惟简尚未起复即去世,而卒后赠工部尚书。《总目》所谓官至山东巡抚者,乃其右佥都御史之任。《明史·职官志》右佥都御史正四品,工部右侍郎正三品,故知其官至工部右侍郎当无疑义。

《总目》又云:卷端有维俭题识,称:“除增《因习》一篇及更定《直书》《曲笔》二篇外,共校正一千一百四十二字。”然以二本相校,惟《曲笔》篇增入一百一十九字。其《因习》《直书》二篇并与郭本相同,无增入之语,不知何以云然也。

按:是书每篇每节之下,皆分人校订,后著校订字数。如《六家第一》篇,《尚书家》校八字,《春秋家》校二字,《左传家》校五字,《国语家》校三字,《史记家》校三字,《汉书家》校二字。或著录出入字数,如外篇《点烦第六》第二段载“除二十四字”,第三段载“除二十九字加七字”,等等,其字数统计系由此而来。

《史通训故补》二十卷

《总目》:国朝黄叔琳撰。……是书补王维俭注所未及,与浦起龙《史通通释》同时而成。

按:“维”当作“惟”,见“史通训故”条。

《史学提要》二卷

《总目》:宋黄继善撰。继善字成性,盱江人。其书以四言韵语编贯诸史,始自上古,迄于宋末,以便初学记诵。然旧本题继善宋人,而述宋亡,且称德祐幼主降于大元,何耶? 宁都魏禧集有是书序,并云:“重订其讹阙,又属盱江涂大訒允恒补撰二篇,复为之注。”考宋人所述,宜止于五代。此本既止于宋,则仅补一篇,且又无注,未必即禧之所序。观“大元”之称,当为元人所增也。

按:此书《四库全书存目丛书》有收。“盱江”地名不确。宋无是州县。“盱江”乃南城之别称。故雍正《江西通志》卷八十三:“黄继善,字成性,南城人。著《史学提要》。”复按吴澄《吴文正集》卷十六,知黄继善实为宋江西金溪人。吴氏《黄成性诗序》云:“余戊寅岁(1278)初客盱。其后或中岁一至,或数岁不一至。盱之俗,盱之人,不悉闻悉见,大略可知也。黄成性,金溪人,而游处多在盱。盱、金溪接壤,土气颇相类。”金溪居南城之东北,二县接境。《诗序》又云:“乙巳春(1305),于程氏馆读成性诗一二,已矍然惊。”“程氏馆”当即程钜夫家,二人少时同窗。程氏《雪楼集》卷二十三有《黄成性〈史学提要〉赞并序》。又揭傒斯《文安集》卷七有《答胡汲仲书》,言“近见执事序黄成性文章,言辞夸大,皆非事实。其所称举皆公卿大臣之事,非学道在下者所宜言,抑亦自任之素不知其言之过也”。胡汲仲即胡长孺,汲仲其字也,婺州永康人,《元史·儒学传二》有传。此文继云:“承闻将就天台之阙,不知何时定行,当于江浒一别。”考胡传,至大元年(1308),转台州路宁海县主簿,即其事也。统而言之,黄氏与以上三人交游,由三人之年计之,黄继善由宋入元,当尚历数十年。则《总目》所谓“观大元之称,当为元人所增”,恐亦是黄继善自增。

《承华事略》一卷

《总目》:元王恽撰。恽字仲谋,东平人。世祖时官至翰林学士,事迹具《元史》本传。此书成于至元十八年,时裕宗为太子,恽官燕南河北道副使,因作此进于东宫。载前代为太子者之事,加以论断。裕宗甚喜是书,令诸皇孙共传观焉。

按:检《元史》,王恽为卫州汲县人,杨武泉先生《四库全书总目

辨误》已指出。《总目》谓此书成于至元十八年(1281),亦误。考《元史·王恽传》:

(至元)十八年,拜中议大夫、行御史台治书侍御史,不赴。裕宗在东宫,恽进《承华事略》,其目曰广孝、立爱、端本、进学、择术、谨习、听政、达聪、抚军、崇儒、亲贤、去邪、纳诲、几谏、从谏、推恩、尚俭、戒逸、知贤、审官,凡二十篇。裕宗览之,至汉成帝不绝驰道,唐肃宗改服绛纱为朱明服,心甚喜,曰:"我若遇是,礼亦当如是。"又至邢峙止齐太子食邪蒿,顾侍臣曰:"一菜之名,遽能邪人耶?"詹事丞张九思从旁对曰:"正臣防微,理固当然。"太子善其说,赐酒慰喻之。令诸皇孙传观,称其书弘益居多。十九年春,改山东西道提刑按察副使,在官一年,以疾还卫。

《总目》所谓至元十八年,即缘此而来。然王恽进《承华事略》之年,乃至元十九年(1282),非十八年。考王恽《西池幸遇诗》序,"壬午岁十月十二日,某以《承华事略》求见。引见者工部尚书张九思。巳刻,拜太子于宫西射圃内。比前,命近侍趣入者再。既见,问秦始皇何如主,某以所行过暴为对。太子首读《明分》篇,问汉成帝不敢绝驰道事,喜甚。至辍射翻阅,悉问其各篇主意。张九思、术忽乃略为应对。读讫,以书付董八哥,会静时细听。未末赐酒,霑醉而出"。知此书系王恽当面进呈。其所载月日与下述《进承华事略笺》同。《元史》所云"至汉成帝不绝驰道""赐酒"等事,与诗序所言并合。考壬午岁乃至元十九年,非十八年。又考张九思官守,《王恽传》载"詹事丞",王恽记为"工部尚书",皆是。虞集《徽政院使张忠献公神道碑》:"(至元)十六年置都总管,以治其货用。命公为嘉议大夫、工部尚书,兼领之。十九年……是年冬十月立詹事院,拜公詹事丞。"复考

《元史·世祖本纪九》亦云至元十九年十月立詹事院,则所载不误。知其时张九思以工部尚书兼詹事院丞,故《元史》《秋涧集》别载之。则进书事在至元十九年甚明。详《元史·王恽传》所以致误,在于《秋涧集》中所收《进承华事略笺》尾题"至元十八年十二月日臣王恽进","十九"已误作"十八"。明初修《元史》,馆臣所见当已误,故不审而书之。检《全元文》所收此文亦题"十八年",并失之。

复次,因上所论,可知至元十九年王恽在大都,"十八年,拜中议大夫、行御史台治书侍御史,不赴"。当系其解任燕南河北道副使后已返京之时。故《总目》所谓进书时"恽官燕南河北道副使"亦误。

《史义拾遗》二卷

《总目》:元杨维桢撰。……据孙作所作维桢《传》,称其"生平论史之书,有《太平纲目》四十册,《历史钺》二百卷。今俱亡佚"。此书《传》中不载,明皇甫汸始为刊行。

按:《历史钺》当作"《历代史钺》"。明焦竑《国朝献征录》卷一百十五《铁笛道人杨维祯自传》、明王圻《续文献通考》卷一百七十六《经籍考》、黄虞稷《千顷堂书目》卷五等皆作"《历代史钺》"。《四库全书存目丛书》第281册收录明嘉靖十九年(1540)任辙刻本,前有平湖陆淞序,亦称"《历代史钺》"。《总目》脱"代"字。

《总目》又云:每篇下有跋语,盖其门人所作,自称其名曰"木",不著其姓,亦不知其为何许人也。

按:此人即杨维桢门人桐庐章木。明张弼《张东海诗文集》文集卷三《与李县尹书》:"考得评《史义拾遗》而称木曰者,乃桐庐章木,铁崖门人也。"今考杨维桢《东维子文集》卷十四有《蓝田山三一精舍记》:“介予徒章木求言以为记。”又卷二十二《齏甕志》:“桐庐章木氏客处钱唐,委巷中得一室,陋而且隘,自题曰齏甕。”又杨维桢《复古诗集》卷二“古乐府二十二首”下小序:“绝句人易到,吾门章木能之。古乐府不易到,吾门张宪能之。至小乐府,二三子不能,惟吾能之。”皆其人。

《事偶韵语》一卷

《总目》:旧本题钱塘凌纬撰,不详时代。

按:凌纬为元人。明凌迪知《万姓统谱》卷五十六有传,谓:“凌纬字景文,昌化人,号菊山。笃学能文。大德中以才荐为雪江书院山长,寻弃去。尝著《唐山纪事》《董子雅言》《寿考录》《冰室集》《事偶韵语》等书。年九十三卒。邑令表之曰‘康德先生’。”

《蔗山笔麈》一卷

《总目》:明商辂撰。……是编杂论史事,仅三十三条,颇好持异论。如谓宋天书事亦有深意,不可尽加訾议,是何言欤?

按:《总目》谓三十三条误,当作五十五条。此本有涵芬楼影清刻学海类编本,《四库全书存目丛书》有收。细数之,为五十五条。

《宋史阐幽》一卷

《总目》:明许浩撰。浩字复斋,馀姚人,宏〔弘〕治中以贡生官桐城县教谕。与作《通鉴纲目前编》之许浩同姓名,又同时,实各一人也。

按:“复斋”当为许浩之号,其字作“克大”。《四库全书存目丛书》收此书之崇祯元年(1628)族人许锵刻本。卷一下题"馀姚许浩克大撰",名、字正匹。又《总目》称"与作《通鉴纲目前编》之许浩同姓名,又同时,实各一人也",查《四库全书总目》史部编年类存目有《通鉴纲目前编》三卷,明许诰撰。此人《明史》有传,非名"许浩",《总目》误记。

《元史阐幽》一卷

《总目》:明许浩撰。大抵皆取《续纲目》所书而论断之,凡五十二条。持论虽正,而亦不免于偏驳。

按:《四库全书存目丛书》收有此书之明弘治十七年(1504)钱如京刻本。卷后有许浩识语,曰:"因取《元史》所载可以为法若可以为戒者,著为之论,凡五十二条。"然考之宋濂《元史》,颇与之相否,而与商辂等修《续资治通鉴纲目》多合。《总目》所谓大抵皆取"续纲目"之言可信。

《世史积疑》二卷

《总目》:旧题元李士实撰。前有自序,称"至正七年壬申三月朔书"。案,至正七年,岁在乙亥,非壬申,与史不合。而元代亦未闻有李士实,惟明有新建李士实,成化丙戌进士,官至右都御史,致仕。正德间宁王宸濠图不轨,引之同谋。事起时,以士实与举人刘养正为左、右丞相。宸濠就擒,士实并伏法。事见《明史》。而正德七年正值壬申,与此书序内纪年适合。屠隆《考槃馀事》又称"士实有善书名",而此本内自书序文,笔势颇雄放,亦足相证其为明李士实所撰无疑。

按:《总目》言是书作者为明之新建李士实,是,今补正之。明方良永《方简肃文集》卷十有《与黄小江宪副》书:“昨得伪檄云云,乃知白洲意之所至,然亦拙矣。此可易言,亦岂易为哉?此老作《世史积疑》动千万语,如老吏断案,使人心服,而乃自陷其身于莫可原贷之地。能言之士,所以不足贵也。”其所言之“白洲”“此老”即李士实。清阮榕龄《陈白沙先生年谱》卷二“意欲迁省城,求一地奉老母,适得白洲口信,亦惓惓以此为言”下注“按李士实,字白洲,新建人”。

《翼正录》四卷

《总目》:明何思登撰。思登字一举,武昌人。正德甲戌进士,官翰林院编修。

按:检朱保炯、谢沛霖《明清进士题名碑录索引》,正德九年甲戌(1514)无进士何思登,而万历二年甲戌(1574)有。《总目》误书“万历”为“正德”。康熙《武昌府志》卷七有传:“何思登,字一举,蒲圻人。嘉靖戊午举于乡,万历甲戌成进士。授行人,册封诸藩,馈遗一无所受。迁南户部主事,出守云南,以绥缉缅甸有功赐金嘉劳。丁内艰,服阕补池州守……迁云南兵备。未几还里,复起广西副使,入贺东宫,加参政。归卒,年八十。”与之合。《总目》言“官翰林院编修”亦误,当云官至“广西参政”。

《世谱增定》二卷

《总目》:明吕颛编。颛字梦宾,陕西宁州人。嘉靖癸未进士,官至应天府尹。

按:《总目》言吕颛字有误。清晋显卿修、王星麟纂康熙《宁州志》卷一“梦宾书院”条“吕京北颛寻芳诗酒之所，以曾梦吕祖命名，后即为京北祠，今废，谕祭碑存。”卷二《吕颛传》：“吕颛，字幼通，号定原。经犹子。……升应天府府尹。以不服水土，减于交际，言者以冒滥京堂论吏部。复以行检无干，但年力向衰，钦依致仕，时年五十三。归田作梦宾书院于东郭，偕两弟暨乡耆英寻芳结社，饮酒赋诗。暇则汲引后学，多所成就。”后有《吕颙传》：“字幼诚，号芹谷，经之子。”则二人为从兄弟，皆以“幼”为字，其字幼通，殆无疑虑。称“梦宾”者，即以其所成就之梦宾书院呼之，非其字焉。

《帝鉴图说》无卷数

《总目》：明张居正、吕调阳同撰。居正有《书经直解》，已著录。调阳，临桂人。嘉靖庚戌进士，官至建极殿大学士，谥文简。事迹具《明史》本传。是编乃二人奏御之书，取尧、舜以来善可为法者八十一事，恶可为戒者三十六事，每事前绘一图，后录传记本文，而为之直解。前有隆庆六年十二月进疏一篇，盖当神宗谅闇时也。

按：《总目》记吕调阳事有误。考《明史》，无吕调阳传，《总目》失检。此已经杨武泉先生指出。然此书亦非二人亲撰。考《明神宗实录》卷八，隆庆六年(1572)十二月：“上御文华殿讲读毕。大学士张居正车讲官进《帝鉴图说》。先是，居正属讲官马自强等考究历代之事，撮其善可为法者八十一事，从阳数，恶可为戒者三十六事，从阴数。每一事为一图，后录传记本文，取唐太宗以古为鉴之意。名曰《帝鉴图说》，是日具疏进。”考隆庆六年，张居正、吕调阳皆为大学士，则二人但领衔而已，非实际编纂者。

《群史品藻》三十卷

《总目》:明戴璟撰。……是编取司马光《通鉴》,摘其事迹为之论断。其凡例云:"以《通鉴节要》为主,而摘其可为论策命题者。"案《千顷堂书目》有宋江贽所撰《资治通鉴节要》,又有元刘剡所撰《资治通鉴节要》,皆三十卷,未知璟所指何本。然止为命题而设,则不出兔园册子之陋习也。

按:从是书前后序来看,皆云宗朱子,则此《纲目》,必为朱熹《资治通鉴纲目》之《节要》。《总目》所列二书似皆未合。明焦竑《国朝献征录》卷十五孙志仁《特进光禄大夫左柱国少师兼太子太师吏部尚书华盖殿大学士赠太保谥文忠杨公廷和行状》,载:"壬戌(1502,明孝宗十五年)三月《大明会典》成……六月,上命大学士刘健、李东阳、谢迁编纂《通鉴纲目节要》,公为纂修官,润色、论断多出公手。"既经御纂,故业举业者必重此书,所谓《通鉴节要》当系此书。考戴璟嘉靖五年(1526)进士,上距编纂是书,尚有二十馀年,时间亦相符。

又,此书杜泽逊先生《四库存目标注》著录有明建邑书林安正堂刻本,题名《新编汉唐纲目群史品藻》,当系《总目》所论之书。是书杜先生论为首刻,信然。但其编纂时间,杜先生谓"戴璟嘉靖五年进士,是书为命题作,其传当在成进士后",恐非。考西安刻本李复初序,言作于"方其未遇",此刻陆海王准序"侍御屏势石戴公家食时",编纂此书。则此书之纂当于其未第时。戴氏于举业之暇尚有他著,《凡例》云:"仆于举业之暇,窃著《六经会同》一书,犹未脱稿。"此类事在明人亦甚常见。又考自戴璟嘉靖五年(1526)第进士,至西安刻此书之嘉靖十七年(1538),皆在公职,未或暂离,无有家食之时,则此书所纂必在嘉靖五年第进士前。又考西安刻本有《新编汉唐通鉴品藻凡例》,后缀“嘉靖十四年正月吉日宁郡墨学屏石戴璟书”,知嘉靖十四年(1535)又经修订。此书本名《通鉴品藻》,后之闽刻题名《新编》、西安府学又因之重刊者,当系嘉靖十四年新编本,而实则此书据其卷目,上至周威烈王,下至五代后周世宗。而仅题《汉唐》者,盖初刻时书贾为易售而改也。故《总目》所录《汉唐通鉴品藻三十卷》提要云:“璟未必谬陋至此,其出自庸妄书贾明矣。”则杜先生以初刻之年月在嘉靖十年前后,恐亦未必真。

《古史要评》五卷

《总目》:明吴崇节撰。崇节字介甫,弋阳人。嘉靖甲子举人,官武冈县知县。

按:清乾隆《湖南通志》卷六十六“武冈州知州”明代下有“吴崇节,弋阳举人,(万历)十八年任”。光绪《湖南通志》卷一百十九《职官志》:“吴崇节,弋阳举人。武冈州知州。”康熙《武冈州志》卷五亦系其名于知州下。则其人为武冈州知州,《总目》误“州”为“县”。

《尚友斋论古》无卷数

《总目》:明涂一榛撰。一榛字廷荐,漳州镇海卫人。万历甲辰进士,官至通政司通政使。

按:《总目》记涂一榛履职有误。康熙《镇江府志》卷二十五:“涂一榛,字振任。福建镇海人。甲辰进士,万历三十三年任。累官左通政使。”考《明熹宗实录》,天启四年(1624)十一月“左通政涂一榛准养病去”。其后,《明史·阉党传》载三畏谄附魏忠贤为御史,“追论京察三变，力诋李三才、王图、孙丕扬、曹于汴、汤兆京、王宗贤、顾宪成、胡忻、王元翰、王淑抃、赵南星、张问达、王允成、涂一榛、王象春等十五人，而荐乔应甲、徐兆魁等十三人。于是三才等生者除名，死者追夺”。则涂一榛遭除名。据明实录，崇祯初曾议起复，论及“左右通政王孟震、涂一榛”，事究未施行。故涂氏当官至左通政使，未尝得为通政使。明制，通政使司，通政使正三品。左右通政均为正四品。二者品秩有别。

《人物论》三十四卷

《总目》：明郑贤撰。……是书成于万历戊申，掇诸史论赞及唐、宋以来各家文集，取其论古之文，裒为一编，而以时代编叙之。

按：《总目》谓此书成于万历三十六年戊申（1608）误。《四库全书存目丛书》史部第286册收有此书明万历三十六年刻本。考是书凡有四序：陈邦经序、万历三十三年（1605）宋万叶序、万历三十六年方万策序、万历三十六年莆中郑贤序。据万历三十三年宋万叶序，此时已成书，则至迟当成书于万历三十三年。

《诗史》十五卷

《总目》：旧本题明顾正谊撰。……考钱希言《戏瑕》曰：“昔尝于太原斋头见云间刻顾氏《诗史》，阅之乃中翰正谊名也。余与王先生相顾惊叹，王先生曰：‘此岂虎头公所能办哉！’后余过云间，乃知华亭有词人唐汝询仲言者，目双瞽，著成是书，顾氏以三十金诡得之。嗟乎！唐生之文诚贱，何至此甚也！千古不白之冤，俟异世子云者起，故当有定论耳”云云。据此，则是书为唐汝询作，正谊乃买其稿而刻

之耳。然是书以列朝纪传编为韵语,各为之注,以便记诵,不过《蒙求》之类,不知正谊何取而窃据之也。

按:此书《四库全书存目丛书》收有明万历二十八年(1600)顾正谊刻本。《总目》引道听途说,以为作者为唐汝询。《四库全书存目丛书》亦信其说而题唐汝询作,同误。然诚如《总目》所论,此书不过《蒙求》之类,水平固无须多高。钱希言《戏瑕》所言,以为不可能为顾氏所办,亦大惊小怪。《总目》不审其间关系,信之不疑。然考明徐树丕《识小录》卷一"唐仲言"条:"华亭唐汝询,字仲言,五岁而瞽,今五十馀矣。闻人诵辄记记,又能解,自出而为诗文。又能注古之诗文,不下数万言。至字之形,问之则不识如故,亦异人也。"知此人五岁便盲,至乃连不辨字形。考《诗史》所附"引证群书目录"数百种,验之正文实然。目瞽能诗,世不罕见,而能读书如此之多、且勤事检索纂辑成书者,天地间未之有也,则此书必非唐氏所能纂已不待辩。《总目》误。

《史疑》四卷

《总目》:明宋存标撰。存标字子建,华亭人。崇祯间贡生,候补翰林院孔目。是编取三《传》、《国策》、《史记》、《汉书》及诸杂史,摘其事迹而论列之。……卷首题"陈继儒选定",则习气所染,由来者渐矣。

按:《总目》所论当误。《四库全书存目丛书》收有此书明崇祯二年(1629)刻本,南开大学图书馆藏,题宋氏君子堂自刻本。按,此书非宋存标自刻本,当为一坊刻本,亦非全本。是刻诚如《总目》所言,卷首题陈继儒选定。而卷前四序,皆未片语及陈继儒名,可疑者一也。是书所猎范围,卷数据周立勋序,为“五十馀卷”,据陈子龙序,为“作史疑五百篇”,据作者自序,其涉及范围“合之唐宋五代以极其致”。而考书中篇目,皆不足五百,卷一计六十六篇,卷二计九十六篇,卷三计八十八篇,卷四计四十四篇,都二百八十四篇。且卷数仅四卷,与五十馀卷者相距甚遥。如卷一、卷二所为“读史汉”,像诸本纪、列传等,大都只收一短篇,以理揆之,亦不大可能篇短如此。卷三为“读三传国策”,卷四为“读杂史”。其情况皆类似。则此当是选本,即所谓陈继儒选定者,系截取篇中一段文字而来,明人选本多如此。此书虽题陈继儒选定,当亦出冒名。《总目》据以议论,殆亦失之。

《读史书后》一卷

《总目》:明胡梦泰撰。梦泰字友蠡,铅山人。崇祯丁丑进士,官鄞县知县。是编前有顺治辛丑张逵序,称其“大节耿然,不愧首阳,卒与其配李媛称‘双节’,而湮没不传”云云,则亦明末死义之士。逵不详其始末,不可考矣。

按:张逵序虽不详其始末,然亦非不可考。《总目》谓“不可考”,乃失之搜检。胡氏《明史》有传,附《詹兆恒传》下,今附于下:

> 胡梦泰,字友蠡,广信铅山人。崇祯十年(1637)进士。除奉化知县。邑人戴澳官顺天府丞,怙势不输赋。梦泰捕治其子,其子走京师,诉澳,令劾去梦泰。澳念州民不当劾长吏,而劫于其子,姑出一疏,言天下不治由守令贪污,以阴诋梦泰。及得旨,令指实。其子即欲讦梦泰,而澳念梦泰无可劾,乃以嘉兴推官文德翼、平遥知县王凝命实之。给事中沈迅为两人诉枉,发澳隐情。澳下诏狱,除名。梦泰声益起。十六年(1643)夏,吏部会廷臣举

天下贤能有司十人，梦泰与焉，行取入都。帝以畿辅州县残破，欲得廉能者治之，诸行取者悉出补。梦泰得唐县。京师陷，南归。唐王时，授兵科给事中，奉使旋里。顺治三年(1646)，大兵逼城下，梦泰倾家募士，与巡抚周定仍等守城。围数月，城破，夫妇俱缢死。

《拙存堂史括》三卷

《总目》：明冒起宗撰。……是书成于崇祯壬午，乃其自襄阳罢归之时读史偶记，多随意闲评，不必尽关褒贬。间有考证，亦未甚精核，盖姑以资谈柄，消永日耳，不足以言史学也。

按：此书今不可见。然书名核之载籍，当作《史拈》。杜泽逊先生《四库存目标注》引《两江第一次书目》即作"拙存堂史拈"，是本不误。清陈维崧《陈迦陵文集》卷五有《中宪大夫嵩少冒公墓志铭代》，即冒氏墓铭，谓其所著有"《经质》《史拈》共若干卷"，亦称"史拈"。明范凤翼《范勋卿诗文集》卷一有《复冒嵩少书》云："仆所心服者，我公纯孝朴忠，咏仁蹈德。不独明叡鸿藻，氤氲元气。且生平身体神祇，如《经质》《史拈》，如金刚眼。"亦作"史拈"。又是书卷二《拙存堂逸稿序》云："公载道《经质》，记事《史拈》"，以上均可证《总目》"史括"之误。

《尚论编》六卷

《总目》：不著撰人名氏，但自称曰"印须子"。中有"近日熊经略"语，则明末人所辑也。

按：魏小虎《四库全书总目汇订》引司马朝军说，谓为明人王达撰。然考王达乃明初人,是书目录所引诸家评论下至王世贞、李载贽(即李贽)等,已逮明季,故必非王达所撰。且《千顷堂书目》卷十"王达《尚论编》二卷",此书为六卷,卷数亦未合,失之,仍当从《总目》为明末人所辑。

《论世八编》十二卷

《总目》:国朝华庆远撰。庆远,无锡人。是书辑前人论古之说,各区以时代。卷首有自序四篇,初序于崇祯庚辰,再序于甲申,三序于己丑,四序于己酉。己丑为顺治六年,己酉为康熙八年。……自一卷至四卷为初编,论自古迄三代。五卷为二编,则专论孔子。

按:是书《四库全书存目丛书》收有其稿本。凡四序,序一即甲申自序,序二为己丑序,序三为己酉序,后附庚辰旧序一篇。《总目》所谓"后改名为《论世八编》",见己丑第二序。书中每卷下题"于于子纂","于于"者,艰涩困顿之貌,与作者自序生平颇合。核其目次,五卷本亦论周,《总目》谓"专论孔子"。而考其正文,是卷先论孔子,其后论老子、孔门弟子、诸经、诸家等,非专论孔子甚昭。盖《总目》仅就卷首数页发论,以为通卷皆论孔子,非也。

《读史譖疑》十卷

《总目》:国朝张彦士撰。……其书评论史事,自上古至元,凡四百馀条,多作韵语。大约欲仿史家赞体,而体例冗杂,议论迂拘,不出乡塾儒生之见。

按:是书《四库全书存目丛书》史部第290册收有康熙三十六年(1697)彦士子张谦刻本。考此书唯前有数篇引史实偶作韵语,而作者自解则未见韵语。《总目》未通览而据以为论,谓“多作韵语”,失之。又是书以人为纪,《总目》系之以“条”,未确。

《芝坛史案》五卷

《总目》:国朝张鹏翼撰。鹏翼字警庵,连城人。

按:“警庵”当为张鹏翼之号,非其字。民国《连城县志》卷三十二有其传:“张先生讳鹏翼,字蜚子,晚号警庵。汀之连城新泉乡人。”

《唐鉴偶评》四卷

《总目》:国朝周池撰。池字商濂,湖口人。

按:“商濂”当作“斋濂”。清嘉庆《湖口县志》卷八:“周池字斋濂,别字泊园,邑优附生。以孝养故循例贡成均。因母病学医,朝夕调护,衣不解带者数载,母获颐养延年。为人厚重醇朴,严气正性,人始忌之,久亦服其德生。”光绪《江西通志》卷一百六十六亦作:“周池字斋濂,湖口人。”可证《总目》著录有误。

子 部

儒家类

《素履子》三卷

《总目》:唐张弧撰。……其书《新唐书·艺文志》、晁公武《读书志》、陈振孙《书录解题》,尤袤《遂初堂书目》皆未著录,惟郑樵《艺文略》、《宋史·艺文志》有之。

按:此书早在郑樵《艺文略》、《宋史·艺文志》之前,北宋《崇文总目》儒家类即已著录,南宋王应麟《玉海·艺文》亦著录。《总目》失检。

《总目》又云:宋晁说之《学易堂记》,谓世所传《子夏易传》,乃弧伪作。

按:"学易堂记",当作"传易堂记",宋晁说之《嵩山文集》卷十六《传易堂记》,曰:"古今学者咸谓卜子夏受易孔子而为之传。然太史公、刘向父子、班固皆不论著。唐刘子玄知其伪矣。是书亡不传于今。今号为子夏易传者,《崇文总目》亦斥其非是,而不知其所作之人。予知其为唐张弧之易也。"陈振孙《直斋书录解题》此书下亦作

"传易堂记",而后世多讹作"学易堂记"。

《总目》又云:旧题其官为大理评事,而里贯已不可考。

按:《直斋书录解题》"《子夏易传》十卷"条,注"陆德明、李鼎祚亦时称引"。考陆德明,贞观时人。则张弧当亦唐初之人。

《延平答问》一卷《附录》一卷

《总目》:宋朱子撰。……绍兴二十三年,朱子二十四岁,将赴同安主簿任,往见侗于延平,始从受学。绍兴三十年冬,同安任满,再见侗,仅留月馀。

按:据清王懋竑《朱熹年谱》,同安任满在绍兴二十六年(1156),二十七年(1157)候代不至,罢归。非三十年。

《戒子通录》八卷

《总目》:宋刘清之撰。……顾自宋以来,史志及诸家书目皆不著录。惟《文渊阁书目》载有二册,亦无卷数。

按:此书明晁瑮《晁氏宝文堂书目》亦有著录,唯此书不记著者。

《明本释》三卷

《总目》:宋刘荀撰。荀,东平人,尚书左仆射挚之孙。书中所称"先忠肃公",即谓挚也。

按:刘荀为刘挚之曾孙,非其孙,杨武泉先生已据其与刘芮为兄弟行,推定得之。今补充证之。宋周必大《文忠集》卷六十《终慕堂记》:"元祐名相忠肃刘公之曾孙讳荀,字子卿。"则明言去为曾孙。又嘉靖《江西通志》卷二十三:"刘荀字子卿,郓之须城人。丞相忠肃公挚之曾孙。”

《项氏家说》十卷《附录》二卷

《总目》:宋项安世撰。……此盖其读经史时条记所得,积以成编者也。案嘉定辛未,乐章撰《周易玩辞后序》曰:“项公昔忤权臣,摈斥十年,杜门却扫,足迹不涉户限。耽思经史,专意著述,成书数篇。迨兵端既开,边事告急,被命而起,独当一面。外御凭陵,内固根本,成就卓然。”陈振孙《书录解题》亦称其“当庆元中得罪时,谪居江陵,杜门潜心,起居不出一室,送迎宾友,未尝逾阈。诸书皆有论说”。然则是书乃庆元间斥居江陵时所作也。

按:本集卷十《说学篇·命说》:“秦太师死四十年矣,竟未有坐庙堂而为太师者。”据《宋史·秦桧传》,秦桧于南宋高宗绍兴二十五年卒(1155),四十年后,当1195年,即宁宗庆元元年。则此书当作于庆元初。然此书非作于一时。《说学篇》中有“蜀人校书郎王叔简谓项子曰”云云,考《南宋馆阁续录》卷八“校书郎”下“淳熙五年以后十六人”有“王叔简,十三年正月除。四月通判潼川府。十四年六月再除,绍熙元年五月为秘书郎”。知此条当为旧日所记。《总目》所谓“积以成编者也”可信。

《东宫备览》六卷

《总目》:宋陈模撰。模字中行,泉州永春人。庆元二年进士。嘉泰二年除秘书省正字,三年兼国史院编修官。开禧三年又兼实录院检讨官。嘉定二年除校书郎仍兼检讨。其历官始末见于《馆阁续录》中。

按:据《中兴馆阁叙录》,“正字”一官下,各以年号分类,如“淳熙五年以后十二人”,其下列十二人,每人下注淳熙五年开始至淳熙十六年之间任职的官吏的任职与离职时间,如第一人郑锷五年五月除,最后一人石宗昭十六年闰五月除,以淳熙共有十六年。同理,陈模在“开禧以后九人”之中,记载“陈模二年八月除,嘉定二年三月为校书郎”,则其开禧二年八月除秘书省正字,嘉定二年二月任校书郎。同样情况,“国史院编修官”一职下,“开禧以后二十二人”有陈模,言:“陈模,三年二月以正字兼,嘉定二年三月为校书郎,仍兼。”则国史院编修官为其兼职,其在开禧三年二月以秘书省正字兼,其后嘉定二年三月除校书郎,仍兼国史院编修官。“实录院检讨官”下,陈模在“开禧以后二十二人”中,言:“陈模,三年二月以正字兼,嘉定二年三月为校书郎,仍兼。”则亦是开禧三年二月以秘书省正字兼实录院检讨官,至嘉定二年三月转为秘书郎,仍兼任。由上可知,《总目》所谓“嘉泰二年除秘书省正字,三年兼国史院编修官”有误。而“开禧三年又兼实录院检讨官。嘉定二年除校书郎仍兼检讨”则不误。由上分析可见,陈模以秘书院正字,皆从开禧三年开始,同时兼任国史院编修官和实录院检讨官。故此书之前有陈模《进东宫备览表》,结衔即“秘书省正字兼国史院编修官、实录院检讨官”。

《总目》又云:案《宋史·艺文志》载陈模《东宫备览》一卷,然校进表及序皆称分为六卷,则《宋史》字误矣。

按:《宋史·艺文志》载一卷,未必是误。以此书篇幅计之,并非太大,既为上呈,缮写为一册足矣,无分卷之必要。《澹生堂藏书目》有二卷本,一册。《文渊阁书目》则有一册本。皆可见其篇幅不大。

《孔子集语》三卷

《总目》:宋薛据撰。……他若《韩非子·说林下》《内储说上》《内储说下》《外储说左上》《外储说右下》《难一》《难三》诸篇,可采者几二十条,而此书所引仅三条。

按:统计孙星衍《孔子集语》所引《韩非子》,共有二十一条。

《总目》又云:若《淮南子·主术训》《缪称训》《齐俗训》《道应训》《人间训》《泰俗训》诸篇,所可采者不下十馀条,而此所引者亦仅三条。

按:统计孙星衍《孔子集语》所引《韩非子》,共有三十条。

《家山图书》一卷

《总目》:不著撰人名氏。《永乐大典》题为朱子所作。今考书中引用诸说,有《文公家礼》,且有"朱子"之称,则非朱子手定明矣。

按:考此书所引除汉唐经注及朱熹外,尚有陆佃、陈祥道、聂崇义、双峰饶氏等。其中,"双峰饶氏"即南宋著名理学家饶鲁。饶鲁(1193—1264),饶州馀干(今江西万年)人。南宋著名理学家。字伯舆,一字仲元,号双峰。饶鲁生在朱熹之后(1130—1200),知必书非朱子所著。

《女孝经》一卷

《总目》:唐郑氏撰。……《宣和画谱》载孟昶时有石恪画《女孝经像》八,则五代时乃盛行于世也。

按:宋佚名《宣和画谱》卷七有《石恪传》,载:

石恪字子专，成都人也。喜滑稽，尚谈辩，工画道释人物。初师张南本，技进，益纵逸不守绳墨。气韵思致，过南本远甚。然好画古僻人物、诡形殊状。格虽高古，意务新奇，故不能不近乎谲怪。孟蜀平，至阙下，被旨画相国寺壁，授以画院之职不就，力请还蜀诏许之。今御府所藏二十有一：……女孝经像八……

石恪虽自孟蜀入宋，但本不言《女孝经》像八在孟昶时所画，《总目》以之论其盛行于五代，亦为失据。

《程书》五十一卷

《总目》：国朝程湛编。湛爵里未详。是编所录惟《程氏遗书》《外书》，而益以《明道文》一卷。其次序则非朱子之旧也。

按：考《四库全书存目丛书》收有清康熙二十五年刻本，前有呈文："臣湛、亮生长永宁县二程祠旁，兢兢惟玷辱先人是惧，谨将遗书除阙误不录，校正重刊，进呈御览，仍广梓行，世勿失传焉。谨识。"后署"兵部武库清吏司郎中臣程湛恭呈"。可知程湛为河南永宁人，作序时任兵部武库清吏司郎中。乾隆《河南府志》四十六《人物志》："程湛，《旧府志》字止水，永宁人。伊川之后。以孝友称，由拔贡，选安陆府倅。入副大理寺丞，历户部主事员外，擢兵部武库郎。居官敬慎，以廉静闻。曾刻《两程遗书》。"

《言子》三卷

《总目》：宋王爚编。爚字伯晦，会稽人。陈振孙《书录解题》云："言子相传所居在常熟县。庆元间，邑宰孙应时始为之祠。近王爚复裒诸书为此书。"梁维枢《内阁书目》云："宋嘉熙间，平江守王爚辑子

游言行及祠庙事迹。”

按:《四库全书总目》中,屡言“梁维枢《内阁书目》”,如地理类《浙西水利议答录》十卷、集部《中庵集》二十卷等提要。杨武泉先生此条提要,认为所引《内阁书目》“宋嘉熙间,平江守王爚辑子游言行及祠庙事迹”,与万历三十三年孙能传、张萱等五人所纂《内阁藏书目录》无一字之差,而纂者中无梁维枢。又按吴梅村所作墓志铭,亦不言其作《内阁目录》,故疑其误。

然考清王正功《中书典故汇纪》卷三引梁维枢《内阁藏书目录》题词:

余少观《国史经籍志》,史类簿录内开《文渊阁书目》十四卷。及备员东曹典籍,编察文渊阁书,止存书目三册,后有阁臣题稿,无所谓十四卷。而书又已损失过半。崇祯十一年,上命尽取阁中书籍,置乾清宫御览。因命维枢校理纂释,照经史子集分部,外复加十四部,仿《读书志》作题解,以便御览。乃录此目,并录旧书目题稿冠其首进呈。后拜疏请,诏搜求四方书籍,奉旨允行。维枢就除礼部,竟不果行。简策未兴,璧奎无色。请求无力,枢窃追悔溺其职焉。

按,梁维枢(1587—1662),字慎可,号西韩生,京师真定府真定县(今河北省石家庄市正定县)人。崇祯年间,担任内阁撰文中书舍人,工部主事。入清后,担任营缮司郎中、山东按察司佥事、武德道。著有《玉剑尊闻》《性谱日笺》《内阁小识》《群玉直誉》。履历与题词合。则确有梁维枢所整理之《内阁藏书目录》,在崇祯时期,其万历《内阁藏书目录》为其所参考旧书目,故与之文字相同亦在情理中。馆臣所见当为此本,而非万历本。杨武泉先生说误。

《大学衍义辑要》六卷《大学衍义补辑要》十二卷

《总目》:国朝陈宏谋撰。……取真德秀《大学衍义》四十三卷,纂为六卷。邱濬《大学衍义补》一百六十卷,纂为十二卷。盖为边方之士艰购全书者设也。

按:据陈氏《大学衍义辑要》自序,"真氏之书四十三卷,邱氏百六十卷,卷帙浩繁,学者未免有望洋之叹。而远方学者不但难读,且亦难购"。则主要原因为卷帙浩繁而难读,而《总目》所言"盖为边方之士艰购全书者设",为次要原因。又据此序落款,题"陈弘谋",则"宏"字当为避讳所改。

兵家类

《练兵实纪》九卷《杂集》六卷

《总目》:明戚继光撰。……《明史》本传称:"蓟镇十七年中易大将十人,率以罪去。继光在镇十六年,边备修整,蓟门宴然。继之者踵其成法,数十年得无事。"又称:"所著《纪效新书》《练兵事实》,谈兵者遵用焉。"此本题曰《练兵实纪》,与史不同,或史偶误一字欤。

按:《练兵事实》,此《总目》就《明史稿》来著录。万斯同、王鸿绪《明史稿》之《戚继光传》,皆如是题。而殿本《明史·戚继光传》:"所著《纪效新书》《练兵纪实》,谈兵者遵用焉。"已为改正。

《将苑》一卷

《总目》:旧本题汉诸葛亮撰。前有明金都御史宁仲升序,谓出于士人周源所藏。考此书诸家不著录,至尤袤《遂初堂书目》乃载其名,亦称亮撰,盖伪书之晚出者。

按:此书郑樵《通志·艺文略》亦载。考郑樵(1104—1162),尤袤(1127—1194),当郑樵在先。又据《宋史·尤袤传》,尤袤取晋代孙绰的《遂初赋》的"遂初"二字名堂,宋光宗亲笔题写了,于是便改书斋名为"遂初堂",时在淳熙十三年(1186)。则《遂初堂书目》当在其后产生。而此时郑樵亦作古逾二十年,则"考此书诸家不著录,至尤袤《遂初堂书目》乃载其名"不确。当言"至郑樵《通志》乃载其名"。

《海寇议》一卷

《总目》:明万表撰。表字民望,鄞县人。正德末武进士,累官都督同知金事南京中军都督府。……案黄虞稷《千顷堂书目》载表《海寇前后议》一卷。此乃袁褧采入《金声玉振集》者,所录仅一卷。疑已佚其《后议》,又讹"万"为"范",尤为失考矣。

按:"金事"当作"金书"。《明世宗实录》卷三百四十三,嘉靖二十七年十二月:"命漕运总兵兼镇守淮安署都、督金事万表金书南京中军都督府事。"焦竑《澹园集》有《荣禄大夫南京中军都督府都督同知前提督漕运镇守淮安总兵官鹿园万公墓志铭》,明焦竑《熙朝名臣实录》有《都督同知万公》下,均言"南京中军都督府都督金书",可证。

若从《总目》所论,《千顷堂书目》亦但一卷,此亦一卷,何来"佚其后议”之说。检四库本《千顷堂书目》，言作者为“万表”，非“讹万为范”者。考焦竑《国史经籍志》有范表《海寇前后议》二卷，与《总目》所议合。此当为《总目》所欲言者，而笔之于书时，误题黄虞稷《千顷堂书目》。此为二卷，今本为一卷，故《总目》疑其有佚脱。又作者作“范表”，故《总目》谓“讹万为范。”

《古今将略》四卷

《总目》：案《明史·艺文志》、黄虞稷《千顷堂书目》载此书，皆作冯孜撰。孜字原泉，桐乡人。隆庆戊辰进士，官至湖广布政使。

按：冯孜，字子渐，号原泉。原泉非其字。嘉庆《桐乡县志》卷七：“冯孜字子渐，号原泉。”清盛枫《嘉禾征献录》卷二十七：“冯孜字子渐，号原泉，桐乡人。”

农家类

《野菜谱》一卷

《总目》：旧本题高邮王磐鸿渐撰。磐，明正德、嘉靖间人，尝诵《咏老人灯》诗以讥李东阳者，非元之王磐也。前有存白山人序，不著年月姓名。辨其私印，微似“李宫”二字，不知为何许人。

按：《四库全书存目丛书》收有一部明刻本，题“高邮王盘鸿渐甫著，郡人王应元一之甫校”，前有嘉靖三年王磐自识。存白山人序在卷后。落款为“存白山人李宫”，印文亦确为“李宫”。似与馆臣所见之本不同。

医家类

《黄帝素问》二十四卷

《总目》：唐王冰注。……故《隋书·经籍志》始著录也，然《隋志》所载只八卷……

按：《隋书·经籍志》医方类所载《黄帝素问》共两种，一种《黄帝素问》九卷，无注，一种《黄帝素问》八卷，全元起注。《总目》言《隋志》所载只八卷，误。

《难经本义》二卷

《总目》：周秦越人撰，元滑寿注。……是书首有张翥序，称："寿家去东垣近，早传李杲之学。"《撄宁生传》则称："学医于京口王居中，学针法于东平高洞阳。"考李杲足迹未至江南，与寿时代亦不相及。翥所云云，殆因许近东垣，附会其说欤？

按：据《明史·滑寿传》，滑寿既从京口王居中卒业，又参会张仲景、刘守真、李明之三家而会通之。李明之即李杲，字明之。滑寿生于仪真，其医学有李杲学派因素，故张翥附会其旧籍言之。

《甲乙经》八卷

《总目》：晋皇甫谧撰。……考此书首有谧自序，称："《七略》《艺文志》，《黄帝内经》十八卷，今有《针经》九卷，《素问》九卷，二九十八卷，即《内经》也。又有《明堂孔穴针灸治要》，皆黄帝、岐伯选事也。

三部同归,文多重复,错互非一。甘露中,吾病风,加苦聋,百日方治。(案:此四字文义未明,疑有脱误,今仍旧本录之,谨附识于此。)要皆浅近,乃撰集三部,使事类相从,删其浮词,除其重复,至为十二卷。”云云。

按:“百日方治”四字,馆臣按语,文义未明,疑有脱误。胡玉缙《四库全书总目提要补正》谓治之百日方愈,似无脱误。二氏皆误解皇甫氏本义。“病风”,即《晋书·皇甫谧传》所言“后得风痹疾,犹手不辍卷”。风痹,中医学指因风寒湿侵袭而引起的肢节疼痛或麻木的病症。《灵枢经·寿夭刚柔》:“病在阳者命曰风病,在阴者命曰痹病,阴阳俱病,命曰风痹病。”《宋书·隐逸传·周续之》:“续之素患风痹,不复堪讲,乃移病钟山。”宋苏辙《记病》诗:“侵寻作风痹,两足几蹒跚。”此言既患中风,身体麻痹,行动不便,又加以耳聋之苦,在此情况下,耗时百日方治办此书而毕。非胡氏所谓病愈之义。

《褚氏遗书》一卷

《总目》:旧本题南齐褚澄撰。……又有嘉泰元年丁介跋,称“此书初得萧氏父子护其石而始全,继得僧义堪笔之纸而始存,今得刘义先锓之木而始传”云云。考周密《癸辛杂识》引其“非男非女之身”一条,则宋代已有此本。所谓刻于嘉泰中者,殆非虚语。

按:据四库本嘉泰元年日南至丁介跋,“刘义先”作“刘继先”,《总目》“义”字讹。又丁序提及刘继先者唯此一句,不似代人作序跋。日南至为本年之冬至日,则此书是否果真作于嘉泰元年之中,较为可疑。“所谓刻于嘉泰中者,殆非虚语”之说,《总目》实乏根据。

《银海精微》二卷

《总目》:旧本题唐孙思邈撰。

按:《总目》谓旧题孙思邈当系后人托名。据明袁学渊《秘传眼科全书》卷一所引《田仁斋银海精微论》,考之实宋杨士瀛《仁斋直指》卷二十《眼目方论》一篇。杨士瀛,字登父,号仁斋,生卒不详,南宋三山(今福建省福州市)人,出身医学世家。若以此论之,此书当系南宋杨士瀛所撰。

《总目》又云:……其曰"银海"者,盖取目为银海之义。考苏轼雪诗有"冻合玉楼寒起粟,光摇银海眩生花"句。《瀛奎律髓》引王安石之说,谓:"道书以肩为玉楼,目为银海。"银海为目,仅见于此。然迄今无人能举安石所引出何道书者,则安石以前绝无此说,其为宋以后书明矣。

按:此事最早出宋赵令畤《侯鲭录》,宋人多引之。其卷一曰:"东坡在黄州日作雪诗,云:'冻合玉楼寒起粟,光摇银海眩生花。'人不知其使事也。后移汝海,过金陵,见王荆公。论诗及此,云:'道家以两肩为玉楼,以目为银海,是使此否?'坡笑之,退谓叶致远曰:'学荆公者,岂有此博学哉!'""雪诗",即《雪后书北台壁二首》之一。宋王十朋集注《东坡诗集注》卷七此诗下注:"《厚道经》以项肩骨为玉楼,眼为银海,起粟为冻起肉,上为生粟。"引说较王安石说多"起粟",盖今言因寒所起鸡皮疙瘩。则苏轼所引即《厚道经》之说,是书今不传,出何时未详,然据苏轼所引,北宋已见之当无疑。

此外,"银海"之说,《道藏》中紫阳真人张平叔撰《玉清金笥青华秘文金宝内炼丹诀》卷上言:"目中有银海。"考此书卷首张氏所进之表奏:"臣处世多虞,无有所为,为必颠踬,年迈三旬,独于大道有缘焉。"张平叔,本名张伯端(983—1082),道教南宗初祖,字平叔,号紫阳、紫阳山人,尊为"紫阳真人"。临海(今属浙江)人。自幼博览群书,学贯古今中外,涉猎诸种方术。曾中进士,后谪戍岭南。于成都遇仙人(一说仙人即为刘海蟾)授道,后著书立说,传道天下。北宋元丰五年(1082)仙逝。据其所进之表奏,则三旬之时,当在1011年之后,至晚当不至于1021,考王安石生于1021年,则进书之时,王安石尚未生,足证目为银海之说,王安石之前必有。综上所言,《总目》谓"安石以前绝无此说",甚不尔。

《外台秘要》四十卷

《总目》:唐王焘撰。……此本为宋治平四年孙兆等所校,明程衍道所重刻,前有天宝十一载焘自序,又有皇祐二年内降劄子及兆校上序,其卷首乃题林亿等名。

按:据程氏重刻本,"皇祐二年"当作"皇祐三年"。

《总目》又云:唐制,腊日赐口脂、面药,今不知为何物,其方亦具在三十一卷中。

按:据四库本,口脂、面药方在卷三十二中,不在卷三十一中。又口脂、面药为两方。唐杜甫《腊日》诗:"口脂面药随恩泽,翠管银罂下九霄。"仇兆鳌注引朱瀚曰:"口脂、面药,以御寒冻。"口脂主预防寒冬口唇开裂。面药,预防面部皮肤因寒冻而皴裂的药膏,亦主面之皴皱、黡黑之类。馆臣习读杜诗,不当不知此典,而曰"今不知为何物",盖偶忘耳。

《博济方》五卷

《总目》:宋王衮撰。……原书久无传本,惟《永乐大典》内载有其文。裒辑编次,共得三百五十馀方。视衮序所称五百首者,尚存十之七。

按:古代医药类书籍引此书者甚多,如《证类本草》《本草纲目》《普济方》等,非惟《永乐大典》内载有其文。其中,明朱橚《普济方》中引《博济方》尤多,可以补充者略检便有:四圣散、白龙丸、玉露丸、紫金丹、乌头散、草豆蔻散、独活丸、必效丸、洗输散、桃红散、硼砂散(一名真圣散)、开关散、七珍丸、煨石子散、大通丸、应用丸、烧肾丸、威灵仙丸、华盖汤、玄参散、穿山甲膏裹方、镇心丸、吴茱萸丸,等等。粗略估计,不下数十则。藉由这些医典所引,恢复四百方以上乃至五百方之旧观,或非不可能。

谱录类

《鼎录》一卷

《总目》:旧本题梁虞荔撰。……其书不见于本传,《唐志》始著录。

按:检新旧《唐书》之《艺文志》,均不见其人其书。此书至北宋《崇文总目》始见著录,郑樵《通志》亦载。"唐""通"声近,《总目》所谓"《唐志》",当为"《通志》"之讹。

《铜剑赞》一卷

《总目》:梁江淹撰。……齐永明中,掘地得古铜剑,淹因诠次剑事,考古人铸兵用铜,后世铸兵用铁原委,以为之赞。虽文止一篇,然《宋史·艺文志》《文献通考》皆著于录,故附存其目焉。

按:"永明中",据本书,当作"永明初"。又此书宋代《崇文总目》《玉海》《通志》,均已见著录。

《汉甘泉宫瓦记》一卷

《总目》:国朝林佶撰。佶字吉人,侯官人。康熙己卯举人,直武英殿。壬辰特赐进士,授内阁中书。此瓦乃佶之兄侗得于陕西石门山中,琢以为研,今其后人犹藏之。

按:卷中通篇不言"石门山","石门"当为"甘泉"之误。清黄锡蕃《闽中书画录》卷十《林佶传》,言其"性喜金石,工篆、隶、行、楷",然由此四字之识度之,此篆书水平亦了了。

《总目》又云:王士祯诗注及此卷末张潮跋均以为"长生甘泉"四字,误也。

按:卷后涨潮跋文为:"古者宫殿之瓦,其色黝然,与民间无异,特精粗不同耳。后世创为琉璃之窑,虽不知始于何时,然观小李将军所画宫图,与近代无异。则是宫瓦黄绿之色,自隋唐间当已有之。因读林君《汉瓦记》,偶笔于此,以俟博雅好古者详考焉。新安涨潮。"

其末篇为"东武李澄中渔村"跋,提及"长生甘泉",《总目》盖并二篇为一篇,据后署张潮而以为张氏所跋。非也。

《茶寮记》一卷

《总目》:明陆树声撰。……此编即其家居之时与终南山僧明亮同试天池茶而作。

按:据本书卷首小序言:"时杪秋既望,适园无静居士与五台僧演镇、终南僧明亮同试天池茶于茶寮中漫记。"适园无静居士,陆氏自谓。则同时饮者尚有五台僧演镇。

小说家类

《飞燕外传》一卷

《总目》:旧本题汉伶元〔玄〕撰。末有元自序,称字子于,潞水人。由司空小吏历三署,刺守州郡,为淮南相。其妾樊通德,为樊嫕弟子不周之子,能道飞燕姊弟故事,于是撰《赵后别传》。其文纤靡,不类西汉人语。序末又称元为河东都尉时,辱班彪之从父躅,故彪续《史记》,不见收录。其文不相属,亦不类元所自言。后又载桓谭语一则,言史始二年刘恭得其书于茂陵卜理,建武二年贾子翊以示谭。所称埋藏之金縢漆匮者,似不应如此之珍贵。

按:《汉书·淮南衡山济北王传》,武帝时,淮南王刘安反叛,国除为九江郡。其后未有淮南国。而所谓司空一职,成帝末年曾置,而职事未析,旋就废止。此后王莽亦不置。此人既为淮南相,闻成帝之事,则在西汉末。官职与履历不应。则知此系伪造。且西汉官制,未闻有三署郎,三署郎,东汉始有此提法。观此,可知此序之伪。

《月河所闻集》一卷

《总目》:宋莫君陈撰。君陈,湖州人。其始末未详。书中称"授知婺州,朝辞,有劄子权刑部郎中",则尝以朝官典郡矣。

按:余嘉锡先生疑其文莫氏子孙,恐非。关于莫氏之资料,较为零散。主要在嘉泰《吴兴志》与《续资治通鉴长编》中。同治《湖州府志》卷七十一结合二书作了整理,可参。

《总目》又云:盖书贾从《说郛》钞出,非其完本矣。

按,此书不在《说郛》中。

《养疴漫笔》一卷

《总目》:宋赵溍撰。溍字元晋,号冰壶,葵之子也。咸淳中尝知建宁府。

按:"建宁府"当作"建康府"。建宁府在宋福建路,与"沿江制置使"无关。清厉鹗《宋诗纪事》卷七十五:"溍字符晋,号冰壶,忠靖公葵之子。咸淳中,沿江制置使,知建宁府。"《总目》当本此。周密《癸辛杂识·别集》卷下:"赵溍沿江制置使,知建康府。"周密《绝妙好词笺》卷五:"溍字符晋,号冰壶,潭州人。忠靖公葵子。咸淳中沿江制置使,知建康府。"均不误。

《双槐岁钞》十卷

《总目》:明黄瑜撰。……所记洪武迄成化中事,凡二百二十条。

按:"所记洪武迄成化中事"不当。翻阅此书,卷九、卷十记事约二十事已入孝宗弘治中事,其中卷十尤多。如《丘文庄公言行》条:

“弘治乙卯春二月戊午，少保邱公薨于位……。”《保举神童》条：“弘治乙卯，吾乡西溪张御史叔亨泰按云南，会镇守太监刘昶、总兵黔国公沐琮、巡抚都御史张浩保举神童董元者……”再如“修省直言”条：“弘治乙卯，二月，洮州雨霜。六月，黟歙雨豆。七月，大雨雹。八月，贵州地震。九月，吾广潮琼飓风暴雨。十月，南京地震。南赣大疫……”考作者自序“自景泰丙子以迄于今四十年于兹而编成焉”，落款为弘治乙卯仲春，即弘治八年（1495）。记事入弘治，亦在情理之中。

《总目》又云：黄虞稷《千顷堂书目》称其孙佐以春坊谕德掌南京翰林院事，于院堂书簏中得吴元年故简，因足成之。案佐有目录跋语，则所补者为洪武初科第及永乐庶吉士姓名二条是也。

按：《总目》言“于院堂书簏中得吴元年故简，因足成之”，若是吴元年之简，何以补永乐时事，非，此引述不当。考黄佐原话：“此编惟馆阁一二事犹阙疑焉。比佐窃禄留院。堂之东一巨柜扃镝案牍，虽吴元年楮墨，完整如新，因据而补之。”可见，非只是吴元年故简之事。又考目录中无“洪武初科第”及“永乐庶吉士姓名”，考之其书，前者当系卷二《丁丑再试》条，后者当即卷三《甲申庶吉士》条。

《立斋闲录》四卷

《总目》：明宋端仪撰。……是编杂录明代故事，自太祖吴元年迄于英宗天顺，皆采明人碑志、说部为之，与正史间有牴牾，体例亦冗杂无绪。

按：此书记事不至于英宗天顺，而止于成化。如卷一“赐名怀恩，成化间为司礼监太监”。卷二记陈迪，“成化壬寅郡人设迪神主于乡贤祠。甲辰,郡守复于迪故居址立祠,并立石墓门”。卷二引文自注:“成化己亥,同郡谢铎《逊志斋集》序。”卷三记黄福,“成化三年五月卒。赠太保,谥忠宣”。卷四“成化末,小人用事”,等等。此书卷后多条以英宗天顺起首,《总目》不辨内容,而径著录之,故误。

《明记略》四卷

《总目》:明皇甫录撰。录字世庸,号近峰,长洲人。宏〔弘〕治丙辰进士。官至顺庆府知府。《明史·皇甫涍传》称父录官重庆府知府。案录《下陴纪谈》载顺庆事甚详,则《明史》字误。

按:《总目》所言甚是。明皇甫汸《皇甫司勋集》卷五十七所撰其兄皇甫冲《华阳长公行状》:“父讳录,仕终顺庆守,进阶中宪大夫,是为近峰公。”可以补证。

《总目》又云:所记皆正德以前旧闻。

按:此书作于嘉靖时,亦记事下迄嘉靖。如以下二条:

嘉靖初,甘肃都御史许铭以减省军饷被众焚其廨宇而杀之。大同都御史张文锦委参将贾鍵开白沟河,鍵以苛刻为众所杀,文锦执其首恶,将按之,竟亦被害。

嘉靖壬辰,北虏犯边。刘太卿棨言英宗土木之难几不免矣。也先之母告其子曰:吾苏州人也。少随夫戍,生被汝父掳回,与之生汝。吾念昔居中国,为今天子臣,臣无杀君之礼。跪且泣,以请也先,从之。英宗得还,此说不见记载,而太卿掌诏敕在内阁四十馀年,必有所授之也。

《苹野纂闻》一卷

《总目》:明伍馀福撰。……是书所纪仅二十条,皆吴中故实,间及朝政。

按:此书以吴中为主,然非尽皆吴中故实。如首条《终南勇士》,写二贾往山东,而误入终南山之事,便与吴中无关。第十五条《文交木伐梨》,载文林为博平县令,砍伐梨木之事。博平为山东东昌府县,非吴中之地。文林字宗儒,湖广衡山人,亦非吴中之人。

《贤识录》一卷

《总目》:明陆釴撰。……此书皆纪洪武中杂事,所采惟《馀冬序录》《野记》《客座新闻》《草木子》诸书。

按:据各条下标注出处,未引及《草木子》。此当衍文。

《孤树裒谈》十卷

《总目》:明李默撰。……是书录有明事迹,起自洪武,迄于正德,所引用群书凡三十种。

按:此书末卷虽以武宗标目,但记事下迄嘉靖。可见者如"嘉靖三年八月深入甘州寇掠",再如记郑亨而言"自嘉靖以来至十二年守者非人"。

《名世类苑》四十六卷

《总目》:明凌迪知撰。……正德以前凡二百七十一人,嘉靖间三十二人。

按：据凌氏《凡例》所述，嘉靖间凡三十一人。《总目》作“三十二”误。

《客座赘语》十卷

《总目》：明顾起元撰。……至《前闻纪异》一百条，全录旧文，取充卷帙，尤为无取矣。

按：据书，“前闻纪异”当作“前记异闻”，在卷五。

《明世说新语》八卷

《总目》：明李绍文撰。……所载明一代佚事琐语，迄于嘉、隆，盖万历中作也。

按：此书记事已入万历。考卷七：“万历壬辰，一老人号醒神，自云数百岁，曾见高帝、张三丰。又自诡为王越，至今不死。又云历海外诸国万馀里。陈眉公曰：‘听醒神语是一本活《西游记》。’”考万历壬辰为万历二十年(1592)，据此，当云“迄于隆、万”。

《读史随笔》六卷

《总目》：国朝陈忱撰。……又或但书其事。如叙成化十三年乐安王奏宁王奠培惨酷贪淫不轨等事，命太监罗吉祥往勘多实，拟罪姑从宽典，革去禄米一年。更不论断一字，亦不知何所取。

按：“太监罗吉祥”当作“太监罗祥”，此处衍“吉”字。“革去禄米一年”，当作“革去禄米一半”。《总目》谓“亦不知何所取”，考此条不在《明史》中。按《明宪宗实录》卷一百六十二，成化十三年(1477)二月：

减宁王奠培、乐安王奠垒禄米。初，乐安王奏宁王惨酷、贪淫、不轨等事。命太监罗祥、驸马都尉石璟、刑部侍郎杜铭、锦衣卫指挥赵璟往勘，多实，惟不轨之事涉虚。至是，仍命皇亲文武大臣议，拟各坐罪。上曰："宁王所为不法，屡降敕切责，乃不思改过，而所为益甚。揆之祖训，本当削爵，降为庶人。但念宗支，姑从宽典，革去禄米一半。乐安王所奏重情不实，有乎伦理，革禄米三之一。仍下敕切责，及书报各王知之。"

《闲窗括异志》一卷

《总目》：宋鲁应龙撰。自署东湖，盖嘉兴人。

按：元陈世隆《宋诗拾遗》卷十六："鲁应龙，字子谦，海盐人。"海盐为南宋嘉兴府海盐县。清厉鹗《宋诗纪事》卷六十九："应龙，字子谦，嘉禾人，有《闲窗括异志》。"均此人。

道家类

《阴符经解》一卷

《总目》：旧本题黄帝撰，太公、范蠡、鬼谷子、张良、诸葛亮、李筌六家注。……注中别有称"尹曰"者，不知何人。卷首有序一篇，不著名氏，亦不著年月，中有"泄天机者沈三劫"语，盖粗野道流之鄙谈，无足深诘。

按：此本系《道藏》本《黄帝阴符经集注》，实为七家注，《总目》所脱伊尹一家，即《总目》称"尹氏"者。据道藏本，序为"蜀相诸葛亮撰"。

《总目》又云：惟晁公武《读书志》中所引筌注，今不见于此本。或传写有所窜乱，又非筌之原本欤？

按：晁公武《郡斋读书志》卷三"《阴符经》一卷"条，云"唐少室山布衣李筌序云……"《总目》此本有李筌注，但无李筌序。"所引筌注"，据《读书志》当作"所引筌序"。

《道德指归论》六卷

《总目》：旧本题汉严遵撰。

按：此书旧本题汉严遵撰，亦未有确论。《总目》从曹学佺论，疑为后人作伪。中华书局王德友整理本《老子指归》，辑佚唐宋佚文数百条，证其非作伪。然此仅能证其非唐以后人作伪。今考《后汉书·郎觊传》上书："老子曰：'人之饥也，以其上食税之多也。'"此系《道藏》本严遵《道德真经指归》"人之饥章"首句"人之饥也，不充饱也，上食税之多，为美好也，是以饥衣食少也"。其文见于东汉人所引，则此书为严君平所撰确乎无疑。

《道德宝章》一卷

《总目》：宋葛长庚撰。……前有万历癸未适园居士跋二则。

按：二跋均不见四库本中。然一书有一人二跋，亦较为罕见。考周中孚《郑堂读书记》卷六十九"道德宝章"条云"前有明陆树声跋及万历癸未适园居士二跋"，则《总目》当漏陆树声一跋。

《南华真经义海纂微》一百六卷

《总目》：宋褚伯秀撰。伯秀，杭州道士。是书成于咸淳庚午，前

有刘震孙、文及翁、汤汉三序。下距宋亡仅六年。

按:《道藏》本三序分别题撰写时间为咸淳元年、咸淳元年、咸淳乙丑,咸淳元年亦乙丑年,则均咸淳元年(1265),当即成书之年。考此书后有“咸淳庚午春,学徒武林褚伯秀谨志”。当即后来之识语,非创作之年。《总目》据之题撰于咸淳庚午(1270),故误。下距宋亡国为九年,《总目》作“六年”亦误。

《古老子》二卷

《总目》:旧本题许剑道人手刊。……末刻夷门天乐道人李道谦跋,云:“鲁之大儒高翿文举者,善古篆。尝为会真宫提点张志伟寿符书《道德》五千言,笔法精妙,古今罕有。至元庚寅,承命祀香岳渎,驻于终南山重阳万寿宫。遂摹诸经台,垂之永久。”然则高翿所书,李道谦摹刻于石,而是册又从石刻摹出耳。

按:此非李道谦所摹刻。考民国《续修陕西通志稿》卷一百六十一载李道谦序:“掌教宗师玄逸真人张君近得是书,日常珍玩。至元庚寅春,钦承睿命,祀香岳渎。越三月初吉,驰抵来秦,驻军终南山重阳万寿宫。首出囊贽暨此篆文,召楼观提点聂志元辈命工摹刻贞石,署诸说经台上,昭示永久。……今宗帅真人复以是经刻石丁斯……”则非自己所刻,乃此为玄逸真人张君刻。“至元庚寅”为元世祖至元二十七年(1290),考《元史·世祖本纪十三》,至元二十七年十二月有“遣真人张志仙持香诣东北海岳、济渎致祷”。当即此人。其后五年,当元贞元年(1295),苏天爵《元文类》卷二十二载其时姚燧《长春宫碑铭》有“玄逸真人臣张志仙”,年岁前后相接,亦可证即此人。

《观老庄影响论》一卷

《总目》:明释德清撰。……其曰“影响论”者,取“空谷传声,众响斯应”之义也。

按:“取空谷传声,众响斯应”,只言“响”,未及“影”。《总目》此评从释德清之叙意而出,而少一段。当如叙意所云:“是故余以唯心识观而印决之,如摩尼圆照,五色相鲜,空谷传声,众响斯应。苟唯心识而观诸法,则彼自不出影响间也,故以名论。”所谓“影”即就“摩尼圆照,五色相鲜”而言。

集部

别集类

《文泉子集》一卷

《总目》:唐刘蜕撰。蜕字复愚,长沙人,大中四年进士及第。咸通中官至左拾遗,外谪华阴令。案王定保《唐摭言》载:"刘纂者,商州刘蜕之子,亦善为文。"则蜕当为商州人。又孙光宪《北梦琐言》载:"刘蜕,桐庐人,官至中书舍人。有从其父命,死不祭祀一事。"所叙爵里复不同。或疑为别一刘蜕,未之详也。

按:孙光宪《北梦琐言》卷二:"唐刘舍人蜕桐庐人。早以文学应进士。举其先德戒之曰:'任汝进取,穷之与达,不望于汝。吾若没后,慎勿祭祀。'乃乘扁舟,以渔钓自娱,竟不知其所适。紫微历登华贯,出典商於。霜露之思,于是乎止。临终亦戒其子,如先考之命。蜀礼部尚书纂即其息也,尝与同列言之。"此三者并可调和。盖《北梦琐言》之称其为"桐庐人",从其祖籍。其实为长沙人,当从《文泉子集》卷三《梓州兜率寺文冢铭并序》,题作"长沙刘蜕复愚"。故《太平广记》卷一百八十二载："荆南解比号天荒。大中四年，刘蜕以是府解及第。"长沙即在荆南，此与其自题吻合。王定保《唐摭言》所载"刘纂者，商州刘蜕之子"。父子之名，皆与桐庐籍作刘蜕、刘纂父子相应，天下无如是之巧合，知二刘蜕当系一人。《北梦琐言》言刘蜕"出典商於"。"商於"为先秦之旧地名，其地正在唐商州境内。则疑刘蜕典商州之后，便落籍商州，故又为商州人。

《梨岳集》一卷《附录》一卷

《总目》：唐李频撰。频字德新，寿昌人。大中八年擢进士第，调秘书郎，累迁建州刺史。卒于官。州民思其德，立庙梨山。事迹具《唐书·文艺传》。

按：魏小虎《四库全书总目汇订》引傅璇琮先生《唐才子传校笺》，谓李频《自黔中归新安》诗："欲将仙桂东归去，江月相随直到家。"则新安为其乡里，即清溪县。今考《新唐书·地理志》：寿昌、清溪同属睦州。清溪县，本雉山县，文明元年曰新安，开元二十年曰还淳，永贞元年更名。寿昌县，永昌元年析雉山置，载初元年省，神龙元年复置。文明元年为684年，永昌元年为689年，则寿昌县即自雉山析出，时亦名新安县。李频之时，已无新安县之名。此新安盖沿用旧郡名。傅先生盖见《地理志》新安在金溪下，遂误以及金溪，不知二县皆从新安旧县分出。

傅先生又云，进士及第不得骤调迁至从六品以上之秘书郎，《存佚丛书》本《唐才子传》作"校书郎"，当从。按，此言"调"，则有前官明矣，但不著录而已。作"秘书郎"不误。

《李群玉集》三卷《后集》五卷

《总目》:唐李群玉撰。……《太平广记》载群玉遇湘君事甚异,其诗今载《后集》第三卷。然前一首为吊古之词,无媟亵之意。后一首写当时棹女,与二妃尤不相关。况群玉虽放诞风流,亦岂敢造作言语,渎慢神明,污蔑古圣!殆因其诗为时传诵,小说家因造此事附会之耳。

按:《太平广记》卷四百九十八《杂录六》"李群玉"条载其事,其诗云:"李群玉既解天禄之任而归涔阳。经二妃庙,题诗二首曰:'小孤洲北浦云边,二女明妆尚俨然。野庙向江春寂寂,古碑无字草芊芊。东风近墓吹芳芷,落日深山哭杜鹃。犹似含颦望巡狩,九疑如黛隔湘川。'又曰:'黄陵庙前莎草春,黄陵女儿茜裙新。轻舟小楫唱歌去,水远山长愁杀人。'"司马迁《史记·秦始皇本纪》"湘山祠",张守节《正义》引《括地志》云:"黄陵庙在岳州湘阴县北五十七里,舜二妃之神。二妃冢在湘阴北一百六十里青草山上。盛弘之《荆州记》云:'青草湖南有青草山,湖因山名焉。'《列女传》云:'舜陟方,死于苍梧,二妃死于江湘之间,因葬焉。'按湘山者,乃青草山。山近湘水,庙在山南,故言湘山祠。"则第二首之黄陵庙,即二妃庙,此诗亦是吊古之作。以黄陵女儿乘舟有所归往,暗寓二妃无所适,而"水远山长愁杀人"正是望眼欲穿、久盼舜帝不归之义。《总目》谓"与二妃尤不相关"决不可信。

《曹祠部集》二卷附《曹唐诗》一卷

《总目》:唐曹邺撰。邺字邺之,阳朔人。

按:曹邺字业之。《总目》"邺"字误。宋计有功《唐诗纪事》卷六

十、宋阮阅《诗话总龟》卷十、宋尤袤《全唐诗话》卷五、宋佚名《锦绣万花谷》后集卷三十三,是宋人所见皆作"业之"。自元人辛文房《唐才子传》始误作"邺之",而《总目》从之。

《总目》又云:末附《曹唐诗》一卷。唐字尧宾,桂林人。初为道士。大和中返初服,举进士。累辟诸府从事。

按:曹唐诗蒋冕所辑仅六十馀首。清人辑《全唐诗》,收至一百五十馀首。又,曹邺为桂州阳朔县人。《总目》谓曹唐"桂林人"。然考《新唐书·地理志》,桂林本象州属县。唐高宗乾封元年(666),省桂林县入象州之武仙。至曹唐所处唐宣宗大中左右,早无桂林县。此"桂林"依晁公武《郡斋读书志》,当作"桂州人"。宋计有功《唐诗纪事》卷五十八、元辛文房《唐才子传》卷八并载其为"桂州人"不误。

《甫里集》二十卷

《总目》:唐陆龟蒙撰。……林希逸为序,刊版置于义庄。……希逸序中辨"诏拜拾遗"一事极精核,足证《新唐书》之误。

按:《新唐书·隐逸传》载陆龟蒙:"李蔚、卢携素与善,及当国,召拜左拾遗。诏方下,龟蒙卒。"林希逸考李、卢当国在乾符元年至五年。而乾符六年,陆龟蒙尚在,以时间计之,《新唐书》所述不当。林氏之说似有理。但考虑到这段期间,发生王仙芝起义。江淮之间,义军横行。王仙芝失败后,黄巢又继续在江南一带继续活动。因此,造成音书隔绝或是诏书下达迟缓的可能性是极大的,故是排除诏书下达之日,陆龟蒙已故。林希逸之说,论证尚嫌不足。

《咏史诗》二卷

《总目》:唐胡曾撰。曾,邵阳人。《文苑英华》载其二启,皆干谒方镇之作。

按:胡曾之作,《文苑英华》所载有三启,分别为卷六百五十二《贺高相公除荆南启》、卷六百五十四《剑门寄上路相公启》、卷六百五十五《谢赐钱启》,三篇皆云某某相公,均干谒之作。

《总目》又云:每首之下,钞撮史书,各为之注。前后无序跋,亦不载注者名氏。观所引证,似出南宋人手。……间有驳正,然舛陋特甚,如《洞庭》诗咏轩辕,自指张乐一事,而注乃置《庄子》本文,引史记鼎湖之说,未免失之于眉睫。徒以旧本存之耳。

按:《总目》所论之诗在本集卷一,诗名《洞庭》,曰:"五月扁舟过洞庭,鱼龙吹浪水云腥。轩辕黄帝今何在,回首巴山芦叶青。"南宋人旧注云:"《古史》云:轩辕游蜀,见蜀中多水,决之疏下,江湖皆溢,乃凿五湖贮水,今洞庭等是也。又于洞庭铸鼎,鼎成,黄帝上升,群臣攀龙髯而号勤。遗剑履而去,遂葬剑履于巴山丘也。"其所引之书为《古史》,非《史记》。又《洞庭》诗末句言"巴山",则与黄帝相关者为巴山丘,注者此注并无不当。而《总目》所论《庄子》本文张乐之事,山《庄子·天运》,云:"北门成问于黄帝曰:'帝张咸池之乐于洞庭之野,吾始闻之惧,复闻之怠,卒闻之而惑,荡荡默默,乃不自得。'"唯此一事,反复推之,与此诗并无十分瓜葛,当以旧注为允。《总目》此论失当。

《司空表圣文集》十卷

《总目》:唐司空图撰。……此十卷乃其文集,即《唐志》所谓《一

鸣集》也。

按：新旧《唐书》均著录《一鸣集》三十卷，当为诗文杂著之总集。此《文集》但有十卷，当系《一鸣集》所收之文部。清曹寅《全唐诗》卷六百三十二司空图小传曰："有《一鸣集》三十卷，内诗十卷，今编诗三卷。"则曹氏所见之《一鸣集》，其中有诗十卷，是亦诗文合集，最得其真。

《总目》又云：集内《解县新城碑》为王重荣作，《河中生祠碑》为其弟重盈作。宋祁遂谓重荣父子雅重图，尝为作碑。今考其文，亦皆奉敕所为，事非得已，不足以为图病也。

按：宋祁修《新唐书》，《新唐书·司空图传》："王重荣父子雅重之，数馈遗，弗受。尝为作碑，赠绢数千，图置虞乡市，人得取之，一日尽。"故馆臣以为宋祁之说。考此书之《四部丛刊》景旧钞本，卷六有《故盐州防御使王纵追述碑》，为王重荣父王纵所作。卷七《蒲帅燕国太夫人石氏墓志》，为王重荣母石氏所作。二碑志均不言奉敕所作，中又有"猥属短才，不容牢让"之语，则信为私人所撰写。宋祁"尝为作碑"之说无误。

《唐英歌诗》三卷

《总目》：唐吴融撰。……融与韩偓同为翰林学士，故偓有《与融玉堂同直》诗。然二人唱酬仅一两篇，未详其故。

按：韩偓《翰林集》卷一收有两首，曰《与吴子华侍郎同年玉堂同直怀恩叙恳因成长句四韵兼呈诸同年》，曰《和吴子华侍郎令狐昭化舍人叹白菊衰谢之绝次用本韵》。吴融《唐英歌诗》卷上收录有《和韩致光侍郎无题三首十四韵》三篇，此已为五首。考《翰林集》无《无题》之诗，盖已有所亡佚。二人唱和当尚有亡佚者。非《总目》所言唱和之作仅一两篇也。

《文庄集》三十六卷

《总目》：宋夏竦撰。……集中多朝廷典册之文，盖所长特在于是。所载事迹如太宗为京兆尹时召见魏咸信，事在乾德五年，而史以为在开宝中；澶渊河清见底，事在端拱元年，而史以为在雍熙四年；竦之直集贤院以献文得官，而史以为自通判召入。凡斯之类，皆足以订《宋史》之讹。

按：魏咸信事，据《宋史·魏仁浦传》附子魏咸信传："初，太祖在潜邸，昭宪太后尝至仁浦第，咸信方幼，侍母侧，俨如成人。太后奇之，欲结姻好。开宝中，太宗尹京，成昭宪之意，延见咸信于便殿，命与御带党进等较射，称善。遂选尚永庆公主，授右卫将军、驸马都尉。逾年出领吉州刺史。"此事夏竦《文庄集》卷二十九《故保平军节度使同中书门下平章事驸马都尉赠中书令魏公墓志铭》载之甚详，《宋史》即据是而修，本作：

> 先是太祖……龙德在潜，人望攸属。秦国太夫人获奉昭宪太后，太后亦降秦国之第。公在幼稚，不乐戏弄，瞻视审谛有如成人。太后奇之，始议姻戚。洎乾德五年五月，太宗……方尹京邑，遣判官刘鳌至第，语宣懿以昭宪雅意。翌日，召公于南宫延见，诲谕久之。八月复召公亲引对于讲武殿。太祖谓曰："知善弓马。"命射四十馀发，太祖嘉之。命太宗赐酒食。太宗且谕之云："既精射御，当留意文学。"公由是刻志坟索……后太祖频召对命射，常称其善。五年三月，复召赴讲武殿，令带御器械党进

钦等四人同射以较其能，薄暮方罢。……

由志铭可见，与御带党进等较射事在天宝五年不误。唯文中不言年号，然前此既然言乾德五年八月，此处为五年三月，其为天宝中亦不待辩。《宋史》作"开宝中"不误。《总目》盖因此处无年号，而误系之于上之乾德。

又，河清事，据《宋史·太祖本纪二》："端拱元年春正月……是月，澶州黄河清。"又《宋史·五行传一》："端拱元年二月，澶、濮二州河清二百馀里。"《宋史》皆作端拱元年，著录不误。《总目》亦据魏咸信《墓志》为说。《墓志》作："端拱元年……郡界河水清彻见底，味如甘醴。乃盛以银缶，因公主上之，中外称贺。"而《魏咸信传》则作"（雍熙）四年，本郡黄河清，咸信以闻，诏褒答之"，遂误。疑《宋史》纂修时删节失当而致。

《武溪集》二十卷

《总目》：宋余靖撰。靖字安道，韶州曲江人。天圣二年进士，累除右正言，知制诰。出知古州，经略广西南路安抚使。

按：《宋史》无"古州"。"古州"当作"吉州"。《宋史·余靖传》作："靖三使契丹，亦习外国语，尝为番语诗，御史王平等劾靖失使者体，出知吉州。"欧阳修《欧阳文忠公集·居士集》卷二十三《赠刑部尚书余襄公神道碑铭并序》皆作"吉州"，《总目》字误。

《总目》又云：靖初为台谏，以申救范仲淹外贬。

按：《宋史·余靖传》："举进士，起家为赣县尉，试书判拔萃，改将作监丞、知新建县，迁秘书丞。数上书论事，建言班固《汉书》舛谬，命与王洙并校司马迁、范晔二史。书奏，擢集贤校理。范仲淹贬饶州，谏官、御史莫敢言。靖言……疏入，落职监筠州酒税。”唐宋时以专司纠弹的御史为台官，以职掌建言的给事中、谏议大夫等为谏官。两者虽各有所司，而职责往往相混，故多以“台谏”泛称之，而秘书丞、集贤校理，固非台谏官。若为台谏之职，则《宋史》不会言“谏官御史莫敢言”。

《总目》又云：是集乃其子屯田员外郎仲荀所编，有屯田郎中周源序。凡古、律诗一百二十，碑志记五十，议论箴碣表五十三，制诰九十八，判五十五，表状启七十五，祭文六，卷目与欧阳修所撰《墓志》相合。

按：《总目》所述卷目，本之卷前周源序。欧阳修《赠刑部尚书余襄公神道碑铭并序》，惟言有“有文集二十卷”，仅卷数相同，未尝言及目次及内容分类。

《安阳集》五十卷

《总目》：宋韩琦撰。……吕祖谦编《文鉴》，录其文十首。其中如《论减省冗费》《论西夏请和》《论时事》《论青苗》诸篇，皆正论凛然，足觇其大节。

按：吕祖谦《宋文鉴》著录其文实为十一首。分别为卷三十一《赐夏国主诏》，卷三十二《仁宗皇帝哀册文》，卷四十四《论骄卒诬告将校乞严军律》《论减省冗费》《论西夏请和》《论时事》《论青苗》《答诏问北虏地界》，卷六十三《谢除使相判相州表》卷七十八《重修五代祖茔域记》《定州阅古堂记》。

《孙明复小集》一卷

《总目》:宋孙复撰。……此本出自泰安赵国麟家,仅文十九篇、诗三篇,附以欧阳修所作《墓志》一篇。盖从《宋文鉴》《宋文选》诸书钞撮而成,十不存一。

按:十九篇文,前十七篇与《宋文选》卷八、卷九所载顺序同。第十八篇《儒辱》,在吕祖谦《宋文鉴》卷一百二十六,第十九篇《世子蒯聩论》,见于宋佚名《历代名贤确论》卷二十,但后者有二段,此引仅前一段。《总目》所言盖是。

《苏魏公集》七十二卷

《总目》:宋苏颂撰。……徐度《却扫编》又称:"颂奉使契丹,文彦博留守北京,与之宴。问魏收'逋峭难为'之语何谓。颂言:'梁上小柱名,取曲折之义。'因即席作诗以献。"

按:《魏书·文苑传》:"齐文襄王引子升为大将军府谘议参军。子升前为中书郎,尝诣萧衍客馆受国书,自以不修容止。谓人曰:'诗章易作,逋峭难为。'"此为温子升语,清王鸣盛《十七史商榷》卷六十八论之,以为误为魏收语也。说是。然苏颂梁上小柱名之说实非。朱骏声《说文通训定声·豫部》"庯"字下云:"温子升曰:'诗章易作,逋峭难为。'亦作峬峭,即此庯字。《字林》:'峬峭,好形貌。'"引《字林》之说,与温子升之语正合,此说最允。

《华阳集》六十卷《附录》十卷

《总目》:宋王珪撰。珪字禹玉,成都华阳人,后徙舒。

按:王珪为开封人。宋杜大珪《名臣碑传琬琰集》上卷八载黄门李清臣所撰《王太师珪神道碑》云:“公五世祖及暨高祖景图,成都华阳人,曾祖永为西畿令,從蜀王昶归朝,授右补阙,迁起居舍人。祖贽,历侍御史、三司判官,九为转运使,更领十州,所至有能名。考讳准,以辞学擢秘阁校理,终盐铁判官。自公贵,三世赠太师、中书令兼尚书令,而曾祖封公于荣国……由荣国以下葬河南,始徙籍于舒。”则自其曾祖封荣国公者以下皆葬河南,始为河南人。而又据《神道碑》,其葬开封东明县清陵乡之原,计其祖坟当距之不远。《神道碑》言“始徙籍于舒”,《宋史》照之移录。考宋州县称“舒”,有舒州、舒城,皆与开封距离甚遥,率无所取。“豫”“舒”古字通借。从墓志铭文意看,此亦当言“始徙籍于豫”。今作“舒”者,当传写之误。修《宋史》者又不别,遂误著录,而《总目》复因《宋史》而误。

《总目》又云:珪少掇高科,以文章致位通显。不出国门而致参预大政。词人荣遇,盖罕其比。

按:所谓“参预大政”,当指其神宗熙宁三年(1070)拜参知政事。然考《宋史》本传,“召直集贤院,为盐铁判官,修起居注,接伴契丹使。北使过魏,旧皆盛服入。至是欲便服,妄云衣冠在后乘。珪命取授之,使者愧谢。遂为贺正旦使。”宋李焘《续资治通鉴长编》卷一百七十一载其事在皇祐三年(1051)八月:“乙未,翰林学士刑部郎中知制诰兼侍讲史馆修撰曾公亮为契丹国母生辰使,西京左藏库使郭廷珍副之;工部郎中知制诰史馆修撰兼侍讲王洙为契丹生辰使,阁门通事舍人李惟贤副之。户部判官屯田郎中燕度为契丹国母正旦使,内殿崇班阁门祗候张克己副之;太常博士直集贤院同修起居注王珪为契丹正旦使,东头供奉官阁门祗候曹偓副之。使至靴淀,契丹使刘六符来伴宴。"则曾出使辽国,曾出国门。其事在其任参知政事之前,则《总目》所谓"不出国门而致参预大政"亦非。

《总目》又云:集本一百卷,诸家著录皆同。自明以来,久已湮没,仅《宋文鉴》《文翰类选》等书略载数篇。

按:仅检吕祖谦《宋文鉴》中,王珪诗文尚保存近六十首。《总目》言"略载数篇"不当,盖脱一"十"字。

《古灵集》二十五

《总目》:宋陈襄撰。……襄生平最可传者,一在熙宁中劾王安石,并极论新法,反覆陈奏,若目睹后来之弊。其文今具载集中。一在居经筵时神宗访以人才,遂条上所知司马光、韩维、吕公著、苏颂、孙觉、李常、范纯仁、苏轼、孙洙、王存、顾临、林希、李思忠、傅尧俞、王安国、刘挚、虞太熙、程颢、刘载、薛昌期、张载、苏辙、孔文仲、吴贲、吴恕、林英、孙奕、林旦、邹何、唐垌、郑侠等三十三人。

按:《总目》所列仅三十一人,脱二人。据本集卷一《熙宁经筵论荐司马光等三十三人章稿》所论,"苏轼"下脱"曾巩","傅尧俞"下脱"胡宗愈"。又考《宋史》无"李思忠""薛昌期",据此篇,"李思忠"当作"李师中","薛昌期"当作"薛昌朝"。

《清献集》十卷

《总目》:宋赵抃撰。……所载多关时事。其劾陈执中、王拱辰疏,皆七八上,可以知其伉直。

按:据集中计之,其弹劾陈执中、王拱辰相关者均在九条以上。《总目》言七八上,不确。

《总目》又云:案皮日休《桃花赋序》称:“宋广平铁心石肠,而所作《梅花赋》轻便富艳,得南朝徐庾体。”抃之诗情,殆亦是类矣。

按:据《皮日休文集》卷一《桃花赋序》,“轻便”当作“清便”。

《盱江集》三十七卷《年谱》一卷《外集》三卷

《总目》:宋李觏撰。……考觏年谱,称庆历三年癸未,集《退居类稿》十二卷。又皇祐四年庚辰,集《皇祐续稿》八卷。

按:《总目》所言李觏年谱,即宋魏峙所编《直讲李先生年谱》。宋仁宗皇祐四年(1052)为壬辰年,《年谱》同。《总目》误作“庚辰”。

《总目》:宋人多称觏不喜《孟子》,余允文《尊孟辨》中载觏常语十七条。

按:笕文生、野村鲇子《四库提要北宋五十家研究》认为“十七条”当作“十六条”(魏小虎《四库全书总目汇订》所引),今考《总目》作“十七条”不误。

《总目》又云:《湘山野录》载觏《望海亭席上作》一首,集中不载。考是时蔡襄守福唐,于此亭邀觏与陈烈饮。烈闻官妓唱歌,才一发声,即越墙攀树遁去。讲学家以为美谈。觏所谓“山鸟不知红粉乐,一声拍板便惊飞”者,止以嘲烈。殆亦左赞病其轻薄,讳而删之欤?

按:此诗在四库本是集之卷三十六中,未删,《总目》失察。诗名作《野意亭》,文字与释文莹《湘山野录》所载略异,盖《湘山野录》为即席之作,后乃有所修改。《湘山野录》卷下作:“七闽山水掌中窥,乘兴登临到落晖。谁在画帘沽酒处,几多鸣橹趁潮归。晴来海色依稀见,醉后乡心积渐微。山鸟不知红粉乐,一声檀板便惊飞。”四库本作:“福唐城郭掌中窥,旭日登临到落晖。谁在画帘沽酒处,几多鸣橹趁潮归。晴来海色依稀辨,醉后乡愁积渐微。山鸟不知红粉好,才闻歌板便惊飞。”

《邕州小集》一卷

《总目》:宋陶弼撰。弼字商翁,祁阳人。庆历中,随杨畋讨湖南猺,以功授阳朔县主簿。历官知邕州,四迁为东上阁门使、康州团练使。

按:宋黄庭坚《豫章黄先生文集》卷二十二有所作《东上阁门使康州团练使知顺州陶君墓志铭》:“王师问罪安南,以知邕州。又用宣抚使辟,知顺州。四迁为东上阁门使、康州团练使。年六十有四,终于顺州之官舍。”《总目》“四迁为东上阁门使”,系用墓志之语,《宋史》本无此句。然“四迁”本就顺州而言,《总目》省去“顺州”,而以“邕州”数之,则不得云“四迁”,此节取失当。

《总目》又云:《湖广通志》称弼诗“尤善言风土,《蜡茶》诗至五十韵”,今亦不见集中。盖是集皆在湖南所作,故以邕州为名。其非湖南所作者,则不在此集也。

按:《宋史·地理志六》,邕州属广南西路。其地与宋荆湖南路亦不相接。此二“湖南”实当作“广南”。《总目》盖因见其著录于《湖广通志》,意其必在“湖”,而略其“广”,乃误。

《都官集》十四卷

《总目》:宋陈舜俞撰。……案《宋史》舜俞传附于张问篇末,叙述官履甚略。今考集中自言:“为天台从事。十五年中,再官天台、四明二州。”其《上唐州知郡启》注云:“时宰南阳。”又韩琦有《答陈舜俞

推官》诗，司马光赠诗亦云：“他日苍生望，非徒泽寿春。”本集序云：“以光禄丞签书寿州判官。”凡此皆《传》所未及。又陈杞跋集后称“曾祖都官”，陈振孙《书录解题》亦云“都官员外郎”。集名实取于此，而本传乃云以屯田员外郎知山阴。诸史之中，《宋史》最为纰漏，此亦一证也。

按：本集卷八有《明州鄞县镇国禅院记》，言“予十五年间再官于天台、四明之二州”，即《总目》所本。“四明”为明州之别称。宋李焘《续资治通鉴长编》卷一百九十仁宗嘉祐四年（1059）八月载明州观察推官陈舜俞，策试后授著作佐郎、签书忠正军节度判官事。是曾官四明。宋郑獬《郧溪集》卷十二有《荐陈舜俞状》，言“国子博士知邓州南阳县事陈舜俞”，其曾为南阳县令。

又《宋史》本传言熙宁三年，以屯田员外郎知山阴县，亦有所本。李焘《续资治通鉴长编》卷二百十二神宗熙宁三年（1070）六月“降屯田员外郎知山阴县陈舜俞监南康军盐酒税”。宋彭百川《太平治迹统类》卷十三亦言“三年六月，降屯田员外郎知山阴县陈舜俞监南康军盐酒税”。陈振孙《直斋书录解题》卷八有“《庐山记》五卷，屯田员外郎嘉禾陈舜俞令举撰”，今本《庐山记》为卷下题名。则其确曾为屯田员外郎。揆《总目》之说，盖以为“屯田”当作“都官”，而质《宋史》之非，其实否也。

《丹渊集》四十卷《拾遗》二卷《年谱》一卷《附录》二卷

《总目》：宋文同撰。……集中称苏轼为胡侯，或曰苏子平，见诚之跋中。盖其家避忌蜀党而改之。今亦姑仍其旧云。

按：考宋黄䇾《山谷年谱》卷十一载：“《擢秀阁诗》后题云：广陵

苏子平、南康李德叟、章水黄鲁直庚申小寒后一日同来观灊山天柱雪。”此人当即文同集中之苏子平。“章水”即豫章水,黄鲁直,江西人,故以之著其乡贯。则广陵苏子平,其人亦广陵人。与苏轼蜀人籍贯不同,其人非苏轼可知。

《冯安岳集》十二卷

《总目》:宋冯山撰。山字允南。初名献能,安岳人。嘉祐二年进士,官至礼部郎中。……山与梅尧臣、苏舜钦同时。

按:冯山生年不详,绍圣元年(1094 年)卒,以子澥贵,追赠太师。嘉祐二年(1057)进士,以时二十岁推之,当生于 1038 年。而梅尧臣生于 1002 年,苏舜钦生于 1008 年,均先冯山一代,不可谓三人同时。又苏舜钦卒于 1048 年,时冯山当尚幼,以是论之,亦不得谓之同时。

《总目》又云:至澥当靖康中奏罢李纲宣抚西河,又受张邦昌伪命,堕其家声。其集与山并刻,实为薰莸同器。其不传也,正亦不足惜矣。

按:《宋史·冯澥传》:“朝廷命李纲宣抚两河,澥奏罢之。”则“西”字为“两”字之误。考《李纲传》,“两河”谓河东、河北宣抚使。又李纲实自言不知兵,当时已屡谢此命。本传载:

> 时太原围未解,种师中战没,师道病归。南仲曰:“欲援太原,非纲不可。”上以纲为河东、北宣抚使。纲言:“臣书生,实不知兵。在围城中,不得已为陛下料理兵事,今使为大帅,恐误国事。”因拜辞,不许。退而移疾,乞致仕,章十馀上,不允。台谏言纲不可去朝廷,上以其为大臣游说,斥之。或谓纲曰:“公知所以遣行之意乎?此非为边事,欲缘此以去公,则都人无辞耳。公坚

卧不起，谗者益肆，上怒且不测，奈何?”许翰书“杜邮”二字遗纲，纲皇恐受命。上手书《裴度传》以赐，纲言：“吴元济以区区环蔡之地抗唐室，与金人强弱固不相侔，而臣曾不足以望裴度万分之一。然寇攘外患可以扫除，小人在朝，蠹害难去。使朝廷既正，君子道长，则所以捍御外患者，有不难也。”因书裴度论元稹、魏洪简章疏要语以进，上优诏答之。

则当时或有人欲去李纲，而纲亦自知才能不善于兵。以当时形势论之，冯澥奏罢之，未可以为罪也。

《忠肃集》二十卷

《总目》：宋刘挚撰。挚字莘老，东光人，家于东平。登嘉祐四年甲科，神宗朝累迁礼部侍郎。哲宗即位，历官门下侍郎、尚书右仆射，以观文殿学士罢知郓州。绍圣初，坐党籍累贬鼎州团练副使，新州安置，卒。绍兴中，追赠少师，谥忠肃。事迹具《宋史》本传。

按：据《宋史·刘挚传》与杜大珪《名臣碑传琬琰集》下卷十三所载宋实录之《刘右丞挚传》，皆云其在神宗时除礼部郎中，迁右司郎中。坐以开封不置历事罢归。明年，起知滑州。哲宗即位，宣仁后同听政，召为吏部郎中，改秘书少监，擢侍御史。其在神宗时未尝为礼部侍郎。“侍郎”二字有误。

《无为集》十五卷

《总目》：宋杨杰撰。杰字次公，无为军人，因自号无为子。嘉祐四年进士，元丰中历官礼部员外郎，出知润州。除两江提点刑狱，卒于官。……事迹具《宋史·文苑传》。

按:“元丰”当作“元祐”。《宋史·文苑传》:“元祐中为礼部员外郎,出知润州。除两浙提点刑狱,卒年七十。”《东都事略》卷一百十五《文艺传》:“元祐中为礼部员外郎,出知润州。除两浙提点刑狱,卒年七十。”所载均不误。

《总目》又云:士粲积两岁之力,搜求编次。

按:此书南宋刻本前有赵氏自序,言岁在重光作噩之冬来守无为军。重光作噩为辛酉年之称(1141),则辛酉冬来。序文尾题绍兴癸亥(1143)岁夏四月,记作序之时,则纂辑时间,诚不足两年,不可言“两岁”。

《王魏公集》八卷

《总目》:宋王安礼撰。……其集本二十卷,见于《宋史·艺文志》、陈振孙《书录解题》者并同。明叶盛《菉竹堂书目》亦载有《王魏公集》六册,是明初尚有传本。厥后诸家书目,皆不著录。盖自明中叶以后,已佚不存。

按:明《内阁藏书目录》有此书,其后题“万历三十三年岁在乙巳,内阁敕房办事大理寺左寺副孙能传、中书舍人张萱、秦焜、郭安氏、吴大山奉中堂谕校理并纂释”。则万历三十三年(1605)内阁尚有此书。是明末此书尚在内阁。不可谓明中叶以后已佚不存。

《总目》又云:至若沈季良、元绛诸志铭。

按:本集卷七有《故朝奉郎权发遣秀州军州兼管内劝农事轻车都尉借紫沈公墓志铭》,其人“讳季长,字道原”。《总目》作“季良”误。

《范太史集》五十五卷

《总目》:宋范祖禹撰。……然其大端伉直,持论切当,要自无愧于醇儒,固不以一瑕掩也。当时以贾谊、陆贽比之,良亦庶几云。

按:“以贾谊、陆贽比之”非当时人之论,乃《宋史·范祖禹传》之论赞,本云“虽贾谊、陆贽不是过云”。《总目》误以为当时人之论。

《击壤集》二十卷

《总目》:宋邵子撰。前有治平丙午自序,后有元祐辛卯邢恕序。

按:考此书刑恕之序,题云:“元祐六年辛未夏六月甲子十有三日原武邢恕序。”元祐六年(1091)确为辛未年,则《总目》作“辛卯”误。

《南阳集》三十卷《附录》一卷

《总目》:宋韩维撰。维字持国,颍昌人。

按:宋陈振孙《直斋书录解题》卷十七“《南阳集》二十卷”条,注“门下侍郎颍昌韩维持国撰”。而《宋史》卷三百一十五韩亿、韩维父子同传。韩亿,其先真定灵寿人,徙开封之雍丘。故丁丙《善本书室藏书志》以为二者皆误,当为开封人。然考宋杜大珪《名臣碑传琬琰集》下卷十七引宋实录中《韩侍郎维传》载维“颍昌人”,则似不误。本集后有鲜于绰所撰行状,言“二年七月十四日葬于颍昌府长社县嘉禾乡灵非里”。葬归其里,亦可旁证为颍昌人。

《总目》又云:此本凡诗十四卷,《内制》一卷,《外制》三卷,《王邸记室》二卷,《奏议》五卷,表章、杂文、碑志各一卷,手简、歌词共一卷,附录一卷……其第十九卷、二十卷称《王邸记室》,立名颇别。

按:四库本《王邸记室》为三卷,非二卷。《总目》误"三"为"二"。此三卷为第十九、二十、二十一三卷,皆称《王邸记室》,《总目》漏载二十一卷。

《总目》又云:盖沈晦作跋之时,已云"文字舛驳,不可是正"。今流传又四五百载,其愈谬也固宜矣。

按:据书,沈晦跋在绍兴十年(1140)七月。考总目该书自乾隆三十八年(1773)开始编修,至乾隆四十六年(1781)初稿完成,相距已逾六百年。《总目》言"四五百载"误。

《节孝集》三十卷《附录》一卷

《总目》:宋徐积撰。……史称其双耳聩甚,画地为字,乃始通语。

按:《宋史·隐逸传》载:"中年有聩疾,屏处穷里,而四方事无不知。客从南越来,积与论岭表山川险易、镇戍疏密,口诵手画,若数一二。"未尝言其"画地为字"。《总目》误解其"手画"为"画地"。"画"字可理解为以手比画,亦可理解为画于纸上,未必即为画地。

《乐全集》四十卷《附录》一卷

《总目》:宋张方平撰。……方平自号乐全居士,因以名集。盖取《庄子》"乐全之谓得志"语,详所作《乐全堂》诗中。

按:《乐全集》中无此诗,《乐全堂诗》非张方平所作,乃苏轼作。苏轼《东坡全集》卷七有《张安道乐全堂》诗,文曰:

> 列子御风殊不恶,犹被庄生讥数数。步兵饮酒中散琴,于此得全非至乐。乐全居士全于天,维摩丈室空翛然。平生痛饮今不饮,无琴不独琴无弦。我公天与英雄表,龙章凤姿照鱼鸟。但

令端委坐庙堂，北狄西戎谈笑了。如今老去苦思归，小字亲书寄我诗。试问乐全全底事，无全何处更相亏。

《忠宣文集》二十卷《奏议》二卷《遗文》一卷《附录》一卷《补编》一卷

《总目》：宋范纯仁撰。纯仁字尧夫，仲淹次子。皇祐元年进士，神宗时累擢天章阁待制。……事迹附见《宋史》仲淹传。

按：《宋史》本传载："哲宗立，复直龙图阁、知庆州。召为右谏议大夫，以亲嫌辞，改天章阁待制兼侍讲，除给事中。"本集卷十九所载李之仪《范忠宣公行状》，亦言事在哲宗即位后，则《总目》称神宗时累擢天章阁待制误。

又，《宋史》卷三百一十四《范仲淹传》下所附为"子纯祐、纯礼、纯粹"，而范纯仁虽亦在本卷，却非附传，乃别为立传。《总目》言"附见"亦误。

《王荆公诗注》五十卷

《总目》：宋李壁撰。……壁字季章，号雁湖居士。……刘克庄《后村诗话》尝讥其注"归肠一夜绕钟山"句，引韩《诗》不引《吴志》；注"世论妄以虫疑冰"句，引《庄子》不引卢鸿一、唐彦谦语，指为疏漏。

按：《后村诗话》原文云：

> 雁湖注半山"归肠一夜绕钟山"之句，引韩昌黎诗"肠胃绕万象"，非也。孙坚母怀妊坚，梦肠出，绕其阊门。半山本此。见《吴志》。《和王贤良龟》诗云"世论妄以虫疑冰"，注虽引《庄子》，但出处无"疑"字，意公别有所本。后读卢鸿《嵩山十志》，

有疑冰之语。又唐彦谦《中秋》诗云:“雾净不容玄豹隐,冰寒却恐夏虫疑。”乃知唐人已屡用之矣。

今按“归肠一夜绕钟山”一句,虽与《三国志·吴志》语句类似,但所抒之感情绝不与同。若从肠绕角度考虑,则此典当最早出《楚辞》。《楚辞·怨思》“哀肠纷纭以缭转兮”,王逸注“缭绕也”。则肠缭即肠绕。又,“世论妄以虫疑冰”一句用典,出《庄子》不误。此即《秋水篇》“夏虫不可以语于冰”。《文选》李善注孙绰《游天台山赋》“哂夏虫之疑冰”,《白氏六帖事类集》卷一“虫疑”条,并引《庄子》为证。夏虫拘于时限,未见冰雪,故疑其有无,故而不可以与之谈论。

《广陵集》三十卷《拾遗》一卷

《总目》:宋王令撰。令,元城人。幼随其叔祖乙居广陵,遂为广陵人。初字钦美,后王莘字之曰逢原。

按:据卷前门人刘发《广陵先生传》,“钦美”作“钟美”,“王莘”作“黄莘”。古籍中黄王、皇王皆传抄中常讹之字。

《济南集》八卷

《总目》:宋李廌撰。……周紫芝《太仓稊米集》有《书〈月岩集〉后》一篇,称滑台刘德秀借本于妙香寮,始得见之。……李之仪称其“如大川东注,昼夜不息,不至于海不止”。

按:李之仪所称之辞本为苏轼之语。《总目》此说实引自周紫芝《太仓稊米集》卷六十六《书〈月岩集〉后》,本作:“李端叔序其文,谓东坡尝言:‘吾评斯文如大川东注,昼夜不息,不至于海不止也。’”非李氏之语甚明。

《参寥子集》十二卷

《总目》:宋僧道潜撰。……今所传者凡二本。一题“三学院法嗣广订,智果院法嗣海惠阅录”。前有参寥子小影,即海惠所临。首载陈师道《饯参寥禅师东归序》,次载宋濂、黄谏、乔时敏、张睿卿四序。钞写颇工。一本题“法嗣法颖编”,卷帙俱同,而叙次迥异。

按:《四部丛刊三编》有景宋本,当即第二本。此本题作“法孙法颖编”,则《总目》此处“法嗣”当作“法孙”。此盖因上文作“法嗣”而讹。

《总目》又云:曹学佺《石仓历代诗选》惟录其《游鹤林寺》诗一首、《夏日龙井书事》诗一首,以当北宋一家。

按:本集中有《鹤林寺》诗与《再游鹤林寺》诗,曹学佺《石仓历代诗选》卷二百三十所收为《再游鹤林寺》诗一首,《总目》诗题脱“再”字。又曹书同卷收有《夏日龙井书事》四首,总目误“四”为“一”。

《乐圃馀稿》十卷《附录》一卷

《总目》:宋朱长文撰。……稿中墓铭皆署其父公绰名,盖长文少时代其父作。

按:墓铭在卷十,凡五篇。其中代父作者三篇,篇名下题“代光禄作”,以其父公绰曾任光禄卿。非“皆署其父公绰名”。

《总目》又云:叶梦得《避暑录话》曰:“元丰间,淮浙士人以疾不仕、因以行义闻于乡里者二人:楚州徐积仲车,苏州朱长文伯原。”则长文在南、北宋间,与徐积齐名。

按:朱长文于宋哲宗元符初卒,徐积亦卒于宋徽宗崇宁二年

(1103),二人皆亡于北宋,未及南宋。《总目》言在南、北宋间与徐积齐名不当。

《龙云集》三十二卷

《总目》:宋刘弇撰。……其集初刊于浦城,仅二十五卷。

按:《龙云集》是否初刊于浦城深值怀疑。本集卷前周必大序言"先是汴京及麻沙刘公集均二十五卷",则似汴京本在先。而罗良弼后跋只言及浦城,浦城属建安,此当即周必大所谓麻沙本。则据上述材料,《总目》实无法断定浦城本即初刻,而率以臆著录,不审之甚。

《总目》又云:绍兴四年,其乡人罗良弼搜求别本,益以彭德源、曾如晦等所编,又得《宏词》《时议》诸篇于郭明叔家。

按:刘弇为宋吉州安福县人。罗良弼为宋吉州庐陵县人(见嘉靖《江西通志》卷二十八)。二人同州,但不同乡,不可谓之"乡人"。

《云溪居士集》三十卷

《总目》:宋华镇撰。……盖当时已散佚矣。其集诸家书目皆不著录。宝庆《会稽续志》但称镇好学博古,尝著《会稽览古诗》一百三篇,不及其集。惟焦竑《经籍志》载《云溪居士集》一百卷,而其他著作亦均未载。

按:明万历三十三年(1605)孙能传《内阁藏书目录》卷三载:"云溪居士文集,十册全。"是明末内阁尚有全本。

《演山集》六十卷

《总目》:宋黄裳撰。裳字冕仲,南平人。元丰五年进士第一。累

官礼部尚书。……裳,《宋史》无传,其行事不甚可考。

按:《文津阁四库全书》本后有宋程瑀所撰《宋端明殿学士正议大夫赠少傅黄公神道碑》,载其事迹甚详,可参。

《姑溪居士前集》五十卷《后集》二十卷

《总目》:宋李之仪撰。之仪字端叔,《宋史》称沧州无棣人。而吴芾作《前集》序,乃曰景城人。考《元丰九域志》,熙宁六年省景城入乐寿,则当为乐寿人。史殆因沧州景城郡横海军节度治平九年尝由清池徙治无棣,遂误以景城即无棣也。陈氏《书录解题》据所题郡望,称为赵郡人,益失之矣。

按:李之仪祖籍沧州无棣县,前集卷五十《李氏归葬记》述之甚详,与乐寿无涉。曾枣庄先生《姑溪居士杂考》亦有确考。《总目》此条考虑太多。沧州无景城县,吴芾之序所称景城人,实就其郡名著录。《宋史·地理志》沧州郡名景城。故吴芾所称,犹言沧州人。而《总目》必要牵和无棣县,遂泥。

《总目》又云:之仪在元祐、熙宁间,文章与张耒、秦观相上下。

按:元祐(1086—1094)为哲宗年号,熙宁(1068—1078)为神宗年号,先后失次。且《总目》既言李之仪元丰中举进士,熙宁犹在元丰之前,此其不谐。“熙宁”当作“崇宁”(1102—1106),徽宗初期年号。《宋史·李之纯传》附《李之仪传》:“徽宗初,提举河东常平。坐为范纯仁遗表,作行状,编管太平,遂居姑熟。久之,徙唐州,终朝请大夫。”元祐、崇宁为其仕途最重要时期,所撰文章最多时期,故《总目》以二者之间为概括。

《�水集》十六卷

《总目》:宋李复撰。复字履中,先世家开封祥符。以其父官关右,遂为长安人。登元丰二年进士,历官熙河转运使,终于中大夫、集贤殿修撰。其事迹不见于《宋史》。

按:“集贤殿”当作“集英殿”。四库本后有乾道癸巳(1173)吴越钱端礼《跋潏水集后》,谓“官至中大夫、集英殿修撰”,即《总目》所本。洪迈《容斋四笔》卷六“记李履中二事”条,谓其“官至中大夫、集英殿修撰”。陈振孙《直斋书录解题》卷十七“《潏水集》四十卷”条,亦谓“集英殿修撰长安李复履中撰”。

《总目》又云:《朱子语录》亦曰:“闽人李复(案:复非闽人,此句或传写之误。)及识横渠先生。绍圣间为西边使者,博记能文。今信州有《潏水集》者,即其文也。

按:此条本出《晦庵集》卷七十一“偶读漫记”条,首句作“闽中人李复……”,则“闽”字当为“關”字之讹。《总目》所据之本缺“中”字,作“关人”例不通顺,故有传写之误之疑。

《总目》又云:集本四十卷,乾道间尝刻于饶郡,即朱子所谓信州本也。

按:“乾道”当作“淳熙”。余嘉锡先生《四库提要辨证》言是集以淳熙中刻于信州,《总目》乃谓乾道间刻于饶郡,不知何据。按,信州,郡名上饶郡。则《总目》所谓之“饶郡”,即上饶郡。四库本后有二跋,前跋撰于乾道癸巳(1173),后跋撰于淳熙癸卯(1183)。后跋言“今于上饶郡斋刊之”。《总目》误合二跋为一刻之事,乃误。《总目》撰写提要,本无太多深考,余嘉锡先生以其有所本,而疑之。

《学易集》八卷

《总目》:宋刘跂撰。……绍圣初,挚以党籍窜新州,卒于谪所。

按:《宋史·刘挚传》:"绍圣初,来之邵、周秩论挚变法、弃地罪,夺职知黄州,再贬光禄卿,分司南京,蕲州居住。……四年,陷邢恕之谤,贬鼎州团练副使,新州安置。惟一子从。家人涕泣愿侍,皆不听。至数月,以疾卒,年六十八。"则窜新州在绍圣四年(1097),宋哲宗绍圣不足五年,此言"绍圣初"不当。

《游廌山集》四卷

《总目》:宋游酢撰。酢字定夫,建阳人。元丰五年进士。建中靖国初,历官监察御史。宣和初,终于知濠州。事迹具《宋史·道学传》。

按:杨时《龟山集》卷三十三《御史游公墓志铭》云:"公于元丰六年登进士第。"本集中载此铭作"五年"。又考卷后《年谱》载元丰五年"登黄裳榜进士第"。黄裳榜确在元丰五年,则作元丰五年无误。又《年谱》载宋哲宗元符三年(1100):"十一月上皇即位,召还为监察御史。"明年为建中靖国元年(1101)。则《总目》言建中靖国初历官监察御史误。

《乐静集》三十卷

《总目》:宋李昭玘撰。昭玘字成季,《宋史》云济南人。考昭玘籍本钜野,殆尝自署济阴,而史遂误济南也。元祐中擢进士第。

按:"元祐"当作"元丰"。陈振孙《直斋书录解题》卷十七"《乐静集》三十卷"条,载"元丰二年(1079)甲科"。考《宋史·李昭玘传》:“擢进士第,徐州教授。守孙觉深礼之,每从容讲学及古人行己处世之要,相得欢甚。用李清臣荐,为秘书省正字、校书郎,加秘阁校理。”李焘《续资治通鉴长编》卷三百八十,哲宗元祐元年(1086)六月载李清臣荐举之事。则昭玘此前至少历徐州教授、晋陵县丞,此二任非半岁能所能办。故《总目》云“元祐”当不成立。

《北湖集》五卷

《总目》:宋吴则礼撰。……杨万里《诚斋诗话》乃称尤袤赏其二绝句。其一有“华馆相望总使星,长淮南北已休兵”句,乃似南宋时语,岂万里偶传讹乎?

按:考本集卷四《绝句》诗及《诚斋集》卷一百十四所引,“总使星”均作“接使星”,“总”字误。

《溪堂集》十卷

《总目》:宋谢逸撰。逸字无逸,临川人。屡举不第,然以诗文名一时。吕本中作《江西诗派》,列黄庭坚而下凡二十五人,逸与弟薖并与焉。……且克庄序中又称:“宣政间有岐路可进身。韩子苍诸人或自鬻其技至贵显。二谢乃老死布衣,其高节为不可及。”……考江西派中有集者二十四人。

按:《江西诗派》一书,列黄庭坚而下凡二十六人。而《江西诗派图》则为二十五人。《总目》既言《江西诗派》,则就此书而言。此段提要全据刘克庄《江西诗派总序》而来。《后村集》卷九十五载此序云:“自山谷而下凡二十六人。内何人表颙、潘仲达大观有姓名而无诗。诗存者凡二十四家。”

《灌园集》二十卷

《总目》:宋吕南公撰。南公字次儒,南城人。《宋史·文苑传》称其"于书无所不读,于文不肯缀辑陈言。熙宁中,士方推崇马融、王肃、许慎之业,(案:熙宁中科举所用乃王安石《三经新义》及《字说》,非马融、王肃、许慎之学,此语殊为乖妄,《宋史》荒陋此亦一端,谨附纠其谬于此。)剽掠临摹。……"

按:此论出《灌园集》卷十五《上曾龙图书》,曰:"盖年三十馀矣,其所造诣粗若有就,而遭值时变,当路者以能文为贱工,方且推崇马融、王肃、许慎之事业,以风场屋。"吕南公约生于1047年,下推三十年,在熙宁末(1068—1077)。从其文义来看,吕南公以当时人不好文,而好字学,故以"马融王肃许慎之事业"代指字学而已。"以风场屋",当指熙宁中科举用《字说》一事。《总目》引虚就实,乃有此误。

《总目》又云:元祐初,立十科荐士。中书舍人曾肇上疏,荐其不事俗学,安贫守道,堪充师表。廷议欲命以官,未及而卒。

按:《宋史·文苑传》:"元祐初,立十科荐士,中书舍人曾肇上疏,称其读书为文,不事俗学。安贫守道,志希古人。堪充师表科,一时廷臣亦多称之。"《总目》据此著录。然考曾肇《曲阜集》卷二《荐章处厚吕南公秦观状》下题"右元祐八年十月上",其上条为元祐八年,下条为绍圣元年,编排次序准确无误,则此条无讹字。元祐共八年,则不当言"元祐初"。

《庆湖遗老集》九卷

《总目》:宋贺铸撰。……其诗自元祐己卯以前凡九卷,自制序文,是为《前集》。己卯以后者为《后集》。

按:祝尚书先生《四库宋集提要纠误》谓元祐无己卯,当为元符己卯(1099)之误。说亦非。考贺铸自序,下题作于丙子年,即宋哲宗绍圣三年(1096),不会涉及元符己卯。而序中又称自幼亦章句自课,讫元祐戊辰(1088),中间盖半甲子。间整理故稿,不合意者焚之。后考虑年发过壮,志其日衰,后作未必如前。始裒集其馀而缮写之,"后八年仅得成集",分类为九卷。自戊辰后八年,正为丙子年,即作序之日。其后集则断自己卯,即戊辰之后所作。由是可知,《总目》所论"其诗自元祐己卯以前凡九卷,自制序文,是为《前集》。己卯以后者为《后集》"均误。

《竹隐畸士集》二十卷

《总目》:宋赵鼎臣撰。鼎臣字承之,卫城人。

按:"卫城"当作"韦城"。宋汪藻《浮溪集》卷二十七《承议郎通判润州累赠朝议大夫赵君墓志铭》,墓主赵钧臣字秉之,其父为赵偁,与《总目》本篇所论"鼎臣即偁之子"同。则赵钧臣、赵鼎臣为兄弟。而据清刘宝楠《宝应图经》卷四,赵鼎臣为钧臣弟。钧臣《墓志铭》载:"君滑州韦城人",则赵鼎臣亦当为滑州韦城人。《总目》作"卫城"误。陈振孙《直斋书录解题》卷十七"《竹隐畸士集》四十卷"条谓"韦城赵鼎臣承之撰",不误。韦城,汉属东郡。故集中往往自题"东郡赵鼎臣""东郡赵某"等。

《跨鳌集》三十卷

《总目》:宋李新撰。晁公武《读书志》曰:"李新字元应,仙井人。早登进士第。刘泾尝荐于苏轼,命赋墨竹。口占一绝立就。元符末上书夺官,谪置遂州,流落终身。"今考集中《上李承旨书》,称"某叨冒元祐第",《吊安康郡君词序》称"解褐通籍,在元祐庚午",与公武"早登进士"之说合。《上皇帝万言书》首称"元符三年五月十一日兴元府南郑县丞李新"云云,《上吴户部书》称"庚辰之初"云云。元符纪元凡三年,止于庚辰。与公武"元符末上书"之说合。

按:本集卷二十有上吴户部有二书,一名《上吴户部书》,一名《再上吴户部书》。《总目》所言"庚辰之初"在《再上吴户部书》一篇中。又,晁公武元符末上书夺官,与此上书无干。《再上吴户部书》叙述前事,故言"庚辰之初"。但其后云:"重念某沉伏选调已二十年,亦欲溷诸公荐士之墨。幸今垂成,阁下肯弃之欤?"元符(1098—1100)末距其元祐庚午(1090)登第,不过十年。又据此文文意推之,知系干谒权贵、倩人举荐之文。知此文撰写在夺官后,与晁公武所言元符末上书非一事甚明。

《总目》又云:集中《更生阁记》述政和丁酉剿茂州叛羌旺烈事,所述宋兵怯弱之状,殆可笑噱。核其地理,即今之金川土司。

按:《清史稿·地理志》,懋功屯务厅为大、小金川土司地。宋之茂州大略相当清之茂州,懋功屯务厅与茂州虽接近,但不相接,亦决非同一地域。

《陵阳集》四卷

《总目》:宋韩驹撰。驹字子苍,蜀仙井监人。政和中召试,赐进士出身。累除中书舍人,权直学士院。南渡初,知江州。事迹具《宋史·文苑传》。

按:宋李心传《建炎以来系年要录》卷九十一绍兴五年(1135)七月:"徽猷阁待制提举江州太平观韩驹进一官致任。驹仁寿人,后徙汝州。政和初献所为文,召试,除秘书省正字。累迁中书舍人,罢去。及是卒于抚州,故有是命。"韩驹初为仙井监仁寿县人,后为汝州人。《总目》言之不确。

《总目》又云:晁公武《读书志》谓王黼尝命驹题其家藏《太乙真人图》,盛传一时。今其诗具在集中,有"玉堂学士今刘向"之句,推许甚至。

按:晁公武《郡斋读书志》卷四下"《韩子苍集》三卷"条,曰"王甫常命子苍咏其家藏《太一真人图》,诗成传一时"。王甫即王黼。《宋史·王黼传》:"王黼字将明,开封祥符人。初名甫,后以同东汉宦官,赐名黼。"《总目》用改后之名。又集中卷一《题王内翰家李伯时画太一姑射图二首》,即所论之诗,"太乙"均当作"太一"。

《云溪集》十二卷

《总目》:宋郭印撰。……而《宋史·艺文志》及诸家书目均未著录。

按:余嘉锡先生《四库提要辨证》已指出明初《文渊阁书目》有著录。实则此书著录多有。如明孙能传《内阁藏书目录》卷三有"《云溪集》六册全，宋高宗朝郭印著，凡三十卷”，此当即《文渊阁书目》之书。焦竑《国史经籍志》卷五著录有“郭印《云溪集》三十卷”。黄虞稷《千顷堂书目》卷二十九有“郭印《云溪集》三十卷”。

《总目》又云：惟厉鹗《宋诗纪事》载印为成都人，政和中进士。而亦不详其官爵。所录诗仅二首。一从《全蜀艺文志》摘出，为《游大隋山》诗。一从《四川总志》摘出，则即集中《游下岩寺》诗是也。

按：此二诗皆在嘉靖《四川总志》之《全蜀艺文志》中，《全蜀艺文志》为《四川总志》之一部。《全蜀艺文志》卷八收郭印《游大隋山》一诗，卷十四收郭印《下岩寺》一诗。《宋诗纪事》著录引诗出处不清，《总目》因而不辨。《下岩寺》诗，本集卷九题同，《总目》衍“游”字。

《卢溪集》五十卷

《总目》：宋王庭珪撰。庭珪字民瞻，庐陵人。

按：王庭珪为宋吉州安福人。吉州郡号庐陵，《总目》谓庐陵人，若从郡名则无大误，若为吉州庐陵县则误。据胡铨所撰墓志铭，其先本太原人。十一世祖避唐末之乱，迁居庐陵郡西六十里曰何山，又迁至安福之北曰连岭。元祐戊辰，又迁徙安福之南。则其为安福人甚明。宋陈思《两宋名贤小集》卷一百九十五：“王庭珪，字民瞻，安福人。”所载不误。《卢溪集》卷四十六《故弟才臣墓志铭》：“庭璋字才臣，安成王庭珪民瞻弟也。”“安成”即安福之古称，是亦自称安福人。

《总目》又云：胡铨谪岭南时，庭珪以诗送之，有“痴儿不了公家事，男子须为天下奇”语。后坐是流岭南。

按：“男子须为天下奇”，据胡铨所撰墓志铭，“须”当作“要”。

《总目》又云：孝宗时召对，赐国子监主簿。乾道六年，复除直敷

文阁。年九十三乃卒。

按:复除直敷文阁在乾道七年。胡铨墓志铭云:"乾道庚寅再被召……明年冬始到阙。引对免拜,赐坐问劳,令少留。公以老丐还。诰云:'王庭珪年九十馀而智识未衰,行义益固。锡对便坐,富有嘉言。除直敷文阁,领祠如故……'"乾道庚寅为乾道六年(1170),除直敷文阁在明年,则为乾道七年(1171)。周必大所撰《行状》亦言乾道六年被召,逾年始至,并同。

《总目》又云:卷首载胡铨、周必大等序文、题跋、志状,叙述始末甚详。

按:马刘凤《四库订误十五则》谓卷首无周必大之文,正文后附录有周必大等多人所作题跋志状多篇。复证以文渊阁本书前提要云:"卷首载胡铨等序,后附录周必大等志状题跋,叙述始末甚详。"今考《总目》所言未必有误。考嘉靖刻本《卢溪先生文集》皆在卷首。盖此即《总目》所见之本,倚之著录。后收入四库时,将其移至卷末附录,而殿本提要又据之改正。

《屏山集》二十卷

《总目》:宋刘子翚撰。子翚字彦冲,崇安人,刘韐之季子。尝通判兴化军。移疾归里,筑室屏山以终。此集乃其嗣子坪所编,而朱子为之序。序末署"门人朱某",盖早年尝以父命受业于子翚也。

按:序末署"门人朱某",据四库本当作"门人朱熹"。朱熹《晦庵集》卷九十《屏山先生刘公墓表》:"盖先人疾病时,尝顾语熹曰:'籍溪胡原仲、白水刘致中、屏山刘彦冲,此三人者,吾友也。其学皆有渊源,吾所敬畏。吾即死,汝往父事之,而惟其言之听,则吾死不恨矣。'

熹饮泣受言，不敢忘。既孤则奉以告于三君子而禀学焉。”即其事师源起。

《北海集》四十六卷《附录》三卷

《总目》：宋綦崇礼撰。……厉鹗《宋诗纪事》仅从《天台胜记》中得所作《石梁瀑布》诗一首，而其他概未之见。……集中间有原注，称崇礼为先祖。则当时所据，犹其家刻之旧本矣。

按：《天台胜记》，据《宋诗纪事》卷四十一所注出处，当作《天台胜纪》，《石梁瀑布》诗名当作“《题石梁瀑布》”。又，集中间有原注，系綦崇礼自注，非其子孙所注。四库本本集卷三十六《朝服画像赞》曰：“绍兴壬戌，先祖内相年六十，命进士陈敏写神，毫发无遗。先祖喜甚，以白金二十五两赠之。是年八月四日，当朝大夫莫不惊叹，以为异。后十年辛未，孙宻礼敬作赞曰……”“宻”即古“崇”字，则即崇礼所记。

《鸿庆居士集》四十二卷

《总目》：宋孙觌撰。觌字仲益，晋陵人。徽宗末，蔡攸荐为侍御史。

按：孙觌为侍御史在钦宗靖康元年（1126），非徽宗末。宋佚名《靖康要录》卷一载靖康元年正月二日“司业孙觌除侍御史”。宋徐梦莘《三朝北盟会编》卷二十七载“司业孙觌除侍御史”，则在靖康元年正月四日。然二书同言靖康元年则不误。

《总目》又云：赵与时《宾退录》复摘其作莫开墓志，极论屈体求金之是，倡言复雠之非。

按:《宾退录》卷十:“莫俦靖康末所为,虽三尺童子亦恨不诛之。而孙仲益尚书志其墓,顾谓‘靖康之变,台谏争请和戎,皆斥废不用。而二三狂生抗首大言,乘险徼幸,试之一掷,卒至误国。高宗狩维扬,移跸临安,国步阽危,至此极矣。而进取之士终以和戎为讳,此翰林莫公所以投闲置散,至于老死不用’。斯言也,不几于欺天乎?”本集卷三十八《宋故翰林学士莫公墓志铭》:“靖康之变,金人拥骑数万,长驱河朔,直侵宫阙。于时,台谏争请和边,以备仓卒不测之难,皆斥废不用。而二三狂生抗首大言,乘险徼幸,起于小吏,骤擢将相。试之一掷,卒至误国。二帝蒙尘,中原抢攘,亿万生灵不得宁处。太上皇狩维扬,移跸临安,国步阽危,至此极矣。而进取之士尚循绍述之利,终以和边为讳。此翰林莫公所以投闲置散,致于老死不用,固其礼也。”即《总目》所论之事。魏小虎《四库全书总目汇订》以为《宋史》唐恪、李纲、范宗尹、吕好问诸传多以莫俦、吴幵并举,疑《总目》将二人误合为“莫幵”。此说恐非。“幵”当为“氏”字之讹,二字形近,即莫氏墓志。

《崧庵集》六卷

《总目》:宋李处权撰。处权,《宋史》无传。其集诸家亦不著录。

按:焦竑《国史经籍志》卷五有“李处权《崧庵集》十卷”、黄虞稷《千顷堂书目》卷二十九有“李处权《崧庵集》十卷”,而《总目》言诸家亦不著录,不确。

《总目》又云:今其集传本已绝,独《永乐大典》中有之。且寻检各韵,处权自序及其从弟处全原序、邵骥原跋,一一具在。

按:据书前李处全“淳熙六年岁在已亥八月望日弟处全谨跋”,其从弟李处全所作者实为跋，非序。

《总目》：淑家富典籍，其《邯郸图书志》，晁公武每引以为据。

按：尚未见晁公武《郡斋读书志》有引《邯郸图书志》为据者，《总目》此说不知何来。

《豫章文集》十七卷

《总目》：宋罗从彦撰。……是编为至正三年延平进士曹道振所编。以宋儒称从彦为豫章先生，因以名集。道振原序称："郡人许源堂刻其遗集五卷，近得邑人吴绍宗稿，厘为一十三卷，《附录》三卷、《外集》一卷、《年谱》一卷，凡一十八卷。"

按：据是书曹道振识语，云"郡人许源所刊遗稿五卷"，则"堂"字无意义。推其义，《总目》本当谓"尝"，以与"堂"字音义均近而讹之。

《和靖集》八卷

《总目》：宋尹焞撰。……诗不多作，然《自秦入蜀道中作》云："南枝北枝春事休，啼莺乳燕也含愁。朝来回首频惆怅，身在秦川最尽头。"亦殊有诗情。

按：《自秦入蜀道中作》诗在本集卷二，"身在秦川最尽头"，据集中作"身过秦川最尽头"，"在"作"过"。《两宋名贤小集》卷一百四十、《后村集》卷一百七十七、《宋诗纪事》卷三十九所引，均作"过"，《总目》作"在"误。

《王著作集》八卷

《总目》：宋王蘋撰。蘋字信伯，福清人。《福建通志》称："绍兴

初，平江守孙祐以德行荐于朝，召对赐进士出身。除秘书省正字。累官左朝奉郎。”

按：“孙祐”当作“孙佑”。《总目》所引《福建通志》当为乾隆《福建通志》，此事在卷四十三，即作“孙祐”，已误。宋李心传《建炎以来系年要录》卷八十三、范成大《吴郡志》卷第二十七、本集宝祐丙辰卢钺序、卷前《荐上殿折子》、卷五《国史传》、章宪《墓志》均作“孙佑”。可证。

《总目》又云：陈振孙《书录解题》则作“以赵忠简荐赐进士出身，官至著作佐郎。秦桧恶之，会其族子坐法，牵连文致夺官。”与《通志》所记不同。然此集以“著作”为名，则陈氏所言为是矣。

按：方建新、潘淑琼《四库总目提要补正拾遗》据本集卷五《王蘋墓志》《国史传》及《建炎以来系年要录》卷八十三，以为当以《福建通志》所言为是。然考卷五《吴郡志》传记，言“绍兴四年，高宗驻跸。平江知府孙佑言蘋素行高洁，有忧时爱国之心，有开物成务之道，丞相赵鼎以闻”。《宋史》赵鼎谥忠简，即陈振孙所言之“赵忠简”。此当孙佑首倡、而赵鼎并荐，则陈振孙之说亦无过。

《郴江百咏》一卷

《总目》：宋阮阅撰。阅字闳休，舒城人。赵希弁《读书附志》称其建炎初以中大夫知袁州。其事迹则未详也。所撰有《松菊集》，今佚不传。

按：宋晁公武《郡斋读书志》卷五下“总龟先生《松菊集》五卷”条：“右阮阅之诗也。建炎初以中奉大夫知袁州。”复考赵希弁《读书附志》，亦言“《总龟先生松菊集》五卷，右阮阅之诗也。建炎初，以中奉大夫知袁州。"《宋史·职官志九》文散官二十九阶中，有中奉大夫，亦有中大夫，二者不同。《总目》此处脱"奉"字。

《总目》又云：此本出自厉鹗家，百咏尚阙其八。考《郴州志》亦不载。吴之振选《宋诗钞》及曹庭栋选《宋诗存》，均未及收。存之亦可备一家。

按：万历《郴州志》、康熙《郴州总志》、乾隆《郴州总志》皆收有《郴江百咏》之作，《总目》失检。

《青村遗稿》一卷

《总目》：元金涓撰。涓字德原，义乌人。本姓刘，先世避吴越王钱镠嫌名，改为金氏。

按："德原"当作"德源"。万历《金华府志》卷十七《人物》："金涓，字德源。"钱谦益《列朝诗集》甲集卷十七："涓字德源，义乌人。"清戴殿江《金华理学粹编》卷七："德源，讳涓，义乌人。"金涓亦从本姓称刘涓，故雍正《浙江通志》卷二百四十八"《湖西稿》《青山稿》总四十卷"条注引《金华先民传》："刘涓著，字德源，义乌人。"《宋元学案》卷八十二"隐君刘青村先生卷"下"刘涓，字德源"。以上皆可证"原"当作"源"。

《石初集》十卷《附录》一卷

《总目》：元周霆震撰。霆震字亨远，安成人。

按："安成"当作"安福"。明余之祯万历《吉安府志》卷二十七："周霆震，安福人。"考《元史·地理志》，无安成地名，而有安福，属江西湖东道肃政廉访司吉安路。考《石初集》，书中“安福”多作“安成”。安成，古郡名。三国吴宝鼎二年(267)分豫章、庐陵、长沙等郡置，治所在平都(今安福东南)。辖境相当今江西新余以西的袁水流域和永新、安福等县。隋开皇九年(589)废。是安福于古曾属安成郡，故周氏以安成名之。《总目》不明就里，径以安成定其籍里，而不知安成郡早已废于隋初，元代实无安成之名，以是失之。

《慧阁诗》八卷

《总目》：明陈翼飞撰。翼飞字元明，平河人。万历庚戌进士，官宜兴县知县。所著有《慧阁》《长梧》二集，己未、庚申、辛酉、壬戌行卷。

按：《总目》记陈翼飞字与籍贯皆误。“元明”当作“元朋”，从其名字关系来看，“翼飞”盖刺取比翼双飞之意，故其字为“朋”，朋者，比也。而“元明”则于义无取。“平河”当作“平和”。黄虞稷《千顷堂书目》卷二十六有“陈翼飞《慧阁初删诗》十四卷”，小注云“字元朋，平湖人”。万斯同《明史稿》卷一百三十七《艺文志》有“陈翼飞《慧阁初删诗》十四卷”，小注“字元朋，平和人，万历庚戌进士，宜兴知县”。朱彝尊《明诗综》卷六十五“陈翼飞十五首”下注：“翼飞字元朋，平和人。万历庚戌进士，除宜兴知县，被劾归。有《慧阁》《长梧》二集、《巳未、庚申、辛酉、壬戌行卷》。”清沈辰垣《历代诗馀》卷一百一十有“陈翼飞字元朋”，等等，均可证陈翼飞字元朋，平和人。

平和为明福建省漳州府属县。故记陈氏籍贯，或从府，谓“漳州人”，或从县，谓“平和人”。而据《明史・地理志》，明代无“平河”县。“平湖”则为浙江省嘉兴府属县，与陈翼飞籍属“漳州人”不符。陈氏万历二十五年(1597)中举人,故崇祯刻《闽书》卷一百一十八载乡试举人名单,漳州府下有"陈翼飞",小注"平和学",言其出平和县学生员;万历庚戌(即万历三十八年,1610)中进士,故康熙《平和县志》卷八《选举志》载明代本县进士"万历三十八年庚戌韩敬榜"有"陈翼飞,宜兴知县"。陈氏曾为宜兴知县,宜兴为明之南京常州府之属县,故万历《重修常州府志》卷九载万历三十八年任职宜兴知县为"陈翼飞,平和人,进士"。均其人。综上,《总目》"字元明,平河人",当作"字元朋,平和人"。

《唐诗纪》一百七十卷

《总目》:明吴琯编。琯,漳浦人,隆庆辛未进士。尝校刊冯惟讷《古诗纪》,因准其例辑此书。甫成初唐、盛唐诗,即先刊行。故止一百七十卷,非完书也。其始事者为黄清甫,同时纂辑者为陆弼、谢陛、俞体初、俞策诸人,具见于序例。而卷首题"滁阳方一元汇编",未喻其故。大抵杂出众手,非一家之书矣。

按:《唐诗纪》刻于明万历十三年(1585),共计一百七十卷,包括初唐诗纪六十卷、盛唐诗纪一百一十卷,收录作家572人,诗歌8362首(句)。(数字据韩震军先生统计,见《〈唐诗纪〉作者吴琯生平考辨》,《中国典籍与文化》2013年第1期,第151页。)此书在搜辑材料上贡献甚大,共录入初、盛唐1300多家之诗万馀首,多以宋板原集为底本,校补以各种善本及金石遗文。编排上以时代先后为序,以人系诗,各人诗再按体分编。诗人名下附小传,据正史本传以及《唐诗纪事》诸书撰录。诗中文字有校勘,或引前人考辨,辑校较为精审,为后来清代修《全唐诗》奠定了良好基础。但对于此书编者,一般都认为系明人吴琯所编，向来未见有怀疑者。如钱仲联、傅璇琮、王运熙、章培恒、鲍克怡等先生所编《中国文学大辞典》云："明黄德水、吴琯等编。一百七十卷，计初唐诗纪六十卷，盛唐诗纪一百十卷。原为黄德水所编，甫成初唐诗十六卷而病故。吴琯得其遗稿，藉门客俞安期、陆弼、谢陛诸人之力，仿明冯惟讷《古诗纪》体例辑纂，亦仅成初盛唐部分。"但事实并非如此，此书实为明人俞策所编。

《唐诗纪》明刻本系统较为简单，最早为万历十三年刻本，《中国古籍善本书目》集部有著录，题名即"黄德水、吴琯辑"。《四库全书存目丛书》补编收有一部北京大学图书馆藏明万历十三年刻本，题名黄德水、吴琯等辑。据卷前之明人李维桢《唐诗纪序》，载编辑始末云：

> 始黄清父辑《初唐诗》十六卷，无何病卒。郭郡吴孟白以为未尽一代之业，乃同陆无从、俞公临、谢少廉诸君仿冯汝言《诗纪》纪全唐诗，诗某万某千某百某有奇，人千三百有奇，名氏若诗阙疑者五十人有奇。仙佛神鬼之类为外集，三百人有奇。考世里，序本事，采评论，订疑误，稗官野史之说，残篇只字之遗，无所不捃摭。合之得若干卷，积年而告成。盖其难哉！……孟白暨诸君子会萃斯编，其取精多而用物弘矣。倘以不佞言，能窥一斑否？万历乙酉冬十月云杜主人李维桢撰。

但实际上，此序经过篡改。李维桢《大泌山房集》所收此序与之颇异，黄宗羲《明文海》所引与《大泌山房集》同。《大泌山房集》原作：

> 始黄清父纪《初唐诗》四十卷，无何病卒。而俞公临竟其事，益之为六十卷。则又以为未尽一代之业，乃仿高廷礼《品汇》、冯

汝言《诗纪》纪全唐诗。诗某万某千某百某有奇，人千三百有奇，名氏若诗缺疑者五十人有奇。仙佛神鬼之类为外集，三百人有奇。考世里，序本事，采评论，订疑误，稗官野史之说，残篇只字之遗，无所不捃摭。合之得某百卷，数年而告成。盖其难哉！……公临继三君子会萃斯编，如善相马者，虽千乘万骑，良驽可触而辨。傥以不佞言，能窥一斑否？赞公临而校雠、剞劂者，新安吴琯，雅能诗。

黄清父即黄德水。俞策为李维桢友人，北京师范大学图书馆藏万历三十九年（1611）刻李维桢《大泌山房集》卷前有“大泌山房集校刻名氏”，其中“友人”一栏下，有“俞安期”。俞安期即俞策，为其后来所改之名。这点韩震军亦提及。俞策生年洵早，笔者最近从事《韩非子》版本研究，据笔者研究，明陈深所刻《韩子迂评》中历来无考之“门无子”即其人。《韩子迂评》刻于万历六年（1578），陈氏称门无子“年七十”，上推则俞策当生于正德四年（1509）左右。则至当时已逾百岁。安期生是古代的长寿者，人称千岁翁，俞策改名安期，亦当在遐龄之际。俞策是明代的一个大校勘家，参与了许多图书的校勘工作，陈深云当时人称俞策为“国校”，可知见重当时。《大泌山房集》既为俞策校订、审核，所收此文当不误。由此可见，俞策当是《唐诗纪》的实际主要编纂者。当然，有没有可能是李维桢作序之后，复有所修改呢？亦无此可能。《唐诗纪》刊刻在万历十三年，《大泌山房集》为万历三十九年刻本，若文章有所改动，当有所体现。总之，《初唐诗纪》，确凿出俞策之手。吴氏佐助校勘、出版，但篡改原序，实冒天之功。

细查吴刻《唐诗纪》书中体例，其篡改痕迹所致抵牾昭然若揭。

大致有下：

第一，吴刻李序称黄德水所编之初唐诗“十六卷”。故吴刻前十六卷每卷卷首均题“吴郡黄德水汇编、鄣郡吴琯校订”，从十七卷开始则题“鄣郡吴中珩汇编”。但初唐作者灿若星空，其选诗安有只选十六卷者？而实际上，明清目录所记黄德水《初唐诗》，多不言为十六卷，如明人焦竑《国史经籍志》卷五“初唐诗纪三十卷黄德水”，清人黄虞稷《千顷堂书目》卷三十一亦载“黄德水初唐诗纪三十卷”。《大泌山房集》所载李序，黄德水《初唐诗》为四十卷，这个“四十卷”有可能是黄氏最初的选编范围，最终只完成了“三十卷”，即二目所载。后来俞策“竟其事，益之为六十卷”，按照黄氏的范围在三十卷的基础上完成四十卷，复有所增益，达六十卷。这六十卷，与吴琯《唐诗纪》之初唐诗部分卷数正符，当系黄德水与俞策同编。吴刻将“六十”卷颠倒为“十六”卷，虽然将前十六卷归功于黄德水，后三十卷确凿为俞策之功者却题名在自己下，这便抹去了俞策的编纂之功，据为己有。但如焦竑《国史经籍志》、《千顷堂书目》上引黄德水《初唐诗纪》下都有一条“初唐诗纪六十卷”“盛唐诗纪一百十卷”，此系世传吴琯所编一百七十卷，相较其他各条都题著者，此条二目均不题编者，可知焦竑、黄虞稷亦不认同为吴琯所编。

第二，发起人不同。李维桢原序认为是俞策，在吴琯刻本中，却改成了吴琯。编辑者，原序只是俞策。吴琯刻本中改成“孟白暨诸君子会萃斯编”，从而使吴琯从一个刊刻、辅助校勘者一跃而成为编纂者。

另外，吴刻李序提到参与校订者只有陆无从（陆弼）、俞公临（俞策）、谢少廉（谢陛）。而细查书中，尚有“永嘉周才甫”“东吴陆文组”

“鄞郡俞体初”。如从实际校订卷数来看,则:吴琯独立校订者,卷1至卷16,计16卷;陆陛同校者卷17至卷60,计44卷;俞策同校者卷61至卷92,计32卷;谢陛同校者卷93至卷108,计16卷;周才甫同校者卷109至卷124,计16卷;陆文组同校者卷125至卷140,计16卷;俞体初同校者卷141至卷170,计20卷。俞体初校20卷,要比谢陛之16卷功劳大,反倒无载,实在可疑。吴刻之所以在李序中提到三人,实际上是出于对原作之误解、篡改。《大泌山房集》原作“公临继三君子会萃斯编”,吴刻李序改作“孟白暨诸君子会萃斯编”,可知吴刻认为“继三君子”就是与三君子,所以造出这三人。而实际上,原序“公临继三君子”意思是说,俞策在以上三人基础上编写此书,所谓“三君子”指编《唐诗品汇》之高棅、编《诗纪》之冯惟讷、编《初唐诗纪》之黄清父(黄德水)。

第三,从编纂体例看,吴刻李序只称“仿冯汝言《诗纪》”,而《大泌山房集》却称“仿高廷礼《品汇》、冯汝言《诗纪》纪全唐诗”,二者体例有别。而复检吴刻《刻唐诗纪凡例》,云:“初、盛、中、晚大概主《品汇》所列姓氏爵里而分。然《品汇》所分诸诗,既以初唐为正始,而陈子昂乃在正宗以中唐为接武,而钱、刘、韦、柳乃在名家,谓诸子成家特立与时异者,则不以世次拘之。是编则否。盖《品汇》主于选,故所重在人,而此主于纪,故所论在世,又不嫌于各异也。”又云:“历代诗纪诸人乐府每分一类,而是编唯以古诗统之、不另分类者,盖从高氏不从郭氏之意也。说在《品汇》,观者详之。”可见吴刻体例多处以《品汇》为规范,正与《大泌山房集》所说相符。而吴刻一经删改,反自相矛盾。

第四,吴刻李维桢序下尚有方沆序,方序作于万历乙酉(1585)秋九月，与李序同年，但尚早一月，却称“异时吴氏欲举全唐，则李太史维桢序之矣”。试问九月作文之方氏，如何能逆知李氏十月所作之文。这亦是矛盾处。方序中提到了俞体初等其他不在李序中的校订者，推想可知，此序为后来所添加，以避免李序之中只提到三人而与文中实际校订者不符之尴尬，这反倒是欲盖弥彰了。

总之，从李维桢序中多处“某”字来看，这是他提前为友人俞策所撰之序。盖当时尚未竣工，待竣工之日补充所缺之数目。但从其描述唐代诗歌来看——“人千三百有奇，名氏若诗阙疑者五十人有奇。仙佛神鬼之类为外集，三百人有奇”，则全唐诗的编纂体例、思想，集中收取范围、人数统计等都已经基本全备。只不过“诗某万某千某百某有奇”，诗歌大体数目已有，具体数字尚待最终定稿调整，故未及之。而当俞策委托吴琯出版时——“赞公临而校雠、剞劂者，新安吴琯”，吴琯盗取了俞策的编辑权，将自己置诸汇纂者地位，只给了俞策三十卷“同校”的地位，并篡改了稿本上的李维桢序，而实际上，这首序并不是李维桢为吴琯所撰。不出意外的话，吴刻中的凡例也当出自俞策之手，且有所篡改。然正如凡例中所言，初唐、盛唐是先出的，我们亦可以推测，当俞策看到出版后自己的署名权大打折扣，自然不再与其合作，凡例中的“中、晚方在编摩，续刻有待”，自然也就迟迟不见回音了。《唐诗纪》以后未见中晚唐部分出版，恰恰说明吴琯不具备编纂的能力。但此书出版之后影响颇大，明清以来都认为是吴琯所编纂，特此详论，以备考核。

词曲类

《寿域词》一卷

《总目》:宋杜安世撰。安世字寿域,京兆人。黄昇《花庵词选》又谓名寿域,字安世。未知孰是。《书录解题》载《寿域词》一卷。其事迹本末陈振孙已谓未详。集内各调皆不载原题,无可参考。观振孙列之张先词后,欧阳修词前,则北宋人也。

按:宋徐光溥《自号录》又谓"寿域"为其号,兹存之备考。北宋晁说之《晁氏客语》:"杜安世词云:'烧残绛腊泪成痕,街鼓报黄昏。'或讥其黄昏未到,得烧残绛腊。或云荆公尊人作。曾有人以此问之。答曰:'重檐邃屋帘幕蔽,拥不到黄昏,已可以然烛矣。'"下附晁氏按语:"此词乃荆公尊人作,韩魏公尝以此赏杜。杜云乃王某作,荆公时在座,间(宋百川学海本作"间"字,依文意当作"闻"。)语离席。"荆公尊人当指王安石(1021—1086)之父王益,字损之。韩魏公指韩琦(1008—1075),杜安世与之,则作者审为北宋人。

《填词图谱》六卷《续集》二卷

《总目》:国朝赖以邠撰。以邠字损庵,仁和人。

按:乾隆《杭州府志》卷九十六《人物》:"赖以邠,字水西,号迂翁。少为仁和诸生,负隽才。中年弃去,布衣野服,萧然物外。诗词书画,无不擅长。尤工于写兰。雨晴风雪,各尽其态。好事家争奉缣粟相易,藏若拱璧。"其字"水西"。由是论之,则"损庵"非其字,当为其号。

《词学全书》十四卷

《总目》:国朝查继超编。继超字随庵,海宁人。

按:此人资料绝少,然以惯例推之,此人当“号随庵”,“随庵”非字。

《词品》一卷

《总目》:旧本题元涵虚子撰,不详名氏。评论有元一代北曲,人各拟以品目,略如敖陶孙之《诗评》,臧懋循《元人百种曲》尝列之卷首。此本载曹溶《学海类编》中。殆即从《百种曲》中钞出,借其名以备数者也。

按:《四库全书存目丛书》有收。观其内容,不类著作,而似引评之文。其云:“马东篱如朝阳鸣凤,张小山如笙鹤瑶天,白仁甫如鹏抟九霄,李寿卿如洞天春晓……虞道园、张伯雨、杨铁崖辈俱不得评。”此即明贺复征《文章辨体汇选》所收《元词评》,下注著者“明涵虚子”,则作者为明人。旧本题“元”者,以其内容评述有元一代,故误题元。明人自号“涵虚子”而好曲知名者,无过宁王朱权。检朱权《太和正音谱》之《古今群英乐府格势》,乃知《词品》系从此而出。《古今群英乐府格势》自“马东篱之词,如朝阳鸣凤。其词典雅清丽,可与《灵光》《景福》而相颉颃。有振鬣长鸣,万马皆瘖之意。又若神凤飞鸣于九霄,岂可与凡鸟共语哉?宜列群英之上”,至“白无咎之词,如太华孤峰。孑然独立,峭然挺出,若孤峰之插晴昊,使人莫不仰视也。宜乎高荐”。此即《词品》之“已上十二人”。此十二人,朱氏都曾予以详评,故言“为首”。其下贯酸斋之词等只一句评,是以其为次,如“贯酸斋之词,如天马脱羁。邓玉宾之词,如幽谷芳兰”,至“王伯成之词如江鸳戏波”止。书中又列:“已下一百五人(俱是杰作,尤有胜于前列者。其词势非笔舌可能拟,真词林之英杰也)。”下以董解元为首,但无评论。此即词品所谓“次之又有董解元、卢疏斋、鲜于伯机、冯海粟、赵子昂、班彦功、王元鼎、董君瑞、查德卿、姚牧庵、高拭、史敬先、施君美、汪泽民辈,凡十五人,不著评,抑又其次也”。则经由对比可知,所谓《词品》,乃他人摘录朱权之评而成,非朱氏自著。其所谓“汪泽民辈凡十五人”,与朱书亦不合,当传写字脱“百”字。

后　记

《四库全书总目》辨章学术，考镜源流，历来为学者推重。但书成众家之手，错误亦在所不免。如版本著录方面，擅改书名、卷数、版本等。作者方面，人名、字号、时代、籍贯、生平等，著录多有失误。书籍内容方面，书籍之介绍、考据与评价，也有许多问题。自成书以来，王太岳、余嘉锡、胡玉缙、崔富章、李裕民、杜泽逊、杨武泉等一批前辈学者，皆有辩证考订。近来亦有相当数量之考订文章。2012 年，魏小虎《四库全书总目汇订》一书出版，搜集此前诸家校订成果甚富。本书所订正之内容，参考《四库全书总目汇订》及前人著述，又参考了 2012 年后所刊发之相关订误论文。书中所录，皆未见发表之内容，略得四百馀条，以为学术研究之一助。个中纰缪，或所校偶与人同者，盖将不免，读者悉之。

是书自起意到成稿，拉杂岁馀。其间既有集中之订误，亦有零散之考辨。本书主于订误，细大不捐、稍嫌琐碎，辨误亦仅仅止于指摘，尚未及拓展讨论。故若就学识渊博、深厚程度而言，较余嘉锡、崔富章、李裕民诸先生所撰，差距甚远，自难颉颃。这大约只能算笔者四库总目研究过程中的一小步，这份工作以后亦将继续下去，期望以后可以出一个更好、更丰富的增订本。

馆臣对于提要的撰写，个人觉得有以下几点值得注意：

1. 从错误总量来看,《总目》的相当一部分失误,来自文字的错讹。笼统而言,这其中大部分可归为传抄之误。可能是馆臣定稿后、书手抄误,也可能在搜集材料阶段,抄手已抄误,馆臣据之著录,沿仍其误。具体哪一种,已分不清。但书前卷前提要是而今本《四库全书总目》误者则很明显是抄误。

2. 对于作者基本信息,《总目》多援引正史、地方志、他书记载。不见于著录或材料有限者,《总目》则根据本书内容所载加以隐括、考据、推定。正史有传记材料者,《总目》多援引正史补充之,多言事迹具某史本传(亦存在失检的情况)。但也非泛泛删引(删引也会出错),而是时据其他材料如墓志添加、订正。故它言事迹具某史本传,都当区别以观。这是它的一个优点。如《汝南遗事》提要,作者王鹗,《元史》字百一,《总目》据《归潜志》改作伯翼。再陶弼《邕州小集》"四迁为东上阁门使",系用《墓志》语。再如欧阳守道《巽斋文集》,《宋史》言湖南转运副使吴子良聘为岳麓书院副山长,《总目》删"副"字,是据集中《答荆溪吴运使聘书》言"山长"不言"副"字而删。

3. 提要其主要问题在于评价。订误多了,会发现后世对《总目》"辨章学术,考镜源流"的评价,有时候会觉得过誉。《总目》之评价,主要几个来源:第一,正史或墓志。第二,所著录书籍之前序跋之评论。第三,历代之评价。第四,个人之认识。这其中便不免有个尺度的问题。由于后人所编正史多据墓志而来,墓志有无谀墓或夸大之情况,是非常值得注意的事。书前序跋亦存在这种情况。至于历代之评价,《总目》多是单引一家之言,比如引王士禛,引某部书,引用评家过少,缺乏历代以来更全面的评价。而提要之主笔者,又多附会这些意见。每个评价者都有自己的一套标准,出自他们的讨论,是否恰如其分,本来就值得怀疑。《总目》的附会,无非是撰写者自己价值观的折射而已。这一块,恰恰是《总目》研究者的弱点。侈言之,亦是中国古代文学研究之弱点。若《文心雕龙》之类评论著作,多一家之言。后世研究者又重之每过,不免失实。历观诸种提要补苴之作,多订其史实、文字,之于评价,鲜能言之。这并不是故意为之,实在有难言之隐。若现代人,之于古诗文词,本身固已拙于体验,阅读既不全面,亦无大量创作之经验,本身不能于细微处辨别评骘高下。我以为这一块,非出一个文章大家且深有体验者,不足以加以釐正。

版此小书,得家人大力支持,又获蒙编辑武良成先生热忱帮助,特此鸣谢。

丁酉岁九月立冬前三日於陵王勇记于历下寓所

图书在版编目(CIP)数据

四库提要丛订 / 王勇著. -- 济南 : 齐鲁书社, 2018.4

ISBN 978-7-5333-3936-4

Ⅰ. ①四… Ⅱ. ①王… Ⅲ. ①《四库全书》—内容提要—研究 Ⅳ. ①Z833

中国版本图书馆 CIP 数据核字(2018)第 033655 号

四库提要丛订

王 勇 著

主管单位 山东出版传媒股份有限公司
出版发行 齊魯書社
社　　址 济南市英雄山路 189 号
邮　　编 250002
网　　址 www.qlss.com.cn
电子邮箱 qilupress@126.com
营销中心 (0531)82098521 82098519
印　　刷 山东德州新华印务有限责任公司
开　　本 880mm × 1230mm 1/32
印　　张 9.25
插　　页 2
字　　数 210 千
版　　次 2018 年 4 月第 1 版
印　　次 2018 年 4 月第 1 次印刷
印　　数 1–1200
标准书号 ISBN 978 – 7 – 5333 – 3936 – 4
定　　价 **39.00 元**